丁毅超 著

英美传统保守主义研究

目　　录

第一章　导论　　1
　第一节　英美传统保守主义的含义　　3
　第二节　法国大革命与保守主义的诞生　　13
　第三节　迪斯累利与民族特性　　23
　第四节　拉塞尔·柯克与二战后世界　　33
　第五节　斯克鲁顿与世俗时代　　42

第二章　伯克与传统保守主义的诞生　　51
　第一节　伯克早期的困惑　　54
　第二节　伯克对英国历史的建构　　66
　第三节　伯克与改革　　77
　第四节　伯克与革命　　93

第三章　迪斯累利与政治的平民化　　109
　第一节　19世纪初期托利党的三个危机　　111
　第二节　迪斯累利的崛起　　118

第三节　什么是托利党　　124
　　第四节　反对功利主义　　130
　　第五节　家长制进步主义　　138
　　第六节　迪斯累利的遗产　　144

第四章　拉塞尔·柯克与基督教传统　　149
　　第一节　平民化时代的保守党困境　　151
　　第二节　拉塞尔·柯克对基督教的重新提炼　　161
　　第三节　反对世俗时代　　171
　　第四节　集体主义与个人自由　　180
　　第五节　最后的宗教骑士　　189

第五章　斯克鲁顿与世俗时代　　194
　　第一节　新保守主义的冲击　　196
　　第二节　斯克鲁顿与大写的我　　208
　　第三节　反对多元文化主义　　219
　　第四节　恢复地区共同体　　227
　　第五节　有待验证的斯克鲁顿范式　　237

第六章　传统保守主义的现在与未来　　241
　　第一节　传统保守主义的失声　　243
　　第二节　红色托利主义的复兴　　253

第三节　英国脱欧与特朗普现象　　　　　　　　　*262*

第四节　传统保守主义与互联网时代　　　　　　　*272*

第五节　传统保守主义与人工智能　　　　　　　　*280*

第七章　结论　　　　　　　　　　　　　　　　　　*287*

后　记　　　　　　　　　　　　　　　　　　　　　*301*

第一章　导　　论

　　什么是保守主义？一直以来众说纷纭。许多保守主义的反对者倾向于贬低保守主义的价值，否认它作为政治思想的地位。保守主义的支持者同样缺乏统一的结论。休·塞西尔指出："天然的守旧思想是人们心灵的一种倾向。"[①]拉塞尔·柯克继承这一主张认为，"保守的冲动不是书本的产物，而是对习俗、惯例和连续性的依恋"[②]。斯坦因菲尔斯这样的新保守主义者则将自己视为传统自由主义的继承者。"为了忠实于某些自由主义价值观，他们发现自由主义本身是不够的。"[③]在一种更为中性化的表述方式中，"就其经验表现而言，保守主义是一种更具体的现代现象，是对宗教改革和启蒙运动所释放的巨大变化的一种反应"[④]。在法国大革命中，保守主义看到政治乌托邦在实践中的"灾难性"结果。它一直

[①] ［英］休·塞西尔：《保守主义》，杜汝楫译，马清槐校，商务印书馆1986年版，第3页。
[②] Russell Kirk, *The Politics of Prudence*, Wilmington: ISI Books, 2004, p.60.
[③] Peter Steinfels, *The Neoconservatives: The Origins of a Movement*, London & Oxford & New York & New Delhi & Sydney: Simon & Schuster Paperbacks, 2013, p.3.
[④] Roger Scruton, *How to be a conservative*, London & Oxford & New York & New Delhi & Sydney: Bloomsbury Continuum, 2019, p.viii.

将抽象理性和完美政治视为通向政治乌托邦的道路，反对激进的理论和社会变革。这也为我们揭示一条研究保守主义的潜在路径。

由于保守主义的国别性差异，本书将以英美传统保守主义为重点。换言之，本书将以问题为核心，以人物和时间为节点，从历史生成的角度呈现英美传统保守主义概念自我发展的过程。套用文德尔班的话说："历史是有个人特征的人物的王国，是本身有价值而又不可能重演的个别事件的王国。"[①]这种做法有两个显著的益处：第一，通过对自身脉络的梳理，我们得以从英美传统保守主义自身的角度理解它的内涵，从而避免其他政治态度将其作为外部研究对象的视角偏差。第二，这可以更好地解释传统英美保守主义思想发展与外部历史条件之间的紧密关系。它在冷战时期的相对衰弱和民粹时代重新崛起就与客观情势的变化存在直接联系。

对英美传统保守主义的研究并非只有纯粹的思想和历史意义。直到今日，它依旧是政治光谱中非常重要的一支。尤其是特朗普当选和英国脱欧之后，对它的研究更具有了现实价值。"文化革命不是要为所有信仰创造一个公平的竞争环境：这是关于一种新的道德霸权。"[②]僵化的政治正确正在将越来越多的普通民众推到自己的对立面。传统保守主义的复兴不是一种偶然，这反而是它自身发展的必然结果。如同 19 世纪迪斯累利敏锐地抓住底层

---

① ［德］文德尔班：《哲学史教程》上卷，罗达仁译，商务印书馆 2010 年版，第 24 页。
② Patrick J. Buchanan, *The Death of The West*, New York: Thomas Dunne Books, 2002, p.53.

民众与上层贵族的共同联系一样,它再次找到对抗新自由主义范式的同盟基础。抽象理性所主导的完美政治只会进一步放大唯我论和极端个人意志的缺陷。"人们必须以一种与他们的脾气和性情相处的方式来管理。"①政治乌托邦的唯一结果就是自我崩溃。

第一节　英美传统保守主义的含义

作为一种政治实践,保守主义无疑是成功的。它广泛生存于各国的政治光谱之中,成为其国内政治的重要力量。在全世界中,我们几乎难以找到一个不存在保守主义政党的国家。这一发端于法国大革命的政治派别,在200多年的历史中依旧洋溢着澎湃的生命力。柯克略带自豪地描述道:"在说英语的这两个大国中,保守主义在将近165年的时间里显示出政治上和思想上的连续性。与此同时,鄙视传统的各激进派政党相继分崩离析,除敌视一切既成建制外,从运动的角度看,各激进派政党没能坚持共同的原则。"②

柯克的评价是否符合历史值得商榷。自由党的衰弱和大不列颠共产党的最终解体符合柯克的直觉判断。英国保守党的对手虽然在不停变化,保守党本身却始终成为英国政治力量中的一极。

---

① Edmund Burke, "Observations on a Late State of the Nation", in *The Writings and Speeches of Edmund Burke Vol. 2*, General Ed. Paul Langford, Oxford: Clarendon Press, 1981, p.194.
② [美]拉塞尔·柯克:《保守主义思想:从伯克到艾略特》,张大军译,江苏凤凰文艺出版社2019年版,第458页。

不过,考虑到19世纪保守主义和今日保守主义在形式上的许多差异,许多人也会指责保守党早已背弃自己的历史道路,它的生存能力完全建立在它的机会主义之上。这不得不令我们回想起马克思对于伯克的尖刻评价:"他忠于上帝和自然的规律,因此无怪乎他总是在最有利的市场上出卖他自己。"①

构建关于保守主义的同一性标准是回答这一指责的先决条件。令人讽刺的是,这恰恰是保守主义一直以来的最大困境。保守主义在基本原则上的软弱与它的竞争对手形成了鲜明对比。19世纪的保守党与20世纪的保守党显然不能一概而论。至少迪斯累利和撒切尔在贸易问题上的观念即便不是南辕北辙,但也相差甚远。他们在对待工人的态度上也具有鲜明的对立特征。林肯时代的共和党和民主党也很难想到在100多年后会开启"战术换家",以至于今日南方民主党人和洛克菲勒共和党人都濒临灭绝。莱西这样的学者甚至认为今日的保守派可能已经背弃了自己的源头。"今天的保守主义依靠抽象的推理来得出不妥协的绝对主义原则,而伯克采用了一种务实的方法,即从具体的经验中得出临时的原则。"②

对于保守主义究竟是什么的混乱认知不止体现在历史之中;它亦体现同一时代不同国家之间的巨大差异。比如,在传统的刻板印象中,保守派经常性与宗教联系起来,被视为支持宗教的重要力量。尤其是在更加依赖神权政治的国家中,保守派与原教旨主

---

① 《马克思恩格斯全集》第23卷,人民出版社1972年版,第829页。
② Robert Lacey, *Pragmatic Conservatism*, New York: Palgrave macmillan, 2016, p.191.

义者之间存在暧昧不明的关系。例如,伊朗的保守派将政教合一视为自己的核心主张。他们忠诚于维拉亚特法奇赫原则(Wilāyat al-Faqih),强调伊玛目在国家政治中的监护作用。

在法国,即便是勒庞这样的"极右翼"派系也宣称自己忠于法国的共和传统。早在2017年的大选中,勒庞就批评同为保守派的共和党竞选人菲永试图破坏法国的世俗主义原则。"勒庞可能会对法国身份的'基督教遗产'提出一般性的主张,但她的实际主张是宗教本身并不是特别重要。"[1]我们当然可以认为勒庞的国民阵线并没有继承1789年以来的保王党传统,并非法国历史上真正的保守派。但我们同样不得不指出,在法国共和党四分五裂的情况下,国民阵线已经成为法国保守派的新代表。

更为棘手的是,即便在同一个国家,自称保守派的群体也可能产生截然相反的主张。以美国共和党为例,虽然大多数成员奉行一种鹰派的意识形态战略,认为需要通过强硬手段维护美国在国际秩序中的优势地位。但共和党内部同时存在被称为孤立主义的强大派系。这一派系人数较少,反对美国对国际问题的过分关注。他们主张美国需要实现全面的战略收缩,重新成为一个正常国家。全球性帝国正在成为美国的负担而非利益。"上个世纪的每一个大帝国都因同样的原因而灭亡。由于扩张过度,每一个国家都卷入了远远超出其自身重要和国家利益范围的战争。"[2]特朗普的

---

[1] Emma Green, "The Specter of Catholic Identity in Secular France", 2017.5.6, https://www.theatlantic.com/international/archive/2017/05/christian-identity-france/525558.

[2] Patrick J. Buchanan, *The Death of The West*, New York: Thomas Dunne Books, 2002, p.242.

"美国优先"口号暗示了他与孤立主义派系的紧密联系。

保守主义的竞争对手不是不存在类似的缺陷。从历史上看，19世纪的自由主义者所鼓吹的放任主义经济政策显然与今日美国民主党中的激进自由主义派系对大政府的需求截然相反。依旧奉行19世纪自由主义态度的人更多地被称为自由意志主义者。他们在政策实践上的偏好甚至会被某些人误以为是保守主义者。对诺奇克的错误标签就是一个典型的表现。

从空间上看，当代西方自由主义者大多对国际主义保有强烈的好感，以至于爱国主义成为自由主义语境下非常难以处理的问题。宪政爱国主义是对这一问题在政治实践中不太成功的尝试。外高加索的自由主义者却往往将自身与民族主义联系在一起。自由主义和民族主义合并为一种对抗俄罗斯的意识形态。这种自由民族主义也广泛分布在中西欧的前社会主义国家中。

但与保守主义相比，其他的主流政治理论至少更容易找到一些共通性。无论是自由意志主义者还是今日的激进自由主义，从根本上都不否认个人权利的重要性。他们的分歧更多表现为如何更好地维护个人权利。激进自由主义从边缘群体的弱势地位中意识到强势政府的重要性，唯有大政府才能为边缘群体提供更有利的客观制度保障；自由意志主义者更信赖人类社会的自我调节能力，政府对社会的深度参与只会导致结构的进一步失衡。换言之，罗尔斯与诺奇克的对立只是自由主义内部的争议，而非自由主义和保守主义的争论。

自由主义和社会主义在对未来图景的规划中也都存在较为明确的构想。两者至少都提出了趋向于人类社会完美形态的方式。

对完美形态的怀疑则导致保守主义没有提出这一愿景。斯克鲁顿将保守主义者分为形上学和经验两种类型,大部分的保守主义者具有强烈的经验传统。"保守主义的出发点是所有成熟的人都能轻易分享的情感:好东西容易被破坏,但不容易被创造。"①现实的优先级远高于在理论上的自洽性。用伯克自己的话说:"我认为,在理论上错误而在实践中正确,这是毫不奇怪的;我们也乐于看到这样的情况。"②在这种价值倾向的引导下,大部分保守主义者缺乏将主张意识形态化或者高度理论化的兴趣。

保守主义在政策主张上特别明显的差异构成对其内在统一性的强烈挑战。一个几乎连自己的核心主张都找不到的政治流派显然会被质疑作为意识形态的实在性。这不得不令相当多的人怀疑保守主义是否本质上是一种机会主义。这可能也是保守主义在学术上缺乏支持的原因。"政治极化的问题在于,学者们几乎全都站在政治领域的同一阵营里。民意调查或者竞选献金流向的数据是无可争议的:美国的学者远比这个国家的其他人更加信奉自由主义。"③或者用互联网模因式的表达,"白左横行"的西方大学是"政治正确"的重灾区。

在进步史观的主导下,保守主义被理解为阻碍历史发展的落后因素,是既得利益的维护者。激进派直接否定保守主义存在的

---

① Roger Scruton, *How to be a conservative*, London & Oxford & New York & New Delhi & Sydney: Bloomsbury Continuum, 2019, p.XIII.
② [英]埃德蒙·伯克:《关于我们崇高与美观念之根源的哲学探讨》,郭飞译,大象出版社 2010 年版,第 47 页。
③ [美]丹尼尔·W. 德雷兹内:《思想产业》,李刚、邹婧雅、谢馥兰、朱怡雯、俞靖、周瑞、冀琳译,邹婧雅、谢馥兰校,南京大学出版社 2019 年版,第 113 页。

合法性，主张直接消灭这一对象。用马尔库塞的话说："解放宽容意味着对右翼运动的不宽容，对左翼运动的宽容。"[1]相对温和的派系将保守主义视为一种必要的调和，调和激进变革所产生的社会阵痛。其本身缺乏真正的主体性。它的内容是由它所反对的对象所决定的。换言之，一旦完成缝合，保守主义就完成自己的任务，应该寻求体面退场。

保守派内部的论调在一定程度上支持了调和论的部分想法。柯克承认现代保守主义的一个关键目标就是对现代革命冲动的妄想和过度行为的抗议。斯克鲁顿承认："从经验的表现来看，保守主义是一种更具体的现代现象，是对宗教改革和启蒙运动所引发的巨大变化的一种反应。"[2]甚至伯克本人也强调："宗教改革，这一人类发展最伟大的时期之一，亦是一个充满麻烦和混乱的时期。"[3]保守派不反对变革，保守派反对的是在没有审慎考虑下对原有结构的肆意破坏。人类社会绝非某种新奇的意识形态的试验场。

通过强调保守主义与现代性之间的联系存在以下明显的益处。

一是将保守主义和复古主义做出区分。保守主义和复古主义对于传统社会的某种向往是许多人混淆两者的原因。保守主义拒

---

[1] Herbert Marcuse, "Repressive Tolerance", in *A Critique of Pure Tolerance*, Boston: Beacon Press, 1969, p.109.
[2] Roger Scruton, *How to be a conservative*, London & Oxford & New York & New Delhi & Sydney: Bloomsbury Continuum, 2019, p.viii.
[3] Edmund Burke, "Speech at Bristol Previous to Election", in *The Writings and Speeches of Edmund Burke Vol.3*, General Ed. Paul Langford, Oxford: Clarendon Press, 1996, p.639.

绝一种静态的历史观。传统本身被视作一个不断发展的过程。正如亚里士多德所指出的那样,"即使已经设立成文法规,人们也不应当总是一成不变的"①。复古主义则不同,它企图将人类历史实现逆转,将过去复刻到现在之中。伊斯兰国重建哈里发的尝试是这种极端想法的产物。

二是破除对保守主义身为既得利益维护者的指责。保守派与既得利益者的结盟纯粹出于历史的偶然。这有助于维护秩序的稳定传承和传统的延续。一旦既得利益者不再能够满足这些需求,保守派不吝啬与其他的政治派系结盟,以达到自己的目标。"保守思想最重要的投入是渴望维持一个社区赖以生存的熟悉和信任网络。"②改革的目的是为了维护传统,而非破坏传统。伯克本人在议会中经常以改革派的面貌示人,尤其是在他主导的1780年经济改革中,伯克强调需要通过改革控制政府支出的滥用,维护英国政治制度的稳定。

三是指出自由主义主导下现代性模式的缺陷。"对于劳工、新闻界、学术界和知识界,甚至越来越多的工商界来说,正是这种深深扎根于霍布斯、卢梭和边沁的学说的知识分子,在当前最具有权威性。"③但原子化的个体是无法构建起能在社会中有效运行的个体权利。抽象理性对个体的不断还原只会催生出更为极端的唯我

---

① 亚里士多德,1269a10。参见[古希腊]亚里士多德:《政治学》,颜一、秦典华译,中国人民大学出版社2003年版。
② Roger Scruton, *Conservatism An Invitation to the Great Tradition*, New York: All Points Books, 2017, p.13.
③ Robert Nisber, "The Restoration of Authority", in *The Portable Conservative Reader*, ed. & intr. By Russell Kirk, New York & London: Penguin Books, 1982, p.646.

论。激进派对传统的解构就像是要改变牛顿的肤色或者性别一样,"这就像努力废除万有引力定律,或废除所有人类历史"①。解构没有带来平等,反而滑向虚无的深渊。

保守派的目标不止于此。调和论只是为保守主义作为一种应激反应提供了存在的证明。保守主义同样具备内在的一致性。实践中它的首要目标就是恢复政治的本来样貌。哲学家对政治的讨论如同教人游泳却没有下过水一样,不足以窥探政治的真实情况。"政治家与大学里的教授不同。后者只有关于社会的普遍观点。"②对政治的把握需要从哲学家的政治中迁移出来,转化为政治家的政治。

政治家的政治在实践上具有两个鲜明的特征,即结果论和可操作性。从结果论上看,政治必须以结果而非理论作为自己的评价标准。看似完善的理论只是人类理性能力推理的结果,理论需经由现实的检验才能获得自己的正确性。这也是为何保守主义往往从支持特定意识形态理论的国家实践中寻找具备说服力的证据。从可操作性上看,政治理论必须是一种能够转化为具体执行的政策。作为空中楼阁的理论即便再完满,也无法对现实产生真正有益的影响。夸夸其谈的理论反而可能是对无能的一种遮掩。迪斯累利最为直接地表明这种态度:"在所有的辩论中都可以看到,墨尔本勋爵是多么刻意地回避细节,一旦他被一个尴尬的论点

---

① Russell Kirk, *America's British Culture*, New Brunswick & London: Tranaction Publishers, 2008, p.8.
② Edmund Burke, "Speech on Unitarians Petition for Relief", in *The Writings and Speeches of Edmund Burke Vol.4*, General Ed. Paul Langford, Oxford: Clarendon Press, 2015, p.489.

或一个不方便的事实所逼迫,他是多么迅速地在一些关于时代精神、哲学进步和人民权利的模糊的概括中得到庇护。"①

保守主义在实践中的需求直接产生一个无法避免的问题,它必须提供一种应然的价值进行评价。否则它无法对结果的好坏进行任何价值上的判断。保守主义最终选择了历史作为自己的守护神。这一历史应当是历史的"真实样貌",而非特定意识形态所形塑的修正历史。在这一"真实历史"中,实然与应然达成了自身的统一。问题没有解决。我们迟早会追问所谓的"真实历史"具体指向何种对象。或者至少保守主义需要回答,"真实历史"通过何种方式向我们展现。

保守主义找到的答案就是传统。传统不纯粹是一种落后的偏见,它同样包含先祖的集体智慧。审慎就是这种智慧的最高体现,它代表人对一切陌生事物的温和怀疑。与近代政治自由主义对理性的推崇不同,保守主义将审慎提升到更重要的位置,将其作为人类社会自我发展的关键要素。理性给予人类的只是片面的自由。"它在一瞬间给予改变的自由,但是却甚至没有留给你保存的自由。"②审慎却赋予人超越理性的能力,应对更多不可知的情况。

施密特将保守主义对历史的偏爱进行了精辟的总结。"历史是保守的神祇,它把革命之神所革命化了的东西恢复原貌。它把普遍的人类共同体确定为历史中具体的人民,这个人民因这种限

---

① Benjamin Disraeli, *Whigs and Whiggism*, New York: The Macmillan Company, 1914, p.44.
② Edmund Burke, "Tracts relating to Popery Laws", in *The Writings and Speeches of Edmund Burke Vol.9*, General Ed. Paul Langford, Oxford: Clarendon Press, 1991, p.467.

定性而成为社会学的和历史的实在,并具备创造特定法律和特定语言以表达其独特民族精神的能力。"①保守主义的国别性特征反而是其内在一致性的表现。

保守主义在"真实历史"的护佑下,开始走向自己内部两个最为重要的问题,即保守什么和如何保守。一方面,保守主义的词源本意已经暗示必须保存什么作为基础。它的答案是保存传统。但传统显然具有强烈的人为痕迹。在历史悠久和幅员辽阔的国家甚至存在相互冲突的传统。保守主义必须回答自己要保存的传统究竟是什么。另一方面,传统本身是随着历史变迁而不断变动的过程。"进步,尽管在历史上太罕见了,但它是真实的;但它是人为的工作,是人类的聪明才智和审慎的工作;它不是自动的。"②如何在过去与现在之中,在不断变动的传统中保存传统就成为更为棘手的问题。这也是保守主义真正缺乏政策上相似性的原因。

保守主义的全部希望和它的困境皆在于上述两个问题中。它否定政治理性主义能够真正理解历史,甚至否定政治可以成为类似于自然科学的科学。"数学提供了清晰的、可验证的答案,仅仅因为它本质上是有问题的——它是一个为询问者提供问题和答案的人造系统,而这些问题仅以其自己的术语来表述。"③政治永远

---

① [德]卡尔·施密特:《政治的浪漫派》,冯克利、刘锋译,上海人民出版社2004年版,第62页。
② Russell Kirk, *Concise Guide to Conservatism*, Washington DC: Regnery Publishing, 2019, p.89.
③ Bruce Frohnen, *Virtue and The Promise of Conservatism*, Kansas: University Press of Kansas, 1993, p.16.

不会提供如同教科书般精确的答案。保守主义的含义只能体现在它的历史之中。

第二节　法国大革命与保守主义的诞生

对保守主义进行历史回溯必然会涉及起源问题。所幸的是，法国大革命这一标志性时刻的存在为保守主义的诞生提供了锚点。柯克在一开始就指出："现代保守主义大约形成于法国大革命之初，当时英国和美国有远见的人认识到，如果人类要保存文明中使生命有价值的元素，就必须有某种连贯的思想体系来抵抗狂热革命者的压制和破坏冲动。"[1]柯克对保守主义的理解具有强烈的国别性特征，他没有将英美保守主义以外的谱系纳入讨论中。

欧洲大陆的保守主义同样来源于法国大革命所产生的巨大震动。迈斯特直接将矛头指向当时的法国思想家。他略带夸张地写道："这个世界只有暴行。当哀鸿遍野，确实一切糟透了、一切乱了套的时候，现代哲学却说一切都好，这真把我们搞糊涂了。"[2]对革命的强烈厌恶直接转化为早期法国保守主义对基督教和王权的强烈支持。直到普法战争之后，法国的保守派才逐渐转向对共和国基本原则的支持。

---

[1] Russell Kirk, *Concise Guide to Conservatism*, Washington DC: Regnery Publishing, 2019, p.1.
[2] [法]约瑟夫·德·迈斯特：《论法国》，鲁仁译，上海人民出版社2005年版，第51页。

法国大革命与保守主义的诞生具有密切关系几乎是所有学派承认的共识。作为现代性主张的保守主义十分幸运地拥有了自己的历史时刻。问题是,如果只从这点出发,保守主义极易被理解为对法国大革命的纯粹应激反应,它将缺乏自身独立存在的理由。为了揭示它的内在一致性,我们必须进行进一步回溯,挖掘保守主义的史前史,即什么是保守。

塞西尔为这个问题提供了可能的视角。他认为保守思想是一种人类天性的表达。"那是一种厌恶变化的心情:它部分地产生于对未知事物的怀疑以及相应地对经验而不是对理论论证的信赖;一部分产生于人们所具有的适应环境的能力,因此,人们熟悉的事物仅仅因为其习以为常就比不熟悉的事物日益被接受和容忍。"[1]对陌生事物的恐惧怀疑转化为对熟悉事物的偏爱。保守的思想由此得出,只要人类社会没有出现根本性的危机,那么保有熟悉的生活方式是一种理智的做法。

用更为精炼的总结,保守的思想就是风险厌恶。乐观主义往往忽视了改变所带来的潜在威胁。"当被要求在不确定的条件下进行选择时,它会想象出最好的结果,并假设不需要考虑其他的结果。它献身于一个结果,要么忘记计算失败的代价,要么——这是它最有害的方面——设法把代价留给别人。"[2]这一如陀思妥耶夫斯基在《赌徒》中所描写的一样,对事态的乐观估计最终给一切带

---

[1] [英]休·塞西尔:《保守主义》,杜汝楫译,马清槐校,商务印书馆1986年版,第3页。
[2] Roger Scruton, *The Uses of Pessimism and The Danger of False Hope*, Oxford: Oxford University Press, 2010, p.18.

来毁灭。保守的悲观态度则能够最大限度避免这种盲目。对人类的悲观论调使得保守的思想往往以最糟糕的情况作为预案。对现状,特别是对稳定现状的偏爱是这种论调的自然倾向。"不确定本身就是如此地骇人,以至于我们常常激励避免它的出现,即便冒着可以确定的危险,我们也要如此选择。"①

保守的思想并非尽善尽美,过分的审慎可能转化为闭关自守。"这样的怀疑却可能存在于妨碍一切进步事业的非常极端的形势之中。"②塞西尔认为,旧时中国人对现代科技的恐惧可以被视为典型的表现。站在严肃的历史角度看,这种评价缺乏公正性。刘锡鸿在《罢议铁路折》中指出在制海权弱势的情况下,修建铁路是国防上的严重隐患;在吏治腐败的情况下,大规模的铁路修建也将成为中饱私囊的手段。事实证明,刘锡鸿的担忧有一定的前瞻性。中国近现代史的发展过程中确实出现类似的问题。

保守主义史前史为我们带来两个非常重要的结论。

第一,保守思想内在于人类本性之中。它不但具有内在一致性的主张,亦具有自身独立生存的价值。柯克认为,"反思的保守主义和反思的自由主义,无论哪一个都意识到自己的首要原则,都可以分别用来阻止我们文明的衰落"③。保守主义不需要依赖自由主义,也不必作为纯粹的应激反应,就能为人类社会提供有效的

---

① [英]埃德蒙·伯克:《关于我们崇高与美观念之根源的哲学探讨》,郭飞译,大象出版社2010年版,第73页。
② [英]休·塞西尔:《保守主义》,杜汝楫译,马清槐校,商务印书馆1986年版,第5页。
③ Russell Krik, *Enemies of the Permanent Things*, Washington DC: Cluny Media, 2016, p.212.

支持。

第二,保守思想暗示了保守主义的底层逻辑,即人类理解能力的有效性。未来的不确定性是保守思想得以成立的前提。如果历史或者未来能够被理性完全解构,并且成为可以准确预测的科学,那么保守思想将显得多余和累赘。人类完全可以依照实验室标准操作守则,按部就班地实现历史。保守思想否认人类的能力能够达到这一点。"人不是天使,一个人间天堂是不可能被形而上学的狂热者设计出来的。"[1]这代表人类需要接受政治中的偶然性,接受习俗、惯例等一系列充满特殊性的成分。

在历史的不确定性中,保守主义的全部神话已经跃然纸上。保存过去就是保存现在和未来。没有过去的抽象文明只会如无根浮萍般迅速飘散。传统不再只是过去的产物,它同样维系人类整个社会在历史中的稳定。正是在这一意义上,保守的思想第一次看到了它在历史上作为重大的挑战,也就是法国大革命。

法国大革命在人类历史中的重要性毋庸置疑。不过在伯克看来,这场革命似乎充斥着偶然性的要素。由于七年战争所导致的财政危机在一定程度上得以缓解。法国的人口和经济总量依旧处于长期上升的趋势。这也成为伯克批评法国大革命的一个基本论点。他写道:"一个国家如果人口繁盛并持续在改善,就不会有一个作恶多端的政府。"[2]撇开伯克的滤镜,法国当时的财政状况没

---

[1] Russell Krik, *The Conservative Mind From Burke to Eliot*, Washington, D.C.: Regnery Publishing, Inc, 2001, p.xv.
[2] [英]柏克:《法国革命论》,何兆武、许振洲、彭刚译,商务印书馆1999年版,第168页。

有想象中乐观。频繁的成员变动是缺乏解决财政危机的侧面表现。不过伯克的想法也为我们提供了一个有趣的问题,即法国大革命是否已经到了事不可为的地步。

大多数当时的知识分子一开始对法国大革命保有高度好感,将这场革命视为人类迈向自由的新希望。"许多强有力的史学传统都将1789年的事件视为现代进步的门户。"[1]潘恩充满期盼地写道:"在现存旧政府的野蛮状态消逝后,国与国之间的道德标准就会改变。人将不会受到把自己的同类视为仇敌那种野蛮思想的培育。"[2]革命被认为是趋向于完美政治的第一个步骤。在卢梭人民主权理论的鼓舞下,当时的思想家更多思考的是如何进一步推动人类社会走向理想中的乌托邦。

法国大革命的迅速演化击碎了早期的乐观主义态度。雅各宾派的恐怖统治引发了众多的不安。高度的不稳定性严重破坏了少数依旧能够运作的政治秩序。革命的极端派不满足于此。在1793年《宪法》的第二十一条,雅各宾派明确宣布,人口是国民代表的唯一基础。为了追求原则的自洽性,他们彻底无视了一切现实的历史的地理的自然划分。事实上这份宪法也因为过于激进,从而没有在现实中实行。在"混乱的无政府状态"中,甚至罗伯斯庇尔自己也最终倒在断头台上。迈斯特评价道:"这些极度平庸的人,在一个有过错的国家,实行了历史上最可怕的专制。……然而,当这帮坏透了的暴君罪行累累,令人忍无可忍的时候,一阵微

---

[1] Richard Bourke, *Empire and Revolution: The Political Life of Edmund Burke*, Princeton & Oxford: Princeton University Press, 2015, p.13.
[2] [美]潘恩:《潘恩选集》,马清槐等译,商务印书馆1982年版,第273页。

风就把他们吹倒了。"①

对法国大革命激进性的把握,需要回到它的指导思想中去。它与法国思想界的联系,特别是卢梭思想的联系,几乎是公开的秘密。公民宗教本身可以被视为对卢梭思想的拙劣政治实践。卢梭的人民主权理论更是被封为法国大革命的思想源泉,成为论证革命派合法性的重要保障。用伯克的话说:"如果卢梭活在人世,在他某个清醒的片刻,他是会对他的学生们的实践的狂热感到震惊的——他们在他们的悖论中乃是奴性十足的效颦者。"②

客观而言,法国大革命的狂热不能完全归咎于卢梭;但卢梭的理论确实需要为问题承担一部分责任。卢梭意识到封闭理论与具体历史无法调和的矛盾。他认为"我们首先要把一切事实撇开,因为这些事实是与我所研究的问题毫不相干的"③。暂且不论卢梭彻底的分割是否可行,但这种做法只是回避了问题而不是解决了问题。他被迫进一步依赖于抽象理性的推论,以至于不得不将彻底原子化的个体作为自己的理论保证。他直接假设自然人的平等状态。"人与人之间本来都是平等的,正如各种不同的生理上的原因,使某些种类动物产生我们现在还能观察到的种种变形之前,凡属同一种类的动物都是平等的一样。"④在这一抽象平等的基础上,卢梭最终推导出他所谓的人民主权理论。

---

① [法]约瑟夫·德·迈斯特:《论法国》,鲁仁译,上海人民出版社2005年版,第27页。
② [英]柏克:《法国革命论》,何兆武、许振洲、彭刚译,商务印书馆1999年版,第223页。
③ [法]卢梭:《论人类不平等的起源》,李常山译,东林校,商务印书馆1997年版,第71页。
④ 同上书,第63页。

均质化是否能够和平等完全等同是一个需要进一步澄清的问题。从整个近代社会契约论的结构看,卢梭对抽象理性的依赖最终取消了时间的厚度。追求普遍有效的完美状态显然不会接受它无法存在于具体的世界之中。过去、现在、未来不会再有任何本质的区别。伴随着历史的扁平化,传统同样失去了自己的存在价值。既然人类社会的完美形态已经被理论所阐述清楚,实现乌托邦是剩下唯一可做之事。正是在这种前所未闻的情况中,保守思想陷入自己的生存危机之中。

毫无疑问,当大多数的知识分子在沙龙里为革命欢欣鼓舞时,伯克已经察觉到这场革命的危机。他最开始的态度是暧昧不明的。当他的激进派朋友鼓动他支持这场革命时,他以审慎的态度保持了距离。法国大革命的影响很快跨越海峡,进入英国的政治辩论之中。以普莱斯博士为代表的英国激进派分子,正在大声呼吁在英国实行同样的制度。伯克在议会中的长期密友和辉格党领导人福克斯也对革命公开赞赏。伯克却在这场革命中发现完全不同的意象。"在法国大革命之后,由意识形态驱动的对英国宪政的攻击,对国内政治秩序的安全构成了威胁。英吉利海峡两岸的事件让人想起了1648年,而不是40年后的光荣革命。"[1]

对英国政治的忧虑,最终成为伯克反对法国大革命的初始动机。至少在写作的开始,伯克没有有意创造一种被称为保守主义的东西。他更多是对英国乃至法国命运的担忧。他写道:"我现在能够庆祝同一个法国享有着自由吗?是不是因为抽象的自由可以

---

[1] Richard Bourke, *Empire and Revolution: The Political Life of Edmund Burke*, Princeton & Oxford: Princeton University Press, 2015, p.700.

列为人类的扶持,我就可以认真地对一个疯子逃出了他那监禁室的防护性的约束和保护性的黑暗,而祝贺他恢复了享受光明和自由呢?"①在这种担忧中,保守思想脱离了实然状态,第一次以保守主义的面貌进入应然的争议之中。

伯克的保守主义的构建首先是通过反面论证的方式展开的,这也是保守主义应激反应的结果。他认为,革命从根本上破坏了法国一直以来的传统,将法国人为抛入前所未有的暴政之中。在这种结构中,主权者掌握比以前更为极端和没有限制的权力。以保护民众为名,民众却陷入更深的分裂之中。具有强烈平均主义特征的选举制度不能消除派系之见。它为派系力量提供更多的可能性。

军队是这种平均主义下最为突出的问题。由于军队也是由具有投票权的民众构成,它自身就是一个巨大的利益集团。更重要的是,与其他利益集团不同,它掌握国家最大的暴力机器。"事物的本性就要求,军队只能是作为一种工具而行动。一旦它使自己成为一个决策机构,它就会根据它自己的决定而行动,而政府,不管它可能是什么政府,就马上会蜕变为一种军事民主制。"②军事组织对权威性的呼唤最终转化为军事独裁。拿破仑在未来的登场就是一件不足为奇的事情。"革命的军事化最终会导致革命的灭亡。迟早,政府会失去控制和约束军队的能力。"③法国大革命的

---

① [英]柏克:《法国革命论》,何兆武、许振洲、彭刚译,商务印书馆 1999 年版,第 10 页。
② 同上书,第 274 页。
③ James Conniff, *The Useful Cobbler: Edmund Burke and the Politics of Progress*, New York: State University of New York Press, 1994, p.225.

结局与克伦威尔成为护国公一样不可避免。

在与法国大革命的对抗中,伯克也逐渐发掘出对于保守主义的正面构建。他敏锐地意识到,在法国大革命中,时间是一个无足轻重的要素。在哲学家的疯狂想象中,理念上的完美才是唯一值得追寻的目标。这也是革命者可以轻易摧毁作为法国传统的天主教和王权。既然过去是他们实现乌托邦的最大敌人,那么取消过去是合乎逻辑的方式。"法国革命者抨击继承和规定的原则。他们轻视经验,认为经验是文盲的智慧。他们企图剥夺人们的集体智慧,为的是使他们盲目地服从他们自己的特殊假设。"[1]或者用革命派自己的说法,这就是解放。

在形而上学对抗革命的方式就是恢复过去与现在的联系,也就是恢复历史的延续性。现在是过去所塑造的结果,这种结果是先辈们集体智慧的体现。国家不是近代社会契约论下冷冰冰的机器。它是生者和死者的契约。它是先祖的遗产,通过一种薪火相传的方式传递给下一个时代。伯克写道:"我对自己的能力完全不信任;我完全放弃了我自己的一切猜测;对我们祖先的智慧有着深厚的崇敬,他们留给我们的是如此幸福的宪法,如此繁荣的一个帝国。"[2]英国政治制度就是这种传统智慧的最高体现。在各方利益的博弈下,它保持非常微妙的动态平衡。

在明确保守的对象后,伯克对如何保守英国政治制度提出两

---

[1] Charles Parkin, *The Moral Basis of Burke's Political Thought*, New York: Russell & Russell, 1956, p.120.
[2] Edmund Burke, "Speech on Conciliation with America", in *The Writings and Speeches of Edmund Burke Vol.3*, General Ed. Paul Langford, Oxford: Clarendon Press, 1996, p.139.

个重要的原则。第一,他拒绝在没有重大问题的情况下进行激进变革。"我们的政治制度是建立在一种良好的平衡之上的,被峭壁陡崖环绕,四周皆为深不可测的水面。如果我们把它从危险倾向的一边移开,那么在另一边亦可能会有颠覆它的危险。"①政治制度变动对民众的影响之大,需要经过极为慎重的考察。革命派不负责任的乐观态度将社会变为自己意识形态的试验场。第二,革命的意义在于保存而非毁灭传统。光荣革命和法国大革命的最大区别就在于前者是为了恢复英国政治制度的平衡,而后者则是彻底摧毁了法国政治秩序。

考虑到法国大革命的意识形态狂热,传统秩序与革命之间存在不可调和的矛盾。伯克在之后的一生中以近乎意识形态十字军的态度反对这场革命。他指出,如果法国大革命能够单纯限制在本国内,那么英国人可能不需要忧虑。问题是,这场革命一定会席卷欧洲大陆,追求自己的普遍性。与革命妥协和慢性自杀没有区别。"革命者是不会遵守休战的。唯一的安全在于团结和不懈的斗争。"②伯克的这种态度在数百年后,也成为新保守主义者对外干涉的借口。

问题是,伯克在对保守主义进行积极构建的同时,是否同样踏入了哲学家的政治这一陷阱之中。作为保守主义在政治实践中的代表,当时的英国首相小皮特展现出更为灵活的态度。与法国达

---

① Edmund Burke, "Thoughts on the Present Discontents", in *The Writings and Speeches of Edmund Burke Vol. 2*, General Ed. Paul Langford, Oxford: Clarendon Press, 1981, p.311.
② James Conniff, *The Useful Cobbler: Edmund Burke and the Politics of Progress*, New York: State University of New York Press, 1994, p.235.

成战术性和平一直是他的备选项之一。小皮特和伯克的区别似乎也暗示保守主义的核心困境。成为一种特定意识形态的保守主义在获取政治力量的同时,被迫接受应然的限制。它不得不在接下来的历史实践中反复寻找答案。

第三节 迪斯累利与民族特性

与欧洲保守主义与法国大革命的强烈冲突不同,美国的保守主义是以一种更为温和的方式发展起来的。客观而言,英国本土的征税计划和加强集权的行为是构建全球殖民帝国的现实要求。在伯克的解释中,大英帝国而不是美洲殖民地违背了英国的政治传统,导致两者关系的恶化。"这类税收违反了殖民地赖以建立的基本商业原则;与所有的政治公平观念相反;我们受平等的约束,尽可能地将英国宪法的精神和利益扩展到英国领土的每一个部分。"[1]美洲殖民者为了捍卫自己一直以来的权利,被迫向英国发动独立战争。

亚当斯和汉密尔顿是美国早期保守主义的典型代表。他们在对抗法国大革命思想的同时,也对抗从英国流传下来的农业共和主义。美洲殖民地和英国本土对传统的区别没有显著的差别。他们都强调习俗性自由的重要性;承认自然贵族的双重属性;支持权力的制约与平衡。柯克评价道:"在现代自由主义发端之时,伯克

---

[1] Edmund Burke, "American Taxation", in *The Writings and Speeches of Edmund Burke Vol.2*, General Ed. Paul Langford, Oxford: Clarendon Press, 1981, p.439.

和亚当斯就在自由活力的花朵中看到自由衰败的病征。"①

与英国本土相比,唯一比较明显的差异就是美洲殖民地对自由更为强烈的渴望。他们对本土权力的集中始终保持高度的敏感性。这可能与殖民地具体的运作方式密切相关。伯克承认:"由于这些原因,一种强烈的自由精神得以成长。它随着你们殖民地民众的成长而增长,随着他们财富的增加而增长。"②在具体的政治构建中,对王权的相对冷漠是这种态度的直接投射。

在接下来的历史发展中,英国本土的强势地位在整个英美传统保守主义的发展中占据更主要的地位。伯克与福克斯决裂的直接结果就是辉格党的完全分裂。在伯克的带领下,最终包括波特兰公爵在内的一大批辉格党人投入小皮特政府之中。福克斯所带来的剩余辉格党人很难发挥有效的反对派职能。在小皮特和第二代利物浦伯爵的长期执政下,辉格党只能凭借团结政府或者联合组阁的方式取得部分执政权。

物极必反,盛极必衰。在第二代利物浦伯爵之后,托利党在两个方面遭受到严重危机。一方面,随着工业城市的不断壮大,口袋选区制度成为越发严重的对立焦点。以城市中产阶层和工人为代表的代表权支持者组成联盟,呼吁下议院改革,取消口袋选区,并将取消的名额分配给新兴工业城市。由于口袋选区大多掌握在上层贵族的手中,这一呼吁在托利党内部具有更大的阻力。事实上

---

① [美]拉塞尔·柯克:《保守主义思想:从伯克到艾略特》,张大军译,江苏凤凰文艺出版社 2019 年版,第 100 页。
② Edmund Burke, "Speech on Conciliation with America", in *The Writings and Speeches of Edmund Burke Vol.3*, General Ed. Paul Langford, Oxford: Clarendon Press, 1996, p.125.

口袋选区绝非新鲜问题,在伯克时代议会已经经常针对这一问题展开辩论。伯克承认口袋选区存在问题,但这并不意味必须改变议会的政治结构。"因为国家不仅仅是一个局部范围的概念,一个个体瞬间的集合,而是一个连续性的概念,它在时间、数量和空间上都延伸。这不是某一天的选择,也不是某一群人的选择,不是多种多样、眼花缭乱的选择;这是各年龄段、各代人经过深思熟虑的选举。"①

正如卢梭所指出的那样,只要处于现有的政治结构中,"最强者的权利和先占者的权利之间发生了无穷尽的冲突"②。新兴工商业城市的壮大最终会导致结构失衡的问题继续放大。法国大革命结束之后,托利党经常采用的国家稳定借口显得越发不合时宜。托利党在天主教和解法案上的内部矛盾成为压倒骆驼的最后一根稻草。在对天主教和解法案的反对中,考虑到新兴工商业城市在国教问题上的倾向,部分托利党改变立场,寻求支持小选区改革。

辉格党从托利党的分裂中迅速夺取了执政权。在前一年选举大胜的推波助澜下,格雷勋爵推出了《1832年改革法案》。这场改动在政治博弈中的影响之大,以至于迪斯累利在之后写道:"改革法案是一项法律,不是为了摧毁封闭的政府,而是为了摧毁保守主义。托利党人的选区无一例外地被牺牲了,而辉格党人的选区,在

---

① Edmund Burke, "Parliamentary Reform", in *The Writings and Speeches of Edmund Burke Vol.4*, General Ed. Paul Langford, Oxford: Clarendon Press, 2015, p.219.
② [法]卢梭:《论人类不平等的起源》,李常山译,东林校,商务印书馆1997年版,第126页。

很多情况下，基本上都被保留了下来。"[1]

另一方面，自由放任的贸易政策是托利派内部另一个重要问题。作为亚当·斯密的好友，伯克在很大程度上对自由贸易抱有好感。商品交换本质上是相互约定的结果，"由双方的相互便利，实际上也由他们的相互需要所决定"[2]。比起政府机构，交易双方应该对自己的需求有更明确的认知。政府对于贸易的肆意干涉只会导致贸易的失败。"政府的最大用处是作为一种约束；除了在愤怒的环境下对激烈的投机加以抑制外，它对别人和自己都没有什么约束。"[3]自由贸易可以促进生产要素的流通。"如果商业自由度最大限度地扩展到美国，英国财政部则间接受益于国内生产力和汇率的提升。"[4]更重要的是，自由贸易是民众在长期交往中自发形成的行为习惯。在没有明确前景的前提下，改变贸易的自然状态绝非明智之举。"即使没有个人利益，为保护和扩大英国商业而努力也是英国政治家的责任。"[5]

伯克和斯密在自由贸易的问题上并非没有差别。"在伯克的思想中，自由贸易不是基于效用，而是基于正义。"[6]但两者对自由

---

[1] Benjamin Disraeli, *Whigs and Whiggism*, New York: The Macmillan Company, 1914, p.18.
[2] Edmund Burke, "Thoughts and Details on Scarcity", in *The Writings and Speeches of Edmund Burke Vol.9*, General Ed. Paul Langford, Oxford: Clarendon Press, 1991, p.126.
[3] Ibid., p.120.
[4] Richard Bourke, *Empire and Revolution: The Political Life of Edmund Burke*, Princeton & Oxford: Princeton University Press, 2015, p.288.
[5] Carl Cone, *Burke and the Nature of Politics The Age of the American Revolution*, Kentucky: The University of Kentucky Press, 1957, p.88.
[6] Peter Stanlis, *Edmund Burke: The Enlightenment and Revolution*, New Brunswick & London: Transaction Publishers, 1993, p.23.

贸易在实践上的相似性成为保守主义支持自由贸易的重要理由。1835 年带领托利党重归多数党席位的皮尔首相就是自由贸易的信徒。通过重新引入所得税，皮尔得以取消一系列进口关税，降低进口商品的价格。这一行为在极大帮助城市阶层的同时，损害了农村阶层的利益。托利党内部的保护主义派系对此公开表达不满。

托利党的内部争斗终于在废除《谷物法案》的投票中爆发出来。尤其是在爱尔兰大饥荒的背景下，皮尔认为彻底废除这一法案有助于市场间的自由流动。爱尔兰大饥荒的问题需要通过市场的自我调节进行解决。迪斯累利强烈谴责皮尔政府的做法。他非常痛心地写道："我无法用语言来表达我的感受，那是多么的不公正、多么的不明智、多么的愚蠢、多么的邪恶，如果我再拒绝让爱尔兰得到一个规范良好的济贫法体系的安慰和祝福的话。"[1] 当然公正地说，皮尔政府还是在自由放任的时代为爱尔兰人提供些微的食物补贴。这比起他的辉格党继任者罗素勋爵而言，还是更具有人道的色彩。

为了废除《谷物法案》，皮尔不惜与辉格党以及激进党结盟，才勉强获得议会的多数。这一行为直接导致托利党陷入严重的内部斗争。"在一般不善言辞的保守党乡村绅士看来，皮尔的行为是对保守党的严重背叛，与 1841 年大多数保守党候选人的宣言大相径庭。"[2] 在 1847 年的选举中，皮尔派仍然无法和大多数托利党人达

---

[1] Benjamin Disraeli, *Whigs and Whiggism*, New York: The Macmillan Company, 1914, p.27.
[2] T.A. Jenkins, *Disraeli and Victorian Conservatism*, London: Macmillan Press LTD, 1996, p.27.

成和解。在占据议会最多席位的同时,托利党却依旧无法拥有执政权。在1852年的大选中,皮尔派最终与托利党决裂,投入辉格党和激进党的怀抱中。正是在这种内忧外患中,迪斯累利被推上了保守主义的前台。

与伯克一样,迪斯累利的政治轨迹也显示出一种左右摇摆的倾向。虽然迪斯累利是作为托利党人加入议会的,但他对议会改革和宪章运动的同情显得与大部分托利党人格格不入。他在自由贸易上的摇摆态度也产生了对他机会主义的质疑。"在1846年,迪斯雷利自封为乡村绅士的代言人,一定让许多观察家感到震惊。"[1]迪斯累利在自由贸易上的摇摆态度显然有更深层的原因。如何平衡农民与工人的利益是这种摇摆的根本动因。迪斯累利绝非自由贸易的信徒。在关于所得税的辩论中,他早已提到,"你们最终要从那些被自由贸易搞得一贫如洗的人的口袋里为自由贸易买单"[2]。

迪斯累利成为托利党领导人时,整个党正处于非常糟糕的状态。皮尔派虽然与保护主义派系一同待在托利党的大帐篷中,大部分的前排议员都选择追随皮尔派加入与辉格党和激进党的联盟。在托利党内部,成为党的领导人之一的迪斯累利,在党内依旧缺乏信任。大部分议会成员信任迪斯累利的能力,却不信赖他本人。从这种意义上看,鲍里斯·约翰逊的确在一个多世纪后分享

---

[1] T.A. Jenkins, *Disraeli and Victorian Conservatism*, London: Macmillan Press LTD, 1996, p.29.
[2] Benjamin Disraeli, *Whigs and Whiggism*, New York: The Macmillan Company, 1914, p.462.

了相似的处境。

面对托利党的困境,迪斯累利终于有机会将他一直以来试图对保守主义的改造付诸实践。与伯克类似,迪斯累利的政治图景在他的青年期就已经基本成型。这尤其体现在他的小说中。在他最为自豪的早期自传体小说中,他就认为,"说学习语言而不学习思想是愚蠢的,如果我没有把它的文化掌握在自己的手中,并以自己的耕作来补偿我导师的拙劣耕作,我的头脑就会因为缺乏肥料而变得贫瘠"[1]。对知识的真正把握直接建立在它所处的具体氛围之中。文化是传统的产物。迪斯累利的话语隐含对于历史和过去的重视。

迪斯累利的首要步骤就是重新挖掘保守主义究竟需要保守什么这一问题。他并非要否定伯克的基本理念。事实上,在绝大多数的问题上,两者都保持了一致的判断。两者同样强调传统的重要性,两者也同样承认结果对理论的优先性。问题是,无论1832年的议会改革多么带有党派倾向,迪斯累利承认:"就我个人而言,我认为完全不可能恢复贵族原则,原因我将在后面一节中介绍。然而,我是这样认为的,并且深信除非这个国家的基础建立在某种确定的原则之上,否则这个国家就必须灭亡,因此我感到绝对有必要向新的或民主的原则前进。"[2]

议会改革极大程度地改变了议会的面貌,伯克所奠定的保存

---

[1] Benjamin Disraeli, *The Works of Benjamin Disraeli Vol. 1*, London & New York: M. Walter Dunne, 1904, p.21.
[2] Benjamin Disraeli, *Whigs and Whiggism*, New York: The Macmillan Company, 1914, p.18.

英国政治制度这一目标已经无法完全适应新的情况。尤其是考虑到对选举权日益高涨的呼声和政治利益的转移,现有的政治制度只会持续性发生演变。如果保守主义试图继续生存下去,那么它必须寻找到新的支撑点。或者说,迪斯累利必须为保守主义寻找到更为适合的表达内容。这种实践上的与时俱进也成为保守主义区别于复古主义的重要标志。

当时的英国社会处于高速的工业化转型之中。作为托利党传统支柱的农村阶层开始衰弱。新兴的工商业城市蓬勃发展。然而,正如迪斯累利在《西比尔》中所描绘的一样,城市工人正处于相当糟糕的生存条件之中。恩格斯的《英国工人阶级状况》也于同一年出版。两本书展现了保守主义和社会主义对工人阶级的高度关注。迪斯累利从这种现状中提炼出新的保守核心,也就是保存民族共同的特性。"托利主义是一种民族精神,表现为维护国家体制,支持这些体制所形成的民族特性。"[1]迪斯累利的转换有两个关键点,一方面,国家体制被进一步地抽象化,直接指向国王、上下两院的权力平衡,为具体的议会改革提供了空间;另一方面,通过强调共同的民族特性,一种超阶层的联盟得以可能。

迪斯累利的想法最终转化为所谓的一国保守主义。这种主张强调社会等级制合理性的同时,要求精英阶层有义务维护底层人员的利益。托利党代表的不只是固定的利益阶层,而是要将不同阶层联系起来,共同维护英国的民族特性。"迪斯累利一直坚称保

---

[1] Benjamin Disraeli, *Whigs and Whiggism*, New York: The Macmillan Company, 1914, p.81.

守党是整个国家的政党"[①]，而不是一个纯粹的财产党。尤其是考虑大选举权门槛日益降低的情况下，托利党一定要为自己找到财产以外更重要的基础。

在明确保守何者的基础上，迪斯累利为如何保守提供了两个鲜明的方向：一是反对功利主义。与伯克有时被错认为功利主义不同，迪斯累利旗帜鲜明地将功利主义作为反对的目标。"功利主义者只承认一两种影响人的动机：对权力的渴望和对财产的渴望。"[②]为了实现自己的追求，功利主义者往往无视历史的价值和过去的约束，肆意追求利益的最大化。城市的商业阶层就是功利主义的最大支持者。如果放任功利主义流行，只会导致社会贫富差距不断加大。富人和穷人成为两种截然不同的生物。在这种情况下，共同的民族特性将成为一个笑话。

二是进步主义。在旧托利党的基础被严重摧毁的基础上，迪斯累利强调与时俱进的重要性。保守主义如果想要在一个日益追求普选权的政治趋势中生存下去，就需要建立新的权力联盟。对议会改革的支持和改善底层民众的生存现状是两个突出表现。选举权的扩展不但可以稀释城市中产阶级的选票，而且可以提升支持传统价值观的选民人数。正是在这一思路的带领下，托利党转而成为普选权的支持力量，并且颁布了大量有利于劳动民众的立法。1867年的改革法案"在形成保守党对自身身份认同的意识方面发挥了重

---

① T.A. Jenkins, *Disraeli and Victorian Conservatism*, London: Macmillan Press LTD, 1996, p.138.
② Benjamin Disraeli, *Whigs and Whiggism*, New York: The Macmillan Company, 1914, p.116.

要作用,证实了保守党是'国家'的党这一信念"①。不过需要指出的是,虽然迪斯累利的政治实践暗示保守主义和进步主义不是完全冲突的概念。但两者的结盟更多是一种偶然的时代需求。为了维系传统价值,保守主义并不反对与任何的意识形态进行结盟。

在如何保守的指引下,上层贵族与农民和工人的联盟成了迪斯累利的基本政策。在迪斯累利所设想的家长制秩序中,"工人的拯救将来自上层:贵族是人民的天然领袖"②。绝大多数工人依旧在社会文化问题上持有传统的价值观念。除了传统的农业盟友外,托利党需要吸收这一不断壮大的新兴阶层,以共同的民族价值观将他们维系在一起,对抗城市中产阶层为代表的功利主义者。当然这一联盟存在一个严重的问题,即工人和农民的潜在矛盾。两者在农产品价格上存在截然不同的利益倾向。迪斯累利在自由贸易问题上的摇摆,实质上只是为了能够寻找到合适的妥协点。1880年大选的失利揭示了迪斯累利计划的核心困境。

可以说,迪斯累利为保守主义在平民化的时代找到了延续自己的道路。"迪斯累利的托利主义让英国人确信,下层阶级没有被遗忘,英国人的国家还有真实的生命力,社会的主导者与社会大众有着共同的利益。"③作为一种历史意义的传承,他最终继承了本应授予伯克的称号,成为比肯斯菲尔德伯爵。

---

① T.A. Jenkins, *Disraeli and Victorian Conservatism*, London: Macmillan Press LTD, 1996, p.75.
② *Jewish Lives*, *Disraeli the Novel Politican*, Yale: Yale University Press, 2016, p.104.
③ [美]拉塞尔·柯克:《保守主义思想:从伯克到艾略特》,张大军译,江苏凤凰文艺出版社2019年版,第273页。

第四节 拉塞尔·柯克与二战后世界

从政策实践的角度看,迪斯累利的策略无疑是成功的。在接下来的一个世纪,托利党都没有挣脱迪斯累利的基本范式。迪斯累利不但找到了托利党在民主时代的生存法则,也找到了在帝国主义时代的生存法则。通过坚定强调英国的民族特性,托利党得以建立广泛的跨阶层同盟并随着帝国的不断壮大汲取政治上的支持。在19世纪末,托利党再次展现对放任主义的偏爱。很快在第一次世界大战(简称"一战")的影响下,它重新回到了一国保守主义的道路上。在整个20世纪上半叶,英国保守主义的进展也是令人失望的。以至于在这一时期,我们几乎找不到真正在思想上具有深度的保守主义者。唯一值得庆幸的是,继承了辉格党的自由党终于走向了衰败,但工党的崛起抵消了托利党的喜悦。现在有一个更强有力的政党将和它们争夺对于工人阶级的影响力。

思想上的匮乏可能是政治现实的结果。对于当时的保守主义而言,它没有强烈的愿望改变迪斯累利所塑造的基本结构。尤其是在这一结构依旧可以保持运行的情况下,保守主义一再表现出自己的惰性,或者审慎的本能。可能只有艾略特的诗歌能为保守主义提供浪漫化的想象力。柯克评价道:"也许主要是由于那个'控制着混乱的老迈的犹太绅士'的想象力,他们作为一个强势且有见识的政党延续到20世纪中叶。"①甚至在20世纪60年代,托利党依旧强调社会福利的重要性,试图提出比工党更具吸引力的社会支出计划。新保守主义的崛起极大程度地改变了保守主义的面貌。撒切尔和里根塑造了今日保守主义的刻板印象。但随着新保守主义的衰弱,一国保守主义正在重新焕发生命力。无论是卡梅伦还是约翰逊,都将迪斯累利作为自己的效仿对象。2016年保守党的大胜也和它成功争取到大量英格兰北部的工人阶级密切相关。

同时期的美国保守主义也没有特别突出的贡献。随着北方在内战中,扬基人彻底取代迪克西人成为美国的正统。从这一点看,南北战争堪称美国第二次建国神话。威尔逊站在南方保守主义的立场上写道:"北方佬是由北方腹地产生的一类人,他们的贪婪、虚伪、狂热,以及在政治、经济和文化上对我们美国人颐指气使的欲望,在整个美国历史上都是如此。"②柯克甚至用"镀金时代"形容从内战后直到一战之间的保守主义。这一时代的美国保守主义"实际上是指非常类似于英国自由主义的一系列原则,稀里糊涂的诚实人正试图将这些原则应用于保守主义的事业之中"③。随着美国的高度工业化和农业人口的减少,约翰逊和亚当斯所设想的美国正在消失。在杜威的实用主义之下,一切灵性的东西都烟消

---

① [美]拉塞尔·柯克:《保守主义思想:从伯克到艾略特》,张大军译,江苏凤凰文艺出版社2019年版,第276页。
② Clyde N. Wilson, *The Yankee Problem*, Columbia: Shotwell Publishing, 2016, p.29.
③ [美]拉塞尔·柯克:《保守主义思想:从伯克到艾略特》,张大军译,江苏凤凰文艺出版社2019年版,第334页。

云散了。

第二次世界大战(简称二战)后的世界格局演变进一步削弱迪斯累利范式的客观性基础。首先,20世纪后半叶的美苏冷战是以不同于19世纪殖民帝国相互斗争的方式展开的;其次,高度工业化的生产方式也逆转了农业和工业人口的比例;再次,社会主义已经取代自由主义,成为保守主义的主要竞争对象;最后,信仰在人类社会的力量逐渐衰弱。"美国现在正遭受世俗化之苦。它充满了相对主义者,他们停止对传统上被视为不道德的社会行为做出判断,无论是同性恋、性别角色的模糊,还是通奸。"[1]随着英国从全球帝国衰弱为区域国家,英美力量格局发生彻底倒转。美国逐渐成为英美传统保守主义的主阵地。保守主义已然需要进入下一个阶段。

柯克是第一个以学者身份实现保守主义范式进一步转化的人物。与他的保守主义前辈相比,虽然柯克通过诸如《国家评论》这样的保守派杂志对政策和舆论产生影响,但他本人没有直接涉及政治。保守主义终于迎来自己在智识上的强大支持者,但这也激发了保守主义的巨大隐忧——一个没有直接参与政治的人是否又会将保守主义带向"哲学家的政治"呢?

柯克对保守主义的处理方式同样带有浓厚的学术倾向。与伯克或者迪斯累利关注于具体的政治事态不同,他首先将目光投入英美传统保守主义的历史中。法国大革命业已成为遥远的历史记忆,传承一个半世纪的保守主义有必要进行历史性的回溯。这也

---

[1] Paul Gottfried, *Multiculturalism and the Politics of Guilt*, Missouri: University of Missouri Press, 2002, p.133.

是柯克最重要的作品《保守主义思想》的内容。通过不断的修订和添加,柯克建立起从伯克到艾略特的英美保守主义演化历史。斯克鲁顿评价道:"柯克为二战后一代美国人,尤其是年轻人树立了榜样,他将保守主义作为一种共同遗产,作为一种可信赖的政治信条,并启发了最高的艺术努力,就像艾略特的诗歌一样。"①

在澄清保守主义历史的同时,柯克试图对英美传统保守主义进行一些定性上的描述。"保守派不相信伯克所说的'抽象主义',即脱离实际经验和特殊情况的绝对政治教条。然而,他们确实相信存在着某些永恒不变的真理,支配着人类社会的行为。"②柯克将其归纳为10条主要表现。其中有一些是伯克以来保守主义一直强调的特征,比如对过去传统的重视、财产与自由的密不可分、权力需要制约平衡、完美政治的不可行。但柯克特别注意基督教在保守主义中的重要性。"任何政治制度都是在道德秩序的基础上发展起来的;每一种道德秩序都源于宗教信仰。"③保守基督教成为柯克保守主义的核心。

从正面看,基督教是整个英美文明的重要内容之一。这首先是英美历史发展的结果。除了罗马征服以前的英格兰,或者从罗马崩溃到撒克逊人皈依基督教这几段时间,英美两国的历史与基督教深度绑定。"所有人都宣称自己信仰基督教,所有人都读詹姆士国王钦定版《圣经》;所有人都宣扬信仰、希望和仁爱的神学美

---

① Roger Scruton, *Conservatism*, New York: All Points Books, 2017, p.144.
② Russell Kirk, *Concise Guide to Conservatism*, Washington DC: Regnery Pubushing, 2019, p.2.
③ Russell Kirk, *The Conservative Constitution*, Washington DC: Regnery Gateway, 1990, p.174.

德。所有人都说英语、读英语,所有人都生活在英国法律之下,所有人都遵守许多古老的英语规定和习惯。他们是英国形式的基督教。"①换言之,不可能在脱离基督教的情况下,讨论英美的历史文化和政治制度。用柯克的话说,"没有宗教基础就不可能有保守主义"②。

伯克和迪斯累利不否认基督教的重要性。"基督教在精神上相当于伯克的世俗的欧洲共同体概念。在它存在的18个世纪里,通过历史的延续和法律的规定,它为欧洲文明的丰富和稳定增添了不可估量的力量。"③迪斯累利相对较为谨慎。在承认基督教世界这一概念的同时,他将基督教潜在的世界主义倾向视为对帝国的可能威胁。在柯克的范式下,无论是伯克的英国政治制度还是迪斯累利的民族特性,最终都是基督教与具体环境结合下的结果。保存政治制度和民族特性必须以基督教作为真正的基础。

从反面看,柯克注意到日益世俗化时代所带来的风险。人们越发倾向于用一种机械唯物论色彩看待世界。国家被理解为纯粹的契约,富含感性的历史被肢解为社会学。人类精神正处于普遍贫乏之中。这种神圣性的缺失是现代人倒向虚无主义和相对主义的关键。他们不再真诚相信任何有价值的事物。在这种日益恶化的情况下,社会和政府的有效运作依赖于传统带来的惯性。换言

---

① Russell Kirk, *America's British Culture*, New Brunswick & London: Tranaction Publishers, 2008, p.71.
② Russell Kirk, *Concise Guide to Conservatism*, Washington DC: Regnery Pubushing, 2019, p.9.
③ Peter Stanlis, *Edmund Burke and The Natural Law*, New Brunswick & London: Transaction Publishers, 2003, p.196.

之,社会的稳定是建立在主流社会的忍让和迟钝之上。"耗尽道德和社会资本是可能的;一个完全依赖遗产的社会可能很快就会发现自己破产。就文明而言,就像人类的身体一样,只有在每一代都发生健康的变化和恢复活力时,保护和更新才有可能。"① 如果不及时恢复基督教在人类社会中的重要性,人类社会最终将因为抽象化的原子个体陷入无尽的分裂之中。

在确立保守基督教这一核心原则之后,柯克也需要为如何保守提供必要的指南。在这一问题上,由于柯克的学者属性,他提出的指南相对更为抽象。

第一,反对以实用主义和功利主义为代表的计算理性思考方式。在这些思想的引导下,工业化、城市化和消费主义迅速宰制了人类的心灵。人类被迫接受现代社会的无聊,丧失对永恒事物的追求和向往。"旨在提升大众心智的公共图书馆逐渐减少,变成了公费开支的休闲娱乐工具;几乎所有的公共场所都充斥着嘈杂的噪声,甚至把不愿意的人也变成了被动听众的一部分。"② 恢复基督教的神圣性是保守派在逻辑上的自然选择。

强调基督教的神圣性与基督教内部的宽容本身不矛盾。美国建国以来的政治实践证明了这一情况。第一修正案对宗教宽容的支持绝非反对宗教。"基督教和犹太教都与帝国结构、封建制度、国家单一政体、贵族制度、共和国制度和民主制度共存。他们认

---

① Russell Kirk, *America's British Culture*, New Brunswick & London: Tranaction Publishers, 2008, p.83.
② Russell Kirk, *Prospects for Conservatism*, Houston: Imaginative Conservative Books, 2013, p.134.

为,宗教不是一种政治或经济管理制度;相反,它是一种将人的灵魂与神的力量和爱联系起来的尝试。"[1]宗教宽容本身是为了更好地实践真诚的基督教信仰。

在具体实践上,为了扭转精神普遍衰弱的局面,家庭、社会、学校都是需要从对立思想中夺回的阵地。从某种程度看,今日美国大学内的"文化战争"就是柯克思想的典型表现。柯克指出,大学不只是纯粹传授知识的场所,"它的意义要重要得多:它是一个向新兴一代传授健全的知识和道德纪律的机构"[2]。但在激进派的影响下,学校,特别是大学,业已成为煽动盲目行动的中心。学生被激进派的乌托邦所蛊惑,沉迷于意识形态不可自拔。保守派需要恢复学校的本来面貌,恢复学校的纪律性。柯克将矛头直接指向杜威的教育理论。"杜威的理论中融合了健全的感觉和谬误,但在我国,谬误几乎成了正式的教育教条,而健全的感觉却因为社会环境的变化而被遗忘或失去了意义。"[3]

第二,反对集体主义。一方面,个人自由是英美传统保守主义一直以来的特征。从思想上看,美国独立战争是为了维护殖民者从英国本土继承的个人自由。用伯克的话说,"他们不仅献身于自由,而且根据英国思想和英国原则献身于自由"[4]。甚至与英国本

---

[1] Russell Kirk, *The Conservative Constitution*, Washington DC: Regnery Gateway, 1990, p.130.
[2] Russell Kirk, *Concise Guide to Conservatism*, Washington DC: Regnery Pubushing, 2019, p.72.
[3] Ibid., p.74.
[4] Edmund Burke, "Speech on Conciliation with America", in *The Writings and Speeches of Edmund Burke Vol.3*, General Ed. Paul Langford, Oxford: Clarendon Press, 1996, p.120.

土相比,美国人对个人自由拥有更强烈的渴望。这也是为何英国本土接受印花税而美洲殖民地不接受的一个原因。另一方面,美苏冷战的格局激发了柯克对集体主义的应激想象。尤其是在对苏联的想象中,集体主义被理解为某种程度上消灭个性的存在。民众被教育忽视自身的价值,甘愿成为庞大机器中的一部分。"集体主义意味着真正的共同体的终结,用统一取代多样性,用武力取代自愿合作。"①

对集体主义的反对在实践中主要表现为对中央集权的反感。随着二战后国家职能的不断发展,政府不得不处理越来越多的事物。这在客观上促使政府权力的不断膨胀。这也符合19世纪以来行政权力不断扩张的情况。柯克认为国家的集权化将最终影响到英美传统保守主义所珍视的个体自由。保守派需要从社区层面开始抵御政府权力的侵入。这在一定程度上成为大多数美国保守派支持小政府的原因之一。

对集体主义的反对不等同于支持个人主义。"作为对当今威胁我们的冷酷无情的集体主义的反抗,这种向个人主义的逃避是可以理解的;但尽管如此,这是彻头彻尾的愚蠢,对保守派事业来说,它甚至比无原则的削减政策更具灾难性。"②支持个人主义原则等同于取消保守主义和自由主义的区别。柯克追寻伯克的脚步强调,个人自由是英美历史发展的结果,而不是某种意识形态理论

---

① Russell Kirk, *Concise Guide to Conservatism*, Washington DC: Regnery Pubushing, 2019, p.4.
② Russell Kirk, *Prospects for Conservatism*, Houston: Imaginative Conservative Books, 2013, p.36.

的结果。英美的个人自由只能在英美的历史语境下谈论。其他文明完全可能会演化出不同的路径。将个人自由作为所有文明的普遍原则与集体主义没有本质区别。这也是柯克与新保守主义者关键差别所在。

新保守主义是二战后美国一支逐渐壮大的力量。虽然被称为新保守主义,但早期的新保守主义者往往是由支持托派的前社会主义者构成。其中相当数量的成员来源于东海岸的美国犹太人。保守主义不排斥犹太人,迪斯累利本人就是英国犹太人。新保守主义的原初血统是一个令传统保守派感到困惑的部分。但作为新的盟友,传统保守派对新保守主义者展现出温和的友好态度。柯克在运动的早期赞扬新保守主义者,"我确实对他们的出现表示欢迎,因为我意识到他们中有不少人才华横溢,精力充沛,活跃在严肃的新闻事业和某些大学里,并预示着保守派或准保守派的观点将在纽约的犹太知识界兴起——这一阶层以前属于激进主义或解体的自由主义"[1]。

两种保守主义在当时的主张上存在高度的相似性。两者都支持小政府,也都支持与苏联进行对抗,都在一定程度上支持公平贸易的理念。新保守主义与自由主义的过分融合,导致他们往往忽视与自由主义的本质区别。"一个自由党人不可能完全是一个自由党人,而必须常常是一个比保守党人本身更好的保守党人。"[2]在冷战的背景下,英美传统保守主义者是通过与自由主义者结盟

---

[1] Russell Kirk, *The Politics of Prudence*, Wilmington: ISI Books, 2004, p.174.
[2] Gertrude Himmelfarb, *The Moral Imagination From Adam Smith to Lionel Trilling*, Lanham: Rowman & Littlefield Publishers, 2012, p.138.

的方式共同对抗社会主义者。结盟本身是一种策略性行为,而非内在的一致性。对于传统保守主义者而言,与苏联对抗是为了维护英美所特有的个人自由。苏联式的集体主义与法国大革命一样不甘心将自身限制于国境之内。与苏联的对抗是被迫的和不得已的。新保守主义的理由则更接近自由主义同行。它吸收了关于个人自由作为普遍权利的原则,将与苏联的竞争视为两种不同意识形态的斗争。抽象原则的对立决定两者没有任何挽回的余地。

接下来半个世纪中,两种保守主义的争斗和合作是复杂的问题。但柯克确实为长达百年的保守主义范式提供了新的内容。在柯克的改造下,虽然依旧不及它的竞争对手,保守主义增强在智识上的构建能力。柯克指出了大规模工业化、城市化以及随之而来的各种问题。但缺乏直接的政治参与导致柯克在如何保守的问题上缺乏更有力的意见。在理论上发展的同时,传统保守主义似乎迎来了实践的落寞。

第五节 斯克鲁顿与世俗时代

从20世纪后半叶英美传统保守主义不断衰弱的现状看,柯克的范式很难用成功形容。他的范式确实让保守派意识到争夺文化解释权的重要性。保守派不能将社会的阵地放任交到激进分子的手中。换言之,仅仅指出激进派的缺陷是不足的,保守派必须以实际行动扭转不断恶化的趋势。在唤起保守派好斗性这一点上,柯克做出了毋庸置疑的贡献。一个愈发好斗的保守主义是否也意味着政治极端化的日益逼近则是另一个有趣的问题。

柯克的范式至少在两个维度遭遇到重大的失败。新保守主义占据保守主流是第一个明显的问题。上文已经指出,比起传统保守主义,新保守主义从诞生之初就更受到意识形态的影响。新保守主义与其说是保守主义,不如说带有更强烈的自由主义痕迹。问题是,在美苏冷战的背景下,新保守主义的意识形态理论确实能比传统保守主义提供更为强烈的煽动性。在新保守主义的描述下,这场斗争成了两种意识形态你死我活的斗争。这最终激发了一种十字军的狂热和道德上的使命感。对抗苏联被理解为一件正义战胜邪恶的伟大冒险。

更为重要的是,新保守主义更为敏锐地捕捉到美国民众的普遍心态。作为生活在世界第一强权中的公民,他们有理由对美国秩序感到自豪。"美国人民确实认为自己是一个世界强国,这意味着他们认为自己正在塑造一个世界秩序和世界文明,这个世界秩序和文明将与美国的利益和美国的理想保持一致,尽管这种一致并不完美。"[①]这最终转化为大多数民众对对外干涉的普遍支持。新保守主义在与传统保守主义的竞争中一跃成为新的主流,夺取了保守主义的话语权。

尤其是冷战后,在新保守主义的影响下,个人自由被视为普遍的价值观念。美国有道德义务将这一观念推广到全世界。"一个大国有更广泛的利益。而那些认同意识形态的大国,如昔日的苏联和今日的美国,除了更多的物质利益外,不可避免地会有意识形

---

① Irving Kristol, *The Neoconservative Persuasion*, ed. Gertrude Himmelfarb, New York: Basic Books, 2011, p.210.

态利益。"①作为世界头号强国的美国，不可能接受消极防御性的外交政策。这成为今日美国民主干涉思想的直接来源。在这种思想的主导下，美国不仅发动了阿富汗和伊拉克两场战争，更是参与到许多国家的政府更迭中，试图扶持更为接近美国制度的新政府。

柯克对新保守主义的激进性感到失望，认为对外的无限扩张将拖垮美国国力。不过，已经占据保守主流的新保守主义者不重视这一意见。他们的全部目光落在如何进一步掌控国家机器，实现他们的意识形态梦想。柯克最终失望地写道："他们渴望创造一个千篇一律、单调乏味的世界标准化、美国化、工业化、民主化、逻辑化、枯燥乏味。……他们的行为就好像是美国政治史上经常遇到的那种政治机器的骨干一样——渴望地位、地位和权力，精于阴谋诡计，准备把任何可能不被认为是新保守主义意识形态忠实信徒的人排除出办公室。"②

没有阻止世俗时代的精神贫乏是柯克范式的第二个重大失败。柯克的本意是通过恢复基督教的神圣性，恢复人类对于永恒事物的向往和敬畏，避免民众陷入普遍的空虚之中。然而，一方面，在保守派的内部实践中，它往往演化为对宗教的极端支持。对抽象理性的质疑直接转化为信仰的独断。美国保守主义与福音派的结盟是这种表现的直接结果。另一方面，柯克所反对的大规模工业化和城市化依旧在稳步推进。民众不但没有从消费主义中解脱出来，反而进一步沉沦其中。保守主义一直强调的传统价值观

---

① Irving Kristol, *The Neoconservative Persuasion*, ed. Gertrude Himmelfarb, New York: Basic Books, 2011, p.193.
② Russell Kirk, *The Politics of Prudence*, Wilmington: ISI Books, 2004, p.187.

也在迅速变化的时代浪潮中风雨飘渺了起来。柯克反对英美文明向物质主义堕落的尝试,成了一场唐吉诃德式的挑战。在 200 年后,传统保守主义陷入生死存亡的关键时刻。

斯克鲁顿对传统保守主义的兴趣与 20 世纪六七十年代的新左派运动密切相关。他自己承认:"我的保守主义来自对 1968 年 5 月的法国的反应。它是英国人对大陆姿态的反应,与阿尔都塞、德勒兹和瓜塔里的胡言乱语一样,根植于高雅文化和高深的书籍。"①与柯克一样,斯克鲁顿也是以学者的身份登上保守主义的舞台。从柯克范式的失败中,他提炼出两个重要的观点。

第一,世俗时代已成定局,民众对基督教的信仰将日益衰弱。首先,大规模的工业化和城市化已经不可逆转地损害了基督教信仰的客观基础,进而导致民众的思考方式发生变化。"西方文明已经抛弃了它的宗教信仰和神圣的经文,不再相信宗教的确定性,而是相信公开的讨论、尝试和错误,以及无处不在的怀疑。"②除非人类社会出现根本性变动,世俗时代将成为接下来相当长时间内的主要状态。其次,对世俗主义时代的承认不代表传统保守主义需要抛弃基督教。基督教依旧为维护人类社会的稳定提供重要贡献。从工具论的角度看,过时的工具依旧可以满足部分的生产需要。强制更新工具反而会导致生产力水平的下降。基督教并非纯粹是一种功能结构。它对于永恒事物的追求依旧能在自己彻底衰

---

① Roger Scruton, *A Political Philosophy*, London & New Delhi & New York & Sydney: Bloomsbury, 2006, p.vii.
② Roger Scruton, *The West and the Rest*, London & New York: Continuum, 2002, p.ix.

败之前,提供有效的缓和。最后,即便失去了建制宗教这一载体,只要能够保持虔诚感,人类依旧可以维系对永恒事物的向往。这种虔诚感的典型特点就在于无法被理性所解构。"虔诚的本质就在于,我们永远无法知道违背虔诚的代价:因为虔诚的感情是一种无知的忏悔。"①

第二,斯克鲁顿强调存在一种世俗保守主义的可能性。一方面,即便宗教彻底衰弱也不意味人类社会的终结。"在适当的时候,宗教可能衰落或分裂,而不会损害法治。虽然上帝的诫命很重要,但对于人类社会的良好管理来说,这些诫命并不足够。"②人类社会可以在没有宗教的情况下继续运作下去。另一方面,保守主义和宗教的关系不如柯克所设想的那样不可分割。斯克鲁顿认为美国表亲们可能在宗教中浸淫太深,以至于忘记保守主义的世俗面貌。宗教只是约束世界的注重形式之一,家庭同样是塑造共同体强有力的纽带。"随着宗教从公共领域的退隐,道德教育越来越受到家庭的关注,而家庭是我们最初依恋的所在地和来源。"③在家庭中我们往往会有不同的意见。为了家庭的共同利益,我们甚至接受我们所不同意的意见。

在这两个认知上,斯克鲁顿将保守生活方式作为传统保守主义的真正核心。无论政治制度还是民族精神抑或是基督教,都是某种意义上的抽象概念。日常生活才是真正被一般人所熟悉并接

---

① Roger Scruton, *Animal Rights and Wrong*, London: Demos, 2000, p.139.
② Roger Scruton, *The Uses of Pessimism and The Danger of False Hope*, Oxford: Oxford University Press, 2010, p.214.
③ Roger Scruton, *How to be a Conservative*, London & Oxford & New York & New Dehli: Bloomsbury Continuum, 2019, p.142.

受的部分。民众只有在这一现实的环境中,才会诞生真实的共同体意识。这种意识体现在共同维护社区的环境中,也体现在与邻居交流规范中。这些才是生活中活生生的部分,也就是保守主义真正需要保守的核心。"一个自由的社会是一个由负责任的人组成的社区,受同情法则和家庭爱的义务的约束。它不是一个人们摆脱了所有道德约束的社会。"①

斯克鲁顿的目的十分明显。保守主义如果想要奠定自己的坚实基础,不是应该去寻求宏大的命题,而是应该去寻求最能够直接激发人类情感动机的事物。对感情的牢牢把握是抵抗日益理性化时代的必需之物。这种情感在长期的日常生活中沉淀,并且内化为先于理性的本能反应。通过与时刻萦绕的日常生活同化,保守主义可以分享日常生活不加反思的真实性。

在如何保守的问题上,斯克鲁顿的计划也可以分为正反两个方面。在正面建构上,斯克鲁顿强调维护家庭、社区和教会这些本地网络的重要性。正是这些最基层的部分塑造民众日常生活的样态。从礼拜日的共同礼拜再到共同的社区劳动,都是形成社区小共同体的表现。"在获得这种对他人的姿态的过程中,人们获得了另一种完全不同的义务——对父母、家庭、地方和社区的义务,所有这些都是他们赖以获得教养的基础,没有这些,人就不能发展成人。"②

---

① Roger Scruton, *The Uses of Pessimism and The Danger of False Hope*, Oxford: Oxford University Press, 2010, p.159.
② Roger Scruton, *How to be a Conservative*, London & Oxford & New York & New Dehli: Bloomsbury Continuum, 2019, p.24.

反面批判是斯克鲁顿更为着力的部分。新左派所青睐的多元文化是他批评的重中之重。一方面,多元主义既不自由也不平等。多元主义看似提供了平等的选择,实际上隐含了典型的霸权表现。它否认人有拒绝多元主义的自由,否则它就会陷入自身的逻辑悖论之中。所有不愿接受多元主义的民众都被强行抛入多元主义之中。"对自由主义暴政的保守回应,就是以'自由'的名义实施'其他选择',是一种对需要已有秩序来维护其持续存在的情绪所实施的暴力行为。"① 传统保守主义需要在每一条战线上与多元主义对抗,与自由主义暴政对抗。妥协和退让只会成为对方得寸进尺的理由。另一方面,多元主义只会诱发社会的分裂和瓦解。它将基础建立在抽象化的原子个体之上。每一个体都会寻求自身意志的充分展开。越边缘的群体越需要通过国家意志保障自身。这既引发对利维坦的无穷争夺,也导致利维坦的无穷膨胀。利维坦最终无法承受无限制的唯我论,陷入自我崩溃。"必须有一个'第一人称复数',一种'前政治忠诚',使得那些投票相反的邻居们把彼此当作同胞对待,对他们来说,政府不是'我的'或'你的',而是'我们的',不管我们是否赞成。"②

在政策实践中,斯克鲁顿的方案转化为对多元主义,或者说激进自由主义方案的全面反对。这在政治领域中突出表现为以下两个角度:一是反对世界主义,强调爱国主义。自由国际主义者的

---

① [英]罗杰·斯克鲁顿:《文化的政治及其他》,谷婷婷译,南京大学出版社 2019 年版,第 13 页。
② Roger Scruton, *Where are we: The State of Britain Now*, London & Oxford & New Delhi & New York & Sydney: Bloomsbury, 2019, p.51.

超国界梦想是一种空中楼阁。国家不是洛克意义上的契约产物。国家本身代表了一种情感上的依托。单纯的理性计较是无法催生出真正的爱国主义的。二是反对国家权力在内部的进一步扩张。"国家的作用,或者应该是,既不像社会主义者所要求的那样,也不像古典自由主义者所允许的那样。"①激进自由主义对国家权力的无尽渴望在摧毁国家的同时,也摧毁民众所熟悉的日常生活方式。本地网络拥有自我再平衡的可能性。国家的过分介入反而是潜在的破坏者。强行推进性别中立厕所和对大规模移民的随意安置都是国家破坏社区平衡的典型表现。

英国脱欧可能是斯克鲁顿范式在英国的一次成功实践。保守党内部的"基石集团"与斯克鲁顿关系密切。作为保守党内部典型的强硬脱欧派系,他们认为欧洲共同市场的流动是对英国主权的严重威胁。"国界可以是弱的,也可以是强的;可以是易渗透的,也可以是坚不可摧的。但无论以何种形式,国界都为人们提供了一种认同感,使他们能够总结自己作为公民的权利和义务,以及他们对自己最依赖的公民的忠诚。"②对国界掌控力的下降同时意味着潜在的认同危机。申根协定是为自由国际主义的全球化服务,而不是为本地民众服务。特朗普在2016年的当选也可以被视为传统保守主义正在以一种更为民粹的方式进行反扑。在沉浸了30多年后,传统保守主义重新开始向新保守主义进行挑战,要求夺回自己在保守主义中的主流地位和话语权。

---

① Roger Scruton, *How to be a Conservative*, London & Oxford & NewYork & New Dehli: Bloomsbury Continuum, 2019, p.135.
② Ibid., p.36.

斯克鲁顿的理论最终被称为一种类似于文化保守主义的态度。"文化是一种经验的宝库,这种经验既是地方性的,又是没有固定位置的;是现在的,又是永恒的,是被时间神圣化的社区的经验。"[1]文化是日常生活方式在各方面的具体展开。它是共同体得以成立的必要条件。

传统保守主义的新范式究竟是会像柯克一样迅速失败,还是像迪斯累利一样长存百年,是需要进一步观察的问题。但斯克鲁顿显然意识到,传统保守主义想要在下个时代存活下去,就必须积极回应当代世界的焦点问题。保守主义的沉默不言等同于将舆论阵地拱手让人。保守主义长期的谦让已经产生了严重的后果。"对于劳工、新闻界、学术界和知识界,甚至越来越多的工商界来说,正是这些深深扎根于霍布斯、卢梭和边沁的学说的知识分子,在当前最具有权威性。"[2]在这样一个时代里,传统保守主义必须在从环境保护到人工智能等一系列热点问题上提出自己的正面论述;否则,它只会迎来自己的迅速死亡。

---

[1] Roger Scruton, *A Political Philosophy*, London & New Delhi & New York & Sydney: Bloomsbury, 2006, p.207.
[2] Robert Nisber, "The Restoration of Authority", in *The Portable Conservative Reader*, ed. & intr. By Russell Kirk, New York & London: Penguin Books, 1982, p.646.

第二章　伯克与传统保守主义的诞生

如果没有法国大革命和《法国革命论》，伯克可能只能以二流政治家的身份被书写于历史之中。作为长期的议会反对派，伯克只有非常短暂的时间在内阁担任初级部长的职务。与当时下议院大部分贵族议员相比，作为平民的伯克很难占据重要的职务。在议会的残酷政治斗争中，伯克的出身问题是无法回避的。尤其是在法国大革命后，这种争议急剧增加。相当多的人否认伯克的独立性。"伯克是在附和罗金汉姆的观点，而不是鼓励他们。从真正意义上说，埃德蒙·伯克是他的主人的声音。"[①]

伯克与辉格党的关系是一个复杂的问题。他确实是辉格党在下议院最为著名的喉舌之一，他也直接强调党派政治的重要性。用他自己的话说，"当坏人结合在一起时，好人必须交往；否则，他们将一个接一个地沦为可鄙斗争中无情的牺牲品"[②]。事态的发

[①] Frank O'Gorman, *Edmund Burke: His Political Philosophy*. London & NewYork: Routledge, 2014, p.25.
[②] Edmund Burke, "Thoughts on the Present Discontents", in *The Writings and Speeches of Edmund Burke Vol.2*, General Ed. Paul Langford, Oxford: Clarendon Press, 1981, p.315.

展是更有可能的反驳方式。伯克缺乏实际的政治资源是客观事实,但这种观点往往忽视了伯克长期作为罗金汉姆辉格党人的大脑所带来的影响力。否则这很难解释1791年当伯克越过下议院地板与小皮特坐在一起时所引起的轰动效应。"伯克成为反对革命的辉格党少数派的非正式领导,而福克斯和谢里丹——他一生的政治朋友——则领导着辉格党多数派。"①随着法国大革命的日益激烈,包括波特兰公爵的大批辉格党人纷纷投入伯克的阵营。福克斯派直接从90人的规模萎缩为一个只有20多人的小团体。在伯克带头的分裂中,辉格党几乎直接断送了接下来30年执政的可能性。

国际政治,或者说帝国问题是伯克关注的另一个焦点。从某种意义上说,伯克可能是天生的帝国支持者。与当时绝大多数的不列颠思想家不同,他既不来自英格兰,也不来自苏格兰。作为一个在爱尔兰长大的圣公会教徒,伯克对帝国的政治结构始终保持相当的敏感性。"伯克在其职业生涯的每个阶段都为文明帝国的权威辩护。英国对美洲的控制对双方来说都是最理想的;爱尔兰的分离在任何可以想象的未来都是一种灾难;对孟加拉的征服是一种合法的战争行为。像他同时代的大多数人一样,伯克对没有帝国的世界没有明确的概念。"②大英帝国的政治制度就是英国自身历史文化传统的延续。"正是英国宪政的精神,通过广大的群

---

① Peter Stanlis, *Edmund Burke and The Natural Law*, New Brunswick and London: Transaction Publishers, 2003, p.70.
② Richard Bourke, *Empire and Revolution: The Political Life of Edmund Burke*, Princeton & Oxford: Princeton University Press, 2015, p.9.

众,渗透、滋养、团结、振奋、活跃了帝国的每一部分,甚至是最细小的成员。"①

正是在帝国政治的实践中和法国大革命的刺激下,伯克选择将英国政治制度作为保守的核心。英国政治制度成为一种区别于法国大革命所构建的抽象制度的对立面。"黑斯廷斯的暴政,或者说他的统治体系,在很大程度上是一系列的行政实验和对多变的政治环境的临时调整,而且相对来说是无理论的;事实上,缺乏改造社会的意识形态热情或理性主义计划是印度的压迫者与法国的革命者不同的主要因素之一。"②法国大革命彻底破坏了与历史传统的联系,他们所设计的国家只能在纯粹的抽象理念中运行。

对法国大革命的把握直接转化为伯克对如何保守的两个判断上:一是对内方面,或者说在帝国政治方面,伯克倡导温和改良,拒绝对政治制度进行激进的变革。二是对外方面,反对一切以抽象理性为基础的意识形态。英国政治制度与此类意识形态之间不存在调和的可能性。"它们只有一个缺点,那就是直接违背人类的常识和共同感情。"③与抽象意识形态的战争是一场道德战争,而非常规的地缘政治冲突。唯有一方的毁灭才能换得真正的和平。

---

① Edmund Burke, "Letter to the Sheriffs of Bristol", in *The Writings and Speeches of Edmund Burke Vol.3*, General Ed. Paul Langford, Oxford: Clarendon Press, 1996, p.165.
② Frederick Whelan, *Edmund Burke and India Political Morality and Empire*, Pittsburgh: University of Pittsburgh Press, 1996, p.124.
③ Edmund Burke, "Fourth Letter on a Regicide Peace", in *The Writings and Speeches of Edmund Burke Vol.9*, General Ed. Paul Langford, Oxford: Clarendon Press, 1991, p.58.

第一节　伯克早期的困惑

18世纪中早期的英国正处于关键的历史转折期。从外部看,它正在从欧罗巴大陆的边缘岛国成长为全球性的殖民帝国。它和其他殖民势力的竞争从北美大陆到西印度群岛再到印度和东南亚,遍布世界的每一个角落。从内部看,产业革命的萌芽逐渐兴起。随之而来的是从重商主义到亚当·斯密《国富论》的转换。"旧制度的统治者大多往后看,而思想家则多少向前看,这是旧制度后期的特点。因为这个时代本身就是新旧混杂的。"[1]

伯克于1729年出身于都柏林的一个律师家庭中。家庭内部的宗教混杂可以被视为18世纪爱尔兰地区宗教问题的缩影。由于对教宗至上论者的怀疑,英国国教徒,特别是辉格党人,将天主教徒视为潜在的不忠诚势力。按照洛克的理解,"教宗至上论者不能享受宗教宽容的收益,因为在他们拥有权力的地方,他们认为自己一定会去反对其他人"[2]。英国内战以来国王的宗教信仰问题与政治利益高度绑定。系统性压制爱尔兰的天主教信仰成为光荣革命后的主流做法。为了继续成为执业律师,伯克的父亲决定皈依圣公会;他的母亲则依旧保留了传统的天主教信仰。

---

[1] [英]C.H.威尔逊:《海外贸易的增长和欧洲制造业的发展》,载J.O.林赛主编:《新编剑桥世界近代史:旧制度 1713—1763 年》,中国社会科学院世界历史研究所组译,中国社会科学出版社2020年版,第50页。
[2] John Locke, *A letter Concerning Toleration and Other Writings*, ed. Mark Goldie. Indianapolis: Liberty Fund, 2010, p.123.

家庭的双重宗教身份迫使伯克必须以一种矛盾的情感看待自己的周边环境。一方面,作为国教徒出生的伯克天生就是特权受益者,在现实中他享受到了特权秩序带来的好处;另一方面,他观察到英国对爱尔兰天主教徒的普遍压迫,认为这在道德上存在缺陷。直到晚年,伯克都没有放弃批判他所谓的新教徒优越地位(Protestant ascendancy)。在给儿子理查德·伯克的信中他写道,"这不外乎是爱尔兰的一部分人决心把自己当作联邦中唯一的公民;并通过把其他人降为绝对的奴隶,在军事力量下保持对其他人的统治"[1]。

另一个在伯克幼年留下深刻印象的主题是农村和城市的双重生活差异。在 6 岁的时候,伯克被送到信奉天主教的舅舅家抚养。科克郡乡村的童年生活是他诗歌中反复出现的主题。在 1748 年给友人的诗中他写道,"宁静的乡村是多么幸福,草地是他的床,天空是他的华盖"[2]。1751 年从爱尔兰来到伦敦的他面对烦躁的城市生活写道,"野蛮的守夜人在门口吼叫。在这样的折磨下,他渴望乡村的幽静"[3]。伯克略带感伤的浪漫主义气息在很大程度上与当时的爱尔兰文学潮流是合拍的。由于受到普遍的压迫,爱尔兰文学缺乏启蒙主义的乐观态度。它更多呈现出一种软弱和受伤

---

[1] Edmund Burke, "Letter to Richard Burke", in *The Writings and Speeches of Edmund Burke Vol. 9*, General Ed. Paul Langford, Oxford: Clarendon Press, 1991, p.644.
[2] Edmund Burke, "O FORTUNATOS NIMIUM", in *The Writings and Speeches of Edmund Burke Vol.1*, General Ed. Paul Langford, Oxford: Clarendon Press, 1997, p.40.
[3] Edmund Burke, "An Epistle to Doctor Nugent by E B", in *The Writings and Speeches of Edmund Burke Vol. 1*, General Ed. Paul Langford, Oxford: Clarendon Press, 1997, p.50.

的形象。"在适当的时候,这种不恰当的人类弱点的表现成为浪漫主义的主题,最好的情况是被归为怀旧和遗憾的叙述,或者在最坏的情况下,被归为沉闷的忧郁症,凯尔特人被认为对这种情况过于敏感。"①

这种对乡村生活的浪漫怀念没有进一步转化为对文明社会的绝望。伯克没有许多城市中产阶层对乡村的景观想象。他清醒地意识到,乡村和城市生活都不是完美的存在。两种生活都需要安排在一定的秩序范围之内。部分学者会将伯克对于秩序的信仰解释为神圣天意的结果。"社会是人类创造的。但它是在历史上,在天意的指引下,由人类的实践理性所创造的。"②考虑到伯克很少在其作品中谈及自然法的问题,这一点并非没有争议。但伯克的气质既没有转化为一种愤世嫉俗的离群索居,也没有转化为毫无收敛的无政府主义。他热爱乡村,也不否认城市作为文明社会的产物。"在18世纪的思想家中,他是很少见的,他既理解了两者的优点,又不将两者理想化。"③换句话说,伯克总以悲观的眼光来看待事物,却没有对世界本身感到绝望。

这种略带抑郁的气质依旧被今日的传统保守主义者所分享。他们倾向于以审慎的眼光看待事物的变化。乐观主义者的想法即便不是肤浅的,也被认为是对事态的过高估计。乐观主义者所看

---

① Luke Gibbons, *Edmund Burke and Ireland*, Cambridge: Cambridge University Press, 2003, p.39.
② Francis Canavan, *The Political Reason of Edmund Burke*, Durham: Duke University Press, 1960, p.191.
③ David Bromwich, *The Intellectual Life of Edmund Burke*, London & Cambridge: The Belknap Press of Harvard University Press, 2014, p.29.

到的积极变化可能恰恰是对传统习俗的肆意抛弃。斯克鲁顿指出,"在乐观主义者看来是获得自由的东西,在悲观主义者看来是失去自由的东西"①。不过保守主义者的悲观不直接等同于绝望。"它并不支持全面的悲观主义,而只是偶尔的悲观主义,以缓和可能毁灭我们的希望。"②

伯克的成长经历和兴趣爱好最终塑造了他早期困惑的表现形式,即如何处理审美与道德的关系。在第一期《改革者》中,伯克就鲜明地表示审美必须与道德联系在一起。他写道:"品味的堕落和道德的堕落是一样严重的,尽管纠正后者似乎是一种更值得称赞的设计,也更符合公众精神;然而,它们之间存在着如此强烈的联系,一个国家的道德对他们的品味和著作有如此大的依赖性,以至于加固后者,似乎是建立前者首要的和最可靠的方法。"③戏剧是当时都柏林上流社会的重要娱乐节目。针对当时戏剧表演中很多不道德的情节,《改革者》有必要通过文学批判的方式,促进爱尔兰人审美品味和道德水平的提高。

《改革者》的声明至少暗示以下三个重要前提:

一是存在客观或者说通用的审美评价标准。伯克写道:"我们并不是要假装垄断品味,而是要让它变得普遍。"④后来伯克在《美与崇高》中很好地继承了这一原则。他开篇就强调,"表面看来,我

---

① Roger Scruton, *The Uses of Pessimism and The Danger of False Hope*, Oxford: Oxford University Press, 2010, p.18.
② Ibid., p.19.
③ Edmund Burke, "The Reformer", in *The Writings and Speeches of Edmund Burke Vol.1*, General Ed. Paul Langford, Oxford: Clarendon Press, 1997, p.66.
④ Ibid., p.68.

们可能彼此之间在理智和感觉方面差异很大；但尽管有这种差异存在——在我看来，这仅是一种表面现象而非真实——还是可能有某种人类理性与趣味的共通标准"①。换言之，伯克否认审美品味是纯粹个体化的事务，它存在某种公共性的讨论空间，至少是一种公共性的效益。

二是审美的标准受到道德原则的限制。伯克在这里首次表达了对道德原则的强烈偏好。与今日的许多保守派类似，伯克认为戏剧的创作者和表演者往往借托艺术之名进行一些令人在道德上感到不快的表演。他们必须依赖于这种刺激才能吸引观众。"因为诗人既要依靠自己的声誉，又要依靠人民的生活，常常不得不以牺牲自己的判断力为代价来取悦人民。"②这种情况反映整个国家和民族的审美匮乏。伯克通过对比爱尔兰和法国的处理，称赞法国在戏剧表演上对于接吻情节的限制。"法国人虽然在天赋方面不如我们，但在礼仪和规矩方面却一定超过我们。"③一个有教养的民族需要显示出这种审美品味的优越性。当然，伯克绝对想不到当时年仅7岁的萨德侯爵以后会给法国文学带来什么样的变化。

三是可以教化审美品味。伯克在强调作家和演员应该引导审美品味的同时，承认审美品味本质上受到公众偏好的限制。"人们之所以赞成这些东西，与其说是出于他们自己的判断，不如说是出

---

① ［英］埃德蒙·伯克：《关于我们崇高与美观念之根源的哲学探讨》，郭飞译，大象出版社2010年版，第15页。
② Edmund Burke, "The Reformer", in *The Writings and Speeches of Edmund Burke Vol.1*, General Ed. Paul Langford, Oxford: Clarendon Press, 1997, p.80.
③ Ibid., p.79.

于习惯;我敢说,如果他们过去习惯于更好的戏剧和更好的风俗习惯,他们一定会像现在赞成这些东西一样鄙视它们。"[1]这句话的意思直截了当,但在某种程度上被视为伯克早晚期分裂的证据之一。尤其是考虑到伯克晚期对于习俗和偏见更为积极的态度,《改革者》中的习俗是一种需要进行革新的东西。又比如,伯克早期对于习俗的道德教化与法国大革命时期激进分子所奉行的道德教化之间又存在何种区别。这最终演变成为伯克研究中一个争论不已的主题,伯克的思想是否具有内在的一致性。

对于当时的伯克而言,上述的部分问题过于遥远。他从自己的现实地位出发,试图以审美的方式在一定程度上调和英国本土与爱尔兰之间的紧张关系。从这一点看,伯克一开始就是政治性的。审美品味与道德教化成为塑造伦理共同体的重要手段。"一个国家的财富不是由其贵族的华丽外表或奢华生活来估计的;而是在一个民族中散布的统一的丰富资源,最贫穷的人和最伟大的人都有份,这使他们幸福,使国家强大。"[2]改变都柏林爱尔兰人的品味是爱国者的责任。

《为自然社会辩护》(简称《辩护》)揭示了伯克对于抽象理性的潜在恐惧。《辩护》的写作动力直接来自博林布鲁克遗作的出版。博林布鲁克子爵是当时非常著名且毁誉参半的政治人物;他继承了洛克以来辉格党的经典论述,进一步扩大了洛克理论的适用范围。当洛克在《政府论》中试图调和信仰和理性的紧张关系时,博

---

[1] Edmund Burke, "The Reformer", in *The Writings and Speeches of Edmund Burke Vol.1*, General Ed. Paul Langford, Oxford: Clarendon Press, 1997, p.79.
[2] Ibid., p.96.

林布鲁克直接表示理性是解决宗教问题的唯一途径。一切的制度化宗教从本质上说都受到了腐蚀。它们被自己的教义、礼拜仪式所限制,陷入对于神秘的迷信之中。英国国教也存在这一问题。唯有通过理性,我们才能去除这些多余的特质,还原出宗教的原本样貌,回归对于自然宗教的信仰。

伯克敏锐地意识到,博林布鲁克虽然将他的问题限制在自然宗教上,但同样适用于政治社会。"如果自然宗教比我们通过启示、正确的理性和数千年的宗教社区经验而获得的宗教理解更好,那么自然社会必须比我们通过复杂的政治和经济制度获得的公正、有序和自由社会的利益更可取。"[1]尤其是考虑到博林布鲁克对于开明专制的偏好,伯克更加难以忽视这种逻辑的荒谬性。

伯克以典型的沉思录风格模仿了博林布鲁克的论证方式。首先,对当代人类社会的抽象还原。"一想到政治社会,它们的起源,它们的构成,它们的作用,我有时甚至怀疑,造物主是否真想让人类处于一种幸福的状态。"[2]整个政治社会每天都在增加各种不合理的人为规则,限制了人的自然本性。既然政治社会的人为规则是逐渐增加的结果,那么逻辑上必然有一个原初的社会作为底本。

其次,由于人为规则的介入,政治社会非但没有改善人类的不完美状态,反而导致了更多的灾难。"这些邪恶不是偶然的。任何愿意花心思考虑社会性质的人,都会发现它们是由社会结构直接

---

[1] Russell Krik, *Edmund Burke: A Genius Reconsidered*, Peru: Sherwood Sugden & Company, Publishers, 1988, p.30.
[2] Edmund Burke, "A Vindication of Natural Society", in *The Writings and Speeches of Edmund Burke Vol.1*, General Ed. Paul Langford, Oxford: Clarendon Press, 1997, p.137.

造成的。"①无论是出于统治欲还是对稳定的需求,即便违背正义,政治社会需要维系自身的存在。这种维系本身充斥着强迫与暴力。"这个不道德之谜的全部内容被称为国家的理由。"②

最后,通过揭示各种人造政体的问题,《辩护》得出结论:"不幸的是,我们越偏离自然规律,越违背理性,就越增加了人类的愚蠢和苦难。"③在政治社会中民众不但不能行使天然的正义,反而会被政治社会所压迫。当政治家宣称社会是为了保护弱者时,政治社会却在维护强者。解决问题的方法就是回归自然社会,回归我们的理性。

伯克的论证方式非常容易令人想起卢梭的《论人类不平等的起源和基础》。从这一点看,"伯克在《辩护》中的目标不仅是博林布鲁克,也有可能是卢梭"④。伯克将博林布鲁克的逻辑从自然宗教推导至自然社会具有双重的目的。一方面,伯克意识到即便是博林布鲁克自己也不敢将这种逻辑运用于政治领域,害怕导致灾难性的政治后果;另一方面,通过呈现这种逻辑在政治上的荒谬性,伯克意图进一步破坏这种思考方式本身的说服力。

颇具讽刺意味的是,伯克的反讽过于成功,以至于他被迫在之后公开解释自己作品的真实意图。他在第二版序言写道:"这样做的目的是为了表明,不需要动用任何相当大的力量,就可以用破坏

---

① Edmund Burke, "A Vindication of Natural Society", in *The Writings and Speeches of Edmund Burke Vol.1*, General Ed. Paul Langford, Oxford: Clarendon Press, 1997, p.153.
② Ibid., p.154.
③ Ibid., p.172.
④ David Bromwich, *The Intellectual Life of Edmund Burke*, London & Cambridge: The Belknap Press of Harvard University Press, 2014, p.44.

宗教的同样手段来颠覆政府,而且还可以用似是而非的论据来反对那些他们对其他一切都表示怀疑的东西,而这些东西是绝不允许受到质疑的。"①

更具有讽刺意味的是,在之后的英国政治传统中,博林布鲁克更多被视为保守派人物。迪斯累利就高度赞扬博林布鲁克的成就,"从博林布鲁克子爵成为托利党党员,投身国家事业的那一刻起,他就把自己完全奉献给了他的党:他千变万化的思想把所有的精力都花在了为党服务上"②。博林布鲁克的观点甚至在一定程度上影响了迪斯累利对后来被称为进步保守主义的建构。

学术界对伯克的自白并非没有争议。罗斯巴德就认为,伯克没有真的在进行讽刺,伯克之所以在9年后的第二版序言中这样表态,是因为伯克即将进入下议院。《辩护》中表达的无政府主义态度在政治上是极度有毒的。"事实上,《辩护》的全部基调是这样的:一个人害怕发表自己的观点所带来的个人后果,他甚至试图阻止这些后果,但他被一种新的、伟大的真理已经被发现的信念的力量推动着前进。"③

大多数学者意识到,伯克的写作具有明确的反讽特征。在伯克的时代,"精神上的自负,或理性的骄傲,长期以来一直是自然神

---

① Edmund Burke, "A Vindication of Natural Society", in *The Writings and Speeches of Edmund Burke Vol.1*, General Ed. Paul Langford, Oxford: Clarendon Press, 1997, p.134.
② Benjamin Disraeli, *Whigs and Whiggism*, New York: The Macmillan Company, 1914, p.219.
③ Murray Rothbard, "A Note on Burke's Vindication of Natural Society", *Journal of the History of Ideas*, Vol. 19, No.1, 1958, p.118.

论的敌人攻击的目标"①。伯克在作品中有意放大抽象理性的这种狂妄特征。《辩护》的沉思录气质建立在一种个体对自己生活的反思之上。伯克否认纯粹个体的自省可以产生一种健全的道德直觉。道德不是个体抽象思考的结果,它必须与现实共存。这可以视为对卢梭的"良心"彻底的否定。进一步,整个自然社会都是建立在这种抽象的道德推理之下。《辩护》意图讽刺性地指出,这种缺乏现实的拟造想象根本不可能是人类社会的真正样貌。

伯克早期困惑最终体现在《关于我们崇高与美观念之根源的哲学探讨》(简称《崇高与美》)这一最为著名的作品中。与《辩护》不同,伯克在《崇高与美》中以一种更为学术性的语言对问题进行讨论。他试图将对美学的理解变为一种更接近科学的东西。"令伯克感兴趣的是自然界的特定力量在人类中刺激特定倾向的统一性。这项工作的目的是确定这些统一反应的最终和有效原因,从而为人类学或人类科学的一个重要分支做出贡献。"②更精确地说,伯克想要为审美提供某种普遍的标准。

作为痛苦与愉悦这一对标准的替代品,伯克提出以崇高与美作为审美的两个基本部分。前者来源于人的自保本能,后者来源于人的社会本能。这两种范畴都系统性拒绝计算理性的介入。这主要体现在两个方面:

第一,崇高与美在本质上都与计算理性无关。当霍布斯将自保的激情作为从自然状态跨向文明状态的重要条件之一时,伯克

---

① Richard Bourke, *Empire and Revolution: The Political Life of Edmund Burke*, Princeton & Oxford: Princeton University Press, 2015, p.80.
② Ibid., p.123.

强调这种想象力对人类巨大的刺激效果。崇高的原初动力之一就是这种理性来不及介入的冲动,"它不但不是通过理性分析产生的,恰恰相反,它通过某种不可抗拒的力量把我们席卷而去,根本来不及进行理性分析"[①]。人面对巨大事物所产生的无限感就是一种典型的表现。

美学也具有类似的特征。美同样来源于人的感官和想象力,而非比例这样的数学概念。"比例与适合性,仅仅是出于对作品本身的思考,因此只能产生认可,也就是理性的默认,但却无法产生爱,也不会产生其他类似的激情。"[②]传统理论之所以会将比例之类的概念作为美的表现,是因为将某种目的论渗入审美之中。伯克讽刺性地指出人体的内脏非常符合其目的,但似乎没有所谓的美感。

第二,计算理性的介入反而削弱了审美的感受性。由于计算理性对于同质性的痴迷,它试图将一切事物还原为单纯的算术。这迫使计算理性追求一种彻底的清晰性与明确性。问题是,崇高与美不但不以清晰性作为自己的目标,甚至反对这种清晰性。"我们的本性也使得我们在不知道将要有什么事情发生时,会想象那最恐怖的事物;因此,不确定本身就是如此地骇人。"[③]任何计算理性的介入都可能削弱不确定性所造成的恐惧。"崇高的本质是作为一种理念被体验,而这种理念是永远无法被置于理性的考察之下的。"[④]伯

---

① [英]埃德蒙·伯克:《关于我们崇高与美观念之根源的哲学探讨》,郭飞译,大象出版社 2010 年版,第 50 页。
② 同上书,第 91 页。
③ 同上书,第 73 页。
④ David Bromwich, *The Intellectual Life of Edmund Burke*, London & Cambridge: The Belknap Press of Harvard University Press, 2014, p.74.

克不否认崇高与计算理性可以在特定的情况下共存,但南辕北辙的目标恰恰使得计算理性削弱了诸如无限和永恒这样超越计算理性界限的概念。

伯克美学思想的开创性已经被许多学者加以论述,并对康德等后世的美学研究者产生了许多影响。本书想要强调的是,《崇高与美》不能单纯作为一部美学作品对待,它以伯克对道德和现实的思考作为基础。伯克有意将计算理性从审美中驱逐出去的做法,客观上为美学提供了独立性。这种做法本身是伯克早期思想一致性的表现,即对计算理性极度的不信任。这种计算理性充斥着自以为是和傲慢自大,忽视道德和现实的复杂性。它反复使用自己推断出的确定性强化自身的偏执。"确定性会激发不顾后果的创新,谦逊会让位于谨慎的改革。"[1]

在避免一个问题的同时,伯克的审美理论产生了更多新的问题。如果审美具有独立的价值,那么道德和现实在审美中究竟扮演了何种角色。一个最直接的问题就是为了美而美的问题。如果我们为了某种审美,需要在道德和现实问题上付出代价,那么我们是否有必要推进这种审美。伯克在《崇高与美》中为力量的辩护就引发这种潜在的担忧。"只要我们感觉到大力,也不管我们如何看待力量,我们总能发现带着恐怖的崇高。"[2]换言之,即便是最残暴的权力也可以激起某种崇高的冲动。审美的独立性又赋予了一种

---

[1] Robert Lacey, *Pragmatic Conservatism: Edmund Burke and His American Heirs*, New York: Palgrave Macmillan, 2016, p.42.
[2] [英]埃德蒙·伯克:《关于我们崇高与美观念之根源的哲学探讨》,郭飞译,大象出版社 2010 年版,第 58 页。

潜在的放纵借口,它暗示我们拥有一种追求审美的单独权利。

正如上文所分析的一样,伯克在《改革者》中反复强调审美品味与习俗之间的潜在联系。审美品味在受到地区习俗影响的同时,也必须受到道德原则的支配。反过来,审美品味不可能是真空环境的产物,它受到具体时空下现实性因素的影响。问题是,在《崇高与美》中,伯克似乎将习俗所激发的习惯视为一种更为消极性的力量,认为习惯削弱了激情的变化。"就像长久地使用会消减许多东西的痛苦效果一样,它也会以同一种方式减少愉悦感,这两种情况下,我们都会对使用的对象见怪不怪、毫无感觉。"①

在伯克理论的内部并非没有辩论空间。伯克早已指出,《崇高与美》"仅限于考察这两种观念的起源"②,这种起源与道德现实的影响不属于讨论的范围。"这项工作的目的并不是要把我们的职责解决在品味的帝国中。"③但这种辩护充其量只是弱化了矛盾,而不是解决了矛盾。在道德和现实中左右摇摆的伯克始终在为保守何者苦苦挣扎。

第二节 伯克对英国历史的建构

1749年,从都柏林的三一学院毕业之后,伯克进入了一段为期数年的空窗期。直到1756年匿名出版《为自然社会辩护》,伯克

---

① [英]埃德蒙·伯克:《关于我们崇高与美观念之根源的哲学探讨》,郭飞译,大象出版社2010年版,第88页。
② 同上书,第5页。
③ Richard Bourke, *Empire and Revolution: The Political Life of Edmund Burke*, Princeton & Oxford: Princeton University Press, 2015, p.159.

才重新进入公众的视野。我们关于这段时间伯克的记录十分稀少。我们知道的是,在1750年,在父亲的要求下,伯克前往伦敦继续学习法律。他的父亲期望伯克可以继承他的事业,成为一名律师。

在伦敦的学习过程中,伯克很快发现他对成为律师缺乏足够的兴趣。律师往往倾向于在法律实务上展现出一种狭隘的实证态度。问题被限制在具体的繁文缛节之中,丧失了对普通法原则的真正诉求。伯克的这种态度在他之后的一生中多次出现。对黑斯廷斯的审判是最直接的表现。当黑斯廷斯的律师团试图将委员会的指控转化为一项项技术性的法律问题进行瓦解时,伯克强调了这种专业主义的危害性。"当普通人强迫自己必须使用专业的语言时,他们就剥夺了自己理解力的指导:他们被律师牵着鼻子走,服从律师的指导。"①

《辩护》和《崇高与美》的出版显然为伯克博取了名声。他与当时著名的出版商罗伯特·多兹利签订了一项出版协议,撰写从凯撒大帝时代到安妮女王统治末期的英格兰历史。在签订出版协议不到一个月内,伯克和自己的天主教妻子简·玛丽·纽金特结婚。写作《英国史散论》可能同时带有养家糊口的现实需求。不过伯克最终没有完成这部作品,他只写到大宪章时期就停止了撰写。这可能与休谟的《英国史》有关,也可能与伯克担任汉密尔顿私人秘书有关。

---

① Edmund Burke, "Limitation of the Impeachment", in *The Writings and Speeches of Edmund Burke Vol.7*, General Ed. Paul Langford, Oxford: Clarendon Press, 2000, p.105.

评价一部未完成的作品是一件困难的事情。阿克顿勋爵将这种遗憾视为重要的缺失。也有学者对《英国史散论》不屑一顾，认为这是一部用糟糕英语写成的乏味作品。对《英国史散论》进行历史考据不是本书的重点。本书更关注的是伯克在《英国史散论》中的基本立场。伯克用自己之后一系列的作品在事实上延续了书中的立场。宗教改革之后的英国国教和光荣革命是伯克整个生涯一直讨论的问题。换言之，伯克在关于辉格党、关于议会改革、关于法国大革命等一系列问题中，完成了没有写完的部分。

作为一个简单的例证，在爱尔兰问题上，伯克强调，"最为反常的是，在相当长的一段时间，甚至是宗教改革期间，在他们最为严肃的法案中，英格兰的君主们发现他们的头衔是这样被授予的，他们要求爱尔兰人民的服从，不是来自征服的原则，而是作为附庸（Vassals）以及教宗与爱尔兰人民之间的中间领主（mesne Lords）"[①]。这与他在《英国史散论》的立场完全一致。他写道："由于他（指亨利二世）从教宗那里获得了对爱尔兰的授权，条件是使其服从于圣彼得的便士（Peterpence）[②]，他知道迅速履行这一条件将大大有助于他恢复罗马教廷的好感。"[③]

《英国史散论》试图以英国的宪政制度，尤其是法律的变迁为

---

① Edmund Burke, "Tracts relating to Popery Laws", in *The Writings and Speeches of Edmund Burke Vol.9*, General Ed. Paul Langford, Oxford: Clarendon Press, 1991, pp.469 - 470.
② 圣彼得的便士（Peterpence）最初是一种撒克逊人向罗马教宗付款和捐赠的方式，随着时间的推移逐渐成为一种征税方式；在英国宗教改革之后彻底结束。
③ Edmund Burke, "An Essay towards an Abridgment of the English History", in *The Writings and Speeches of Edmund Burke Vol.1*, General Ed. Paul Langford, Oxford: Clarendon Press, 1997, p.509.

主轴,以统治者的更替为纪年,描述英国历史的变迁过程。伯克认为他的描述方式不是一种偶然。首先,"很少有任何好奇心的对象比人类法律的起源、进展和各种革命更合理。政治和军事关系在很大程度上是对人类的野心和暴力的描述;这是一部关于其律法的历史"①。其次,君主的行为最能够体现这种律法的变迁。在进入近代制度以前,绝大部分的律法都是由国王的意志所决定的。最后,通过回溯这种律法的来源,有助于加深我们对于今日事物的了解。"这种法学以如此丰富和充沛的洪水,浇灌和充实了整个国家。"②

第一个重点是所谓的罗马化。罗马通过征服将英格兰纳入欧洲的地缘政治版图之中。伯克高度评价总督阿格里科拉(Agricola),也就是塔西佗的岳父对英格兰的统治。"他把那个狂暴的民族逐渐塑造成温和的社会习俗;使他们不知不觉地喜欢上了澡堂、花园、豪宅,以及有教养的生活中所有宽敞雅致的东西。"③第二个重点在于罗马帝国的解体和撒克逊人的入侵。这次破坏几乎打断了英格兰从罗马继承的遗产,直到爱尔兰修道士重新将基督教带回不列颠才建立联系。第三个重点体现在阿尔弗雷德大帝对英国的塑造之中。阿尔弗雷德的伟大之处在于他几乎奠定了所有英国制度的雏形。从郡议员到治安官再到陪审制度,英国宪政制度在这一时期奠定了自己极为粗糙的基础。征服者威廉对英格兰王国的

---

① Edmund Burke, "An Essay towards an Abridgment of the English History", in *The Writings and Speeches of Edmund Burke Vol.1*, General Ed. Paul Langford, Oxford: Clarendon Press, 1997, p.322.
② Ibid.
③ Ibid., p.368.

征服是第四个重点。从国内看,法语和诺曼法进入英格兰的统治结构之中;从国际看,英国彻底和欧洲大陆联系在一起。"与欧洲其他国家的交流因此被打开,自此在一系列持续的战争和谈判中得以保存。"①大宪章时期是最后一个重点。由于1214年对法战争的失利,约翰一世选择与叛乱的贵族谈判签订《大宪章》作为权宜之计。

对《英国史散论》内容的提炼可以最终总结为以下两点:

第一,伯克支持帝国的征服,但强调良善的统治,或者统治技艺的改进。这与伯克的现实处境密切相关。作为一个出身于爱尔兰的英国国教徒,伯克倾向于承认英国征服爱尔兰的正当性,从而避免为爱尔兰独立提供借口。作为一个长期在母系天主教家庭长大的天主教同情者,伯克敏锐地意识到英国对爱尔兰天主教徒的系统性压迫政策所产生的负面影响。所以伯克只能选择在承认征服合法性同时,强调统治的改善。

伯克认为英国的历史就是这一种模式。武力征服被视为一个激烈而又短期的状态,基本上只持续大约一代统治者的时间;统治则更多被视为一个稳固而又长期的状态,这个状态虽然也存在强烈的斗争,但政权具有明显的连续性。在这两种不同的状态中,伯克展现出明显的不同偏好。在征服问题上,他体现了一种接近于马基雅维利式的冷酷现实主义倾向。

《英国史散论》暗示了强力征服本身就是一种有效的统治方

---

① Edmund Burke, "An Essay towards an Abridgment of the English History", in *The Writings and Speeches of Edmund Burke Vol.1*, General Ed. Paul Langford, Oxford: Clarendon Press, 1997, p.453.

式。"征服是文明进程的必要组成部分。"①罗马人、撒克逊人、诺曼人的统治都是建立在对于原有统治者的征服之上。这同样也体现在日后英国对爱尔兰、印度等一系列地区的征服上。被统治民众是否同意这一过程,这一过程是否符合某种规范,都无法改变征服这一事实。

更为重要的是,《英国史散论》否认这种征服和道德之间存在必然联系。征服过程中存在一系列违背道德的行为,甚至是普遍的暴行。无论民众是否满意,统治者只要能够对该地区的土地和人口进行控制,就已经实现了征服。它以征服者威廉为例指出,"征服者非常清楚,他的征服对所有人的财产和政府的普遍议程中产生了巨大的革命,这肯定会引起很多人的不满"②。英国民众可以反抗威廉将一种语言和制度强加给他们,但只要威廉能够有效进行镇压,他就保有统治权。正当性或者合法性在这一过程中似乎无足轻重,以至于《英国史散论》根本没有花费笔墨讨论这个问题。

在统治问题上,伯克又强调有效的长期统治依赖于道德教化与习俗相互匹配。除了对征服的描写之外,《英国史散论》花费大量篇幅描述各种统治者是如何对国家和民众产生影响的。它高度赞扬那些能够将政治制度与道德习俗相互糅合,实行有效道德教化的统治者。不列颠的罗马化和英国的再基督教化是典型的例

---

① Richard Bourke, *Empire and Revolution: The Political Life of Edmund Burke*, Princeton & Oxford: Princeton University Press, 2015, p.169.
② Edmund Burke, "An Essay towards an Abridgment of the English History", in *The Writings and Speeches of Edmund Burke Vol.1*, General Ed. Paul Langford, Oxford: Clarendon Press, 1997, p.471.

子。通过一种柔和的方式,在带来文明的同时,征服者也让被统治者真心接受了新的统治秩序。

伯克略带分裂的态度暗示他与近代社会契约论者的根本不同。近代社会契约论以民众或者抽象个体的统一作为统治的基础。卢梭特别鲜明地反对征服的合法性,认为征服条件下所签订的契约是无效的。"强力并不构成权利,而人们只是对合法的权力才有服从的义务。"① 征服者与被征服者间处于永恒的战争状态。换言之,被征服者随时可以通过各种方式挑战征服者,即便征服已经是很久以前的事情。伯克的逻辑更接近常识的范畴。征服和反抗是历史中的实然状态。在真实的实践中,很少有人会为了几百年前征服的非法性要求推翻现在的统治。在征服之后,双方会通过各种方式进行激烈的博弈,最终建立起事实上的动态平衡。

伯克的倾向十分直接。"很明显,伯克欣赏的是改善征服的过程,而不是它所产生的粗暴的原生态。"② 他为纯粹的暴力征服大开绿灯,但也期待一种更具道德光辉的征服。《英国史散论》似乎继承了伯克在道德和现实中反复游移的特征。不过,它的确为道德和现实的关系提供了进一步的说明。伯克似乎暗示我们,现实的残酷性和道德的重要性经常出现紧张,但并不等于两者是完全的互斥关系。历史的厚度本身已经为容纳两者提供了足够的空间。如果没有人类在历史中展现出的妥协和让步,作为理念的权威和自由难以找到和解的可能性。

---

① [法]卢梭:《社会契约论》,何兆武译,商务印书馆 2005 年版,第 10 页。
② Richard Bourke, *Empire and Revolution: The Political Life of Edmund Burke*, Princeton & Oxford: Princeton University Press, 2015, p.188.

第二，制度是历史同步演化的过程。《英国史散论》明确表示英国的政治制度是在英国的历史文化中逐渐成长起来的产物。"英国的制度既不是撒克逊自由的反映，也不是诺曼宪法的顶峰。相反，英国历史是征服与和平的产物，导致了自由与权威之间的长期斗争。通过光荣革命建立现代自由从来都不是一个预先确定的结果。相反，英国的发展导致了一种不断演变的动态，在这种动态中，特权受到了各种各样的争议。"①

在论述撒克逊军事民主制时，伯克提出，由于部落首领权力的有限性，在征服的过程中，他需要通过授予土地财产以保持追随者的忠诚。在长期的征服过程中，部落首领逐渐演变成君主。君主权力的有限性和大量的自由民存在，使得英格兰的撒克逊制度充斥着一些粗糙的民主制度要素。"因为他们的政府形式是通过不断更新的联盟来维持的；所以当法律制定后，为了执行法律，必须再次求助于联盟，这是盎格鲁—撒克逊政府的伟大原则，而且我几乎可以说是唯一的原则。"②但这种民主制绝不可能与今日高度成熟的民主制度直接联系在一起。前者充其量只能被称为粗糙的原型，一个现代人也不大可能愿意生活在部落军事民主制中。

对英国政治制度的理解更体现在《大宪章》之上。今日普遍流行的观点实际上是将《大宪章》神话化。从历史的本来面貌看，《大宪章》从一开始就是高度妥协的临时性产物，根本不是一个完备的

---

① Richard Bourke, *Empire and Revolution: The Political Life of Edmund Burke*, Princeton & Oxford: Princeton University Press, 2015, p.192.
② Edmund Burke, "An Essay towards an Abridgment of the English History", in *The Writings and Speeches of Edmund Burke Vol.1*, General Ed. Paul Langford, Oxford: Clarendon Press, 1997, p.443.

条约。伯克承认,"它首先解除了王权的无限特权,奠定了英国自由的基础"①。但它在实践上根本没有提供有效的制约手段,也没有提供足够的预防机制。"贵族们想不出任何措施来保障他们的自由,除了那些与君主政体相违背的措施。"②在《大宪章》签订的时代,现代社会的自由模式缺乏想象的客观基础。

《英国史散论》的描述方式在两个层面反驳了意识形态对完美政体的追求。第一个层次是大部分人并没有目的论的自觉。作为直接参与者,他们很有可能既没有考虑到,也没有意识到他们所做之事对后世的影响。"在制定政策时,具体的后果远比理论上的权利重要。"③上节所提及的《大宪章》就是典型的例子。贵族和国王都将其作为权宜之计而非认真对待的条约。这意味着根本不存在一种许多普通法学者所设想的"从塔西佗描述的日耳曼商定到17世纪议会胜利的自由无缝通道的幻想"④。第二个层次是历史不具备数学般清晰明确的因果关系。历史存在对应关系。但在具体事件中,这种关系既可以是多因一果,也可能是多果一因,更有可能是多因多果。比如,英国今日的法律是撒克逊法、教会法和罗马法相互混合之后的结果。具体事态的变化会对混合产生差异巨大的化学反应。因此,《英国史散论》反对将自由视为一种亘古不变

---

① Edmund Burke,"An Essay towards an Abridgment of the English History", in *The Writings and Speeches of Edmund Burke Vol. 1*, General Ed. Paul Langford, Oxford: Clarendon Press, 1997, p.543.
② Ibid., p.547.
③ Robert Lacey, *Pragmatic Conservatism*, New York: Palgrave macmillan, 2016, p.24.
④ Richard Bourke, *Empire and Revolution: The Political Life of Edmund Burke*, Princeton & Oxford: Princeton University Press, 2015, p.184.

的民族性或者自古以来不变的传统。很多特征因为古老而受到尊重不等于它们本身不会变化。

《英国史散论》的基本论述也无意间为区别保守主义和复古主义提供可能的路径。复古主义从根本上拒绝变化,认为存在一个理想的黄金时代。与进步主义者将未来视为理想状态类似,复古主义者往往将过去的某个时代视为人类社会的最佳状态。两者本质上都接受了关于历史必然性的观念。目的论是这种历史观念的必要因素。进步主义和复古主义的区别只是在于究竟应该从时间性中截断哪一段时间。

不可否认的是,当代部分保守主义者确实喜欢强调自身文明的"高贵源泉"。这种意识形态化的保守主义,尤其是新保守主义,更接近抽象理性而不是伯克式的方法。它往往假定存在一个高度完善的盎格鲁—撒克逊法律系统,"每个男人和女人都有被代表性机构统治的权利,每个人都有在独立的司法制度下接受公正审判的权利"[①]。这种僵化的历史自满进一步演化为一种文明优越论或者文明普世论的倾向。《英国史散论》早已毫不客气地指出,"实际上,那部古老的宪法和那些撒克逊法律对我们现在的党派来说都是微不足道的"[②]。

《英国史散论》的逻辑并非没有问题,历史的偶然性是其中最

---

① The Rt Hon John Redwood MP, "Edmund Burke and Modern Conservatism", in *Edmund Burke: His Life and Legacy*, ed. Ian Crowe, Dublin: Four Courts Press, 1997, p.190.
② Edmund Burke, "An Essay towards an Abridgment of the English History", in *The Writings and Speeches of Edmund Burke Vol.1*, General Ed. Paul Langford, Oxford: Clarendon Press, 1997, p.325.

突出的问题之一。伯克对历史必然性的潜在不信任，为偶然性打开了大门。"英国历史更像是一个偶然的发展过程，而不是一个坚持原始自由的故事。"①这种描述方式的最大优势，可能也是它的最大缺点，就在于能够不介入各种应然性问题。它不需要回答一个运行良好的政体被一个糟糕政体取代的合理性；也不需要回答为什么品行高尚的君主却遭受到悲惨的结局。它只需要描述制度和事件如何在历史的过程中变化；也可以承认一些偶然的变动所产生的蝴蝶效应。

这种处理方式也引起伯克理论的内在矛盾。虽然伯克技术性地将征服和统治拆分为两个环节，但如果历史本质上依赖于一种偶然性，道德很难为自己找到稳固的基础。进行一种有道德的统治，依赖于统治者自身的品行，抑或是被视为一种有利可图的结果。更为糟糕的是，一个良善的统治者完全可能由于各种偶然的因素被暴虐的统治者所替代。人们会不可避免地质疑道德统治的必要性。

一种潜在的辩护策略是强调，道德本身是在历史塑造中形成和表现自身。道德不是抽象理念的结果，而是一个在历史中不断改善的过程。"普遍的道德要求本身是抽象的，只有在具体和特殊的情况下才成为现实。"②一个人是作为特定父母的子女，而不是作为一个抽象的人降生的。他诞生那一刻，就已经处于具体的历

---

① Richard Bourke, *Empire and Revolution: The Political Life of Edmund Burke*, Princeton & Oxford: Princeton University Press, 2015, p.185.
② Francis Canavan, *Edmund Burke: Prescription and Providence*, Durham: Carolina Academic Press, 1987, p.121.

史,而非道德真空之中。对这个具体的人而言,道德既不是假定的,也不是抽象的。道德沉浸在他的日常生活之中,沉浸在他的社群意识之中。即便是最残酷的暴君,也会感受到道德对他产生的阻力。

对于写作《英国史散论》的伯克而言,这些问题同样过于遥远。甚至在此时,他也没有明确将保存英国政治制度作为保守的核心。伯克的主要目标集中在对英国历史做出具有逻辑性的梳理,对英国历史的重要时刻做出自己的连贯性解释。这种解释可以为维系英国政治制度的现状提供必要的理由,同时又为进一步改善提供空间。正是在这一思路的指引下,伯克在漫长的议会生涯中最终提炼出保存英国政治制度的重要性。

第三节 伯克与改革

伯克与汉密尔顿的关系可以用曲折来形容。在他成为汉密尔顿私人秘书的头两年,两者之间的关系十分融洽。1761年,当汉密尔顿被任命为爱尔兰首席秘书时,伯克也作为私人秘书回到了都柏林。汉密尔顿对伯克的日益倚重却令伯克感到窒息。这意味着对伯克时间越来越多的占用。在没有获得期望的回报之后,伯克将这种占用视为压榨。"他觉得,一个人通过庇护的方式压迫另一个人,就像一个国家被另一个国家占领一样。"[1]这促使两者的

---

[1] David Bromwich, *The Intellectual Life of Edmund Burke*, London & Cambridge: The Belknap Press of Harvard University Press, 2014, p.109.

关系在1765年走向决裂。随后不久,伯克遇到了自己在政治上最重要的领路人,也就是当时辉格党最重要的领袖之一罗金汉姆侯爵。

罗金汉姆十分赏识伯克的才华。他帮助伯克在口袋选区当选为英国下议院议员。这对伯克个人政治生涯而言是极为重要的提升。他第一次有机会踏入英国政治的决策之中。"他作为一个独特个人表现的文学生涯,似乎已经结束了。相反,他将作为一个党派的代言人崭露头角。"[1]

罗金汉姆时代的辉格党处于一个十分尴尬的位置。一方面,他们宣称自己是光荣革命的直接继承者,是维护英国秩序的关键集团;另一方面,随着时间的推移,光荣革命也早已化为一种历史记忆,难以对现实的政治利益产生刺激。"革命中延续下来的家族,或早或晚都不可避免地转变成寡头政治集团,詹姆斯党早已分崩离析,无法构成威胁。"[2]乔治三世的登基进一步恶化了辉格党的处境。虽然将自己定位为英国宪政的维护者,不过作为一名试图有所作为的君主,他在客观上加强了王室的权力。

当选为英国下议院议员和罗金汉姆辉格党发言人双重身份的伯克必须处理一个问题,即今日的辉格党应该如何将自身的定位与政治现实相融合。伯克的办法是强调罗金汉姆辉格党人是光荣

---

[1] David Bromwich, *The Intellectual Life of Edmund Burke*, London & Cambridge: The Belknap Press of Harvard University Press, 2014, p.112.
[2] [英]约翰·莫雷:《埃德蒙·伯克评传》,刘戎译,上海:上海社会科学院出版社2018年版,第3页。

革命后英国政治制度的自然继承者,他们的目标就是要继续维护在国王、议会和民众三者间的权力平衡。用伯克晚期的话说,"一个政党很少有机会在像革命这样的重大宪政事件中,对自己的政治信条进行明确、真实、有记录的声明。辉格党有这样的机会,或者说,更恰当地说,他们创造了这样的机会"①。议会享有特别突出的地位和作用,是遏制君主专制和民众任性的最佳堡垒。"议会是所有政治活动的重要目标,是政治活动的终极目标,也是政治活动的工具。"②

伯克没有明确表示,他的做法却实际上将罗金汉姆辉格党人定性为英国政治制度的维护者。在这一基础上,伯克进一步建立起关于政党制度的基本框架。党派政治至少具有两个相对的优势。从消极方面看,议会可以通过弹劾等方式限制党派政治的负面影响。更为重要的是,从积极方面看,党派精神可以孕育政治友谊。党派为一群志同道合的人提供了一个坚定的同盟。"当人们被联系在一起时,他们可以轻松而迅速地传达任何邪恶计划的警报。他们能够通过共同的意见来了解它,并以团结的力量来反对它。"③在共同信念和长期的相互协作之下,党派成员可以诞生出一种基于信念而非单纯利益的友谊。

在伯克的理解中,党派不仅是利益共同体,更是信念共同

---

① Edmund Burke, "Appeal from the New to the Old Whigs", in *The Writings and Speeches of Edmund Burke Vol. 4*, General Ed. Paul Langford, Oxford: Clarendon Press, 2015, p.409.
② Edmund Burke, "Thoughts on the Present Discontents", in *The Writings and Speeches of Edmund Burke Vol. 2*, General Ed. Paul Langford, Oxford: Clarendon Press, 1981, p.291.
③ Ibid., p.314.

体,分享有相似的价值观念。由于党派成员以共同的理念结合在一起,他们在大多数问题上的观点应该是一致的。当少数议员与党派的意志不一致时,他们需要为了共同的理念克服或者忍受这种不一致。"如果一个人在选择他的政治伙伴时,十次中至少有九次不同意这些原则,那他一定是特别不幸的。如果他不同意这些建立党的基本原则,而且这些原则在应用时必然会引起一致,他就应该从一开始就选择其他更符合他的意见的原则。"[1]

伯克的政党理论不是本书分析的重点。在一个没有政党政治的时代中构想政党是一件困难的事情。与写作《英国史散论》时的伯克相比,进入议会中的伯克对英国政治制度有更为切实的了解;但他依旧没有明确英国政治制度就是保存的核心。对于他而言,保存什么似乎是某种不言自明无需归纳的常识。共同的情感纽带和对伦理共同体规范的模糊理解足以保证民众接受一定程度的自我限制。反而在如何保存这一问题上,伯克逐渐发展出自己的观点,即如何改革。

从表面看,伯克的改革观是矛盾的。1780年对经济改革与1785年对议会改革的态度差异可以视为例证。在经济改革中,他展现出典型锐意进取的形象。他以一种讽刺性的方式指出政府滥用支出的程度。"在我们的机构里,我们经常看到一间办公室,每年有100镑的开支,还有另一间办公室,同样的开支,用来反对那

---

[1] Edmund Burke, "Thoughts on the Present Discontents", in *The Writings and Speeches of Edmund Burke Vol. 2*, General Ed. Paul Langford, Oxford: Clarendon Press, 1981, p.319.

间办公室,而整个办公室压根不值 20 先令。"①政府需要根据实际情况的变化,调整裁撤自己的部门。"当旧制度存在的理由消失时,只保留它们的负担是荒谬的。"②

伯克在议会改革中的立场却十分保守。伯克承认口袋选区存在问题,但这不意味必须改变议会的政治结构。"因为国家不仅仅是一个局部范围的概念,一个个体瞬间的集合,而是一个连续性的概念,它在时间、数量和空间上都延伸。这不是某一天的选择,也不是某一群人的选择,不是多种多样、眼花缭乱的选择;这是各年龄段、各代人经过深思熟虑的选举。"③因为一时的不便改变政治结构是一种不负责任的举动。

对于政治人物而言,言行不一或者自我矛盾不一定是什么严重问题。但伯克在法国大革命问题上的巨大转变使得他的一致性问题成为政治上反复攻击的重点。伯克的反对者试图指出,如果不是一个彻底的投机主义者,伯克在改革问题上的变化是他日益背叛自身思想的表现。他对口袋选区的反对也与自己出身口袋选区密切相关。经过数十年的议会浸润,伯克从一个锐意进取的改革者变成了既得利益的维护者。

面对众多不一致的指责,伯克不得不为自己的立场进行辩护,从而在客观上促使如何保存的原则清晰化。

---

① Edmund Burke, "Speech on Economical Reform", in *The Writings and Speeches of Edmund Burke Vol.3*, General Ed. Paul Langford, Oxford: Clarendon Press, 1996, p.513.
② Ibid., p.510.
③ Edmund Burke, "Parliamentary Reform", in *The Writings and Speeches of Edmund Burke Vol.4*, General Ed. Paul Langford, Oxford: Clarendon Press, 2015, p.219.

第一，伯克承认人存在偶尔的不一致，但这不等于放弃原则。完全一致的人不存在于现实之中。即便不讨论人在漫长生命中可能产生的思想变化，具体语境亦会对语句的理解产生误差。要求人在一生中保持一致，尤其是一种数学上的一致，是一种典型抽象理性的讨论方式。"这种从你已经按照某条路线做了任何事情，到做每一件事情的必要性的论证方式，除了逻辑上的谬误外，还有其他的政治后果。"①

第二，伯克质疑福克斯派指责的动机。在1770年讨论缩短议会任期的问题中，他就强调，"重要的不是制度的形式，而是制度的道德和效率方面"②。随意缩短任期是一种抽象理论的逻辑结果。它缺乏对实际情况的考察。"就前者而言，也许它更可能起到反作用，而不是促进它所提出的目标。"③

伯克强调他对议会改革的慎重态度早已有之，也为福克斯派所知晓。"然而，这些朋友在他的好日子里，当他们对他的服务有更多的希望，对他的损失有更多的担心时，从来没有选择在他支持自由的行为和表达与他对这些问题的投票之间找到任何不一致的地方。"④如果福克斯派认为伯克在议会改革问题上背叛了辉格

---

① Edmund Burke, "Appeal from the New to the Old Whigs", in *The Writings and Speeches of Edmund Burke Vol. 4*, General Ed. Paul Langford, Oxford: Clarendon Press, 2015, p.399.
② Charles Parkin, *The Moral Basis of Burke's Political Thought*, New York: Russell & Russell, 1956, p.52.
③ Edmund Burke, "Thoughts on the Present Discontents", in *The Writings and Speeches of Edmund Burke Vol. 2*, General Ed. Paul Langford, Oxford: Clarendon Press, 1981, p.308.
④ Edmund Burke, "Appeal from the New to the Old Whigs", in *The Writings and Speeches of Edmund Burke Vol. 4*, General Ed. Paul Langford, Oxford: Clarendon Press, 2015, p.393.

党,为何他们直到法国大革命之后才对这一点进行谴责。这只能说明他们的攻击是更多出于党派动机,而非对原则的坚持。

第三,也是最重要的一点,在具体改革上的不同,恰恰是因为伯克始终对于英国政治制度的坚持。伯克采用一个巧妙的比喻说明他的立场。"从事物的本质来看,处于圆心的人与从圆周的任何部分看他们的人应该是直接对立的。然而,他仍然会留在那个中间点,尽管他可能会听到那些自己跑到奥罗拉和恒河之外的人喊道,他是在西方的极端。"①那些认为伯克背叛自己的人,才是真正的极端分子。伯克始终忠诚于他所塑造的罗金汉姆辉格党理念,是福克斯派受到抽象理性的诱惑背叛了原有的理念。

伯克的改革观与他在《英国史散论》中的态度非常相似。《大宪章》不是为了创造新的权利,而是恢复过去的权利,保证贵族和国王的平衡。这种核心认知上的区别才是伯克和洛克本质上的差异。两者都尊重自由,也承认议会权力的重要性,强调光荣革命的积极作用。但对于洛克而言,国家被认为是"人所建立的一种为了固化、保存和增强他们公民兴趣(civil Interests)的社会"②。改革是为了实现抽象理性所构建的理论目标。这种改革必然会损害伯克试图维护的英国政治体制,最终危及现实和道德的平衡。福克斯派的很多改革就是建立在对抽象理性的狂热信任之上。他们早

---

① Edmund Burke, "Appeal from the New to the Old Whigs", in *The Writings and Speeches of Edmund Burke Vol.4*, General Ed. Paul Langford, Oxford: Clarendon Press, 2015, p.402.
② John Locke, *A letter Concerning Toleration and Other Writings*, ed. Mark Goldie. Indianapolis: Liberty Fund, 2010, p.12.

已忘记,无论是改革还是革命,"它是国家的一种极端药物,是对事物稳定秩序的暂时取代"①。肆意的变革将对政治制度的脆弱平衡产生难以预料的影响。

伯克也将维护英国政治制度这一标准运用到他对国外问题的处理上。在美洲的税制改革上,他指出殖民地是以经济利益为基础,对美洲强加税负的行为不符合建立殖民地时的目标。"这类税收违反了殖民地赖以建立的基本商业原则;与所有的政治公平观念相反;我们受平等的约束,尽可能地将英国宪法的精神和利益扩展到英国领土的每一个部分。"②在印度改革的问题上,伯克认为黑斯廷斯的权力集中举动让东印度公司成为政治和经济的双头蛇,这种情况导致黑斯廷斯成为印度事实上的独裁者。他在《福克斯的印度法案》中分析道:"《大宪章》是一部限制权力、摧毁垄断的宪章。东印度的宪章是建立垄断、创造权力的宪章。"③对于任何海外领土权益的变动,也不是为了创新,而是维护英国政治制度的运作。

正是在对自己改革立场的维护中,伯克最终提炼出保守英国政治制度这一核心主张。议会时期的伯克对英国政治制度的基本态度高度继承《英国史散论》的基本观点。"在那里,政府的基础不是建立在想象中的人的权利上(充其量是把司法原则和民事原则

---

① Charles Parkin, *The Moral Basis of Burke's Political Thought*, New York: Russell & Russell, 1956, p.28.
② Edmund Burke, "American Taxation", in *The Writings and Speeches of Edmund Burke Vol.2*, General Ed. Paul Langford, Oxford: Clarendon Press, 1981, p.439.
③ Edmund Burke, "Fox's India Bill", in *The Writings and Speeches of Edmund Burke Vol.5*, General Ed. Paul Langford, Oxford: Clarendon Press, 1981, p.384.

混淆了),而是建立在政治上的权宜之计和人性上。"①一方面,政治不是抽象理性规划的结果,"人不是天使,一个人间天堂是不可能被形而上学的狂热者设计出来的"②。抽象理性的狂妄自大超出了它的合适界限。另一方面,人类认识能力的有限性代表我们需要接受政治中的偶然性,接受习俗、惯例等一系列充满特殊性的成分。这塑造了英国政治制度的三个特点。

首先,最重要的是混合性。《英国史散论》已经指出,《大宪章》本质上是贵族与国王妥协博弈的结果。英国的政治制度是在不同利益团体反复的博弈和妥协中形成的。今日的英国政治制度特别受到光荣革命的影响。它突出表现在贵族、民众和国王三者利益的动态平衡之上。"英国宪政应该由三名成员组成,这三名成员的性质各不相同,而英国宪政也确实是由这三名成员组成的,而且英国宪政认为有责任保护每一名成员在其适当的位置上,并以其适当的权力比例,必须(因为每一名成员可能会受到攻击)根据属于他们特有的几项原则来维护这三部分。"③

其次,变动性。伯克再次重申《英国史散论》中的观点,即英国政治制度绝非一成不变的复古之物。英国政治制度深深根植于英国人的经验之中。"伯克采用了一种实用性的方法,即从具体经验

---

① Edmund Burke, "Appeal from the New to the Old Whigs", in *The Writings and Speeches of Edmund Burke Vol. 4*, General Ed. Paul Langford, Oxford: Clarendon Press, 2015, p.470.
② Russell Krik, *The Conservative Mind From Burke to Eliot*, Washington, D.C.: Regnery Publishing, Inc, 2001, p.xv.
③ Edmund Burke, "Appeal from the New to the Old Whigs", in *The Writings and Speeches of Edmund Burke Vol. 4*, General Ed. Paul Langford, Oxford: Clarendon Press, 2015, p.391.

中派生出临时原则。"①临时原则有利于寻找不同利益群体的最大公约数。"权宜之计是对社会和其中的每个人都有益的。"②反过来说,当社会和利益群体发生变化时,政治制度也有必要随之进行一定的修正。它不应该使自己陷入某种僵化的框架之中,成为动态平衡的威胁因素。"对政府的角色和形式做出任何绝对的断言都是不明智的,因为这种断言是基于抽象的理论,可能与经验现实不符。"③

最后,易碎性。由于缺乏抽象理性的清晰性,英国政治制度的相对稳定性依赖于不同团体的妥协和自我克制。这极度依赖于不同团体的共识和耐受性。轻易损害共识,特别是核心共识,将引发英国政治制度的剧烈变动,甚至解体。伯克再次通过自己的修辞技巧描绘出英国政治制度的这种特点。他写道:"我们的政治制度是建立在一种良好的平衡之上的,被峭壁陡峭环绕,四周皆为深不可测的水面。如果我们把它从危险倾向的一边移开,那么在另一边亦可能会有颠覆它的危险。"④

英国政治制度的三个特点构成伯克改革观真正的一致性。无论是早期对议会权力的支持,还是晚期对王权的维护,伯克的目的

---

① Robert Lacey, *Pragmatic Conservatism*, New York: Palgrave macmillan, 2016, p.57.
② Edmund Burke, "Parliamentary Reform", in *The Writings and Speeches of Edmund Burke Vol.4*, General Ed. Paul Langford, Oxford: Clarendon Press, 2015, p.221.
③ Robert Lacey, *Pragmatic Conservatism*, New York: Palgrave macmillan, 2016, p.6.
④ Edmund Burke, "Thoughts on the Present Discontents", in *The Writings and Speeches of Edmund Burke Vol.2*, General Ed. Paul Langford, Oxford: Clarendon Press, 1981, p.311.

都是为了保持制度的动态平衡。1770年的问题和1790年的问题截然不同。18世纪70年代,乔治三世权力的扩张是对英国政治制度的最大威胁。王权的肆意扩张,将重新导入一种君主暴政的可能性。到了法国大革命之后,共和派的激进革命则成为更严重的威胁。这场革命已经不再是扭曲平衡,而是彻底摧毁平衡本身。"这个虚构的多数派编造了一部宪法"[1],意图完全摧毁英国政治制度的基石。在客观形势的重大变化下,强行寻求同一个答案反而是一件荒谬的事情。

英国政治制度的特点成为伯克渐进式改革观的基础。作为一种相对温和的力量,改革自身也存在破坏性。"宗教改革,这一人类发展最伟大的时期之一,亦是一个充满麻烦和混乱的时期。"[2]任何今日的变动都可能会引发巨大的蝴蝶效应。政治改革是一件比起实验室实验更加需要考虑后果的事情。在所有实验中,以人作为对象的医学实验是最为严格的实验之一。这种实验可能对个体生命健康产生不可逆的影响。政治改革将整个社会作为试验对象,它针对的远不是几个人,是一整个庞大的群体。"它面临的不是一个理论而是实际的选择,一个在现实世界产生结果的选择。"[3]这需要以一种更为谨慎的态度推进改革。

---

[1] Edmund Burke, "Thoughts on the Present Discontents", in *The Writings and Speeches of Edmund Burke Vol.2*, General Ed. Paul Langford, Oxford: Clarendon Press, 1981, p.376.
[2] Edmund Burke, "Speech at Bristol Previous to Election", in *The Writings and Speeches of Edmund Burke Vol.3*, General Ed. Paul Langford, Oxford: Clarendon Press, 1996, p.639.
[3] Ted Honderich, *Conservatism: Burke, Nozick, Bush, Blair?*, London: Pluto Press, 2005, p.3.

伯克渐进式改革观的谨慎特质主要体现在这两个环节。其一,追求稳定。一个国家的政治体制有核心的部分,亦存在相对边缘的部分。后者的改革,对整个政治制度的影响较为轻微。因此,它可以相对做出更为大胆和迅速的变动。核心部分的改革与其相反。针对越涉及核心的部分,改革也需要保持政治制度的稳定性。伯克反对取消神职人员会议(The Convocation of the Clergy)就是一个例子。虽然这一机构已经沦为纯粹仪式性的部分,但它在政治制度所处的位置十分关键。"无论如何,它是宪政的一部分,在合适的情况之下,它就会重新唤起活力并且充满能量。……允许其合法存在是明智的;更明智的做法是只将其作为一种合法存在继续下去。"[1]其二,聚焦具体事件。改革是针对具体问题的处置。"伯克不喜欢抽象讨论的原因很明显。因为抽象概念对不同的人有不同的含义,所以在这种讨论中产生了不同的意见。政治问题的解决办法应该是现实的建议,而不是理论的想法或法律的概念。"[2]"伯克的调查不仅总是出于紧迫的政治原因;它们的目的是解决实际问题。"[3]在不同的情况下,相同的改革议题也需要分别进行考察。这种考察尤其需要考虑到不同地区的差异。在不同历史习俗的塑造中,民众的性情、禀赋和为人处世的态度皆存在差异。伯克经常将英国与法国民众进行对比。他判断前者的性质是

---

[1] Edmund Burke, "Repeal of Test and Corporation Acts", in *The Writings and Speeches of Edmund Burke Vol. 3*, General Ed. Paul Langford, Oxford: Clarendon Press, 1996, p.316.
[2] Frank O'Gorman, *Edmund Burke: His Political Philosophy*, London & New York: Routledge, 2014, p.77.
[3] Ibid., p.49.

民众性的,而后者是亲附性的。这种禀性上的差异要求,"人们必须以一种与他们的脾气和性情相处的方式来管理"①。换言之,英国改革的成功不代表法国可以复制这一方案。一种放之四海而皆准的改革模板只是抽象理性的幻想。

渐进式改革的最大优势也满足了伯克早期平衡现实和道德关系的兴趣。通过最大限度地维持共识,民众在忍受现实中不完美的同时,也不会陷入过分的冷漠之中,忽视道德改善的意义。伯克的平衡也会被反对者视为折中主义或者相对主义的新证据。其中有两个问题需特别澄清。

第一个问题体现在伯克对共识的偏爱。他也承认改革是一件极为困难的事情,"当他们对自己的任何旧偏见,或他们所珍视的任何利益受到触动时,他们会变得谨慎,变得挑剔,每个人都有自己的例外"②。对共识的强调将赋予现状更强大的力量和更高的优先级。维持共识可能会蜕变为维护既定秩序的借口,导致改革变得更为困难。

第二个问题直接质疑伯克理论的实践性。即便怀有维护英国政治制度这一共同愿景,每个人对事态的判断和把握不尽相同。他们完全可能在同一改革问题上做出不同,甚至截然相反的选择。面对这种分歧,伯克的理论也无法给出如同一般抽象理论一样较

---

① Edmund Burke, "Observations on a Late State of the Nation", in *The Writings and Speeches of Edmund Burke Vol. 2*, General Ed. Paul Langford, Oxford: Clarendon Press, 1981, p.194.
② Edmund Burke, "Speech on Economical Reform", in *The Writings and Speeches of Edmund Burke Vol.3*, General Ed. Paul Langford, Oxford: Clarendon Press, 1996, p.485.

为明确的评价标准。换言之,民众为何要相信伯克而不是别的政治家对于具体方案的把握?

第一个问题是无法避免的问题;但伯克可以反驳,政治家在尽最大努力的情况下,民众依旧无法凝聚共识。这暗示改革的条件本身尚未成熟。至少,大部分民众不激烈反对现有的共识。"一个国家的宪政一旦达成某种契约、默契或明示,在不违反契约或得到各方同意的情况下,就没有任何现存的武力力量可以改变它。这就是合同的性质。"①强行依赖脆弱多数推进改革,是潜在的多数人暴政。这种撕裂共识的做法可能会对社会产生更严重的影响。改革的积极结果无法被吸收,民众却陷入高度分裂之中,最终演变为内战的导火索。

在第二个问题上,伯克试图以自然贵族这一理想形象作为可能的标准。自然贵族不是一种人为塑造的结果。"文明社会,必然产生这种贵族,是一种自然状态,比一种野蛮和不连贯的生活方式更真实。"②"一个自然的贵族产生,不是来自某个创始人的思想,也不是来自大自然之手,而是来自习惯化。"③他们诞生于英国的历史文化传统之中。他们的显著特点在于他们具有处理政治事务的优秀才能。

自然贵族的具体优势是建立在弥补两类现实的人物的缺陷

---

① Edmund Burke, "Appeal from the New to the Old Whigs", in *The Writings and Speeches of Edmund Burke Vol.4*, General Ed. Paul Langford, Oxford: Clarendon Press, 2015, p.440.
② Ibid., p.449.
③ Bruce Frohnen, *Virtue and The Promise of Conservatism*, Kansas: University Press of Kansas, 1993, p.73.

上。一类人是利用民主选举的野心家。这类人往往雄心勃勃,行动力旺盛。他们会不择手段地为了自身的利益煽动民众的情绪。伯克承认野心是人类本性的一部分,是旺盛行动力的来源。他也注意到这种野心的危险性。在强烈获取个人利益的野心促使下,人一旦沾染上权力之后,就再也难以放弃权力。这极有可能导致专制的出现。"将行政的体制委于一人意志,无论个人人品如何,都是有缺陷的。"①自然贵族往往能够将个人野心与国家整体利益结合起来。自我利益不一定是至高无上的。这是自我牺牲的前提。这种牺牲是建立在维护英国政治制度这一基本原则之下,是一种真正忠诚的表现。

另一类人,世袭贵族往往是既定秩序的受益者,他们的利益高度与国家现实利益绑定在一起。他们对现实秩序的满足也往往让他们陷入一种冷漠和无动于衷的地位。与野心一样,这种冷漠和慵懒也有其积极价值。它帮助贵族以一种谨慎和怀疑的眼光看待事物的变化。问题是,这种冷漠也导致他们疏于捍卫英国政治制度。"罗金汉姆辉格党人的普遍错误,来自古代贵族阶层的惰性:他们的特征中有太多先前的财富,以至于他们可能认为,通过现在的努力,他们什么也得不到。"②自然贵族在更为敏锐地意识到对英国政治制度潜在攻击的同时,也比世袭贵族具备更多处理政治事务的才能。

---

① Edmund Burke, "Thoughts on the Present Discontents", in *The Writings and Speeches of Edmund Burke Vol. 2*, General Ed. Paul Langford, Oxford: Clarendon Press, 1981, p.278.
② David Bromwich, *The Intellectual Life of Edmund Burke*, London & Cambridge: The Belknap Press of Harvard University Press, 2014, p.310.

自然贵族这一概念暗示,不平等才是人类自然的情况。一切政治讨论必须符合基本的现实和人性。这种不平等表现在才能上,也表现在道德素养上。政治权利上的不平等也是历史演化生成的结果。霍布斯意义上能力总量的相等,是一种抽象的讨论。在具体的情况下,身体和头脑的能力往往不能进行互换。一个身体素质再优秀的人,不代表他能够推导出相对论。爱因斯坦的头脑也不能让他成为百米冠军。"显然,在自然界中,人类是不平等的:在思想上、身体上、能量上,在各种物质环境中都是不平等的。"[1]

这种不平等最终转化为对贵族制,或者贤人政治的支持。如同他在《改革者》中所做的那样,他将民众视为一种未成熟的状态;可以通过引导提升民众的道德素养。下议院议员与民众的关系类似于父母与子女的关系。他们需要为民众负责。许多议员迫于民众和党派领袖的压力,并没有真正履行这一职责。"他们对那些从未征求过他们意见的措施,往往漫不经心地、被动地予以赞同。"[2]对民意的表面服从掩盖了它放纵的本质。

在大众政治的时代,伯克的观点不那么受到民众的欢迎。自然贵族本身也是一种浪漫化的想象。但伯克可能意识到,正是这种浪漫化的审美反过来对现实的政治家产生道德规训,促使他们反过头来符合自然贵族的审美。这种自我牺牲是一种人性的升

---

[1] Russell Krik, *The Conservative Mind from Burke to Eliot*, Washington, D.C.: Regnery Publishing, Inc., 2001, p.58.

[2] Edmund Burke, "Appeal from the New to the Old Whigs", in *The Writings and Speeches of Edmund Burke Vol.4*, General Ed. Paul Langford, Oxford: Clarendon Press, 2015, p.459.

华,也是极度难以完成的方式。这种精神浪漫化,有助于唤起对崇高的向往,唤起对共同体的认可,从而突破抽象理性对于原子化个体的崇拜。"他相信,绅士的精神传递是一种不自私的自尊,这是一种更大的为公众利益着想的感情的萌芽。"①

伯克不否认自然贵族会对同一事态出现不同判断,进而采用不同的解决方案;公众也可能会被野心家一时蛊惑。但这正是自然贵族坚持自身的意义。"政治家的职责并不属于众人所选择的那些人,而应该由那些有德行和智慧,实际的或假定的,有资格完成政府任务的人履行。"②自然贵族是民众的代表,也是国家和历史的代表。他们始终是英国历史的维护者,是不断演变的英国政治制度的捍卫者。

第四节 伯克与革命

正如上文所指出的那样,如果没有伯克在法国大革命问题上的巨大转向,他可能就不需要对自己的思想进行更为系统化的提炼。问题是,法国大革命的影响过于重要,迈斯特这样最激烈的反对者也不得不承认,"法国大革命标志着一个伟大的时代;在其结束之后,在其策源地之外,都会强烈地感觉到它的后果"③。这进

---

① David Bromwich, *The Intellectual Life of Edmund Burke*, London & Cambridge: The Belknap Press of Harvard University Press, 2014, p.207.
② Francis Canavan, *Edmund Burke: Prescription and Providence*, Durham: Carolina Academic Press, 1987, p.106.
③ [法]约瑟夫·德·迈斯特:《论法国》,鲁仁译,上海人民出版社2005年版,第41页。

一步加剧了伯克在美洲革命和法国大革命的立场上的立场差异。伯克与保守主义一样，以一种被迫的方式进入理论一致性的构建中。

需要指出的是，伯克一开始没有特别重视法国大革命。英国国内的摄政危机是他更主要的关注点。1788年，由于乔治三世突然的精神错乱，王国急需一个明确的摄政者。福克斯主张直接由威尔士亲王也就是未来的乔治四世担任摄政，小皮特同意威尔士亲王的角色，但他指出，必须通过议会的任命才能担任摄政。由于福克斯是威尔士亲王的长期朋友，小皮特担心威尔士亲王可能会以摄政的名义更换新的首相，所以想要通过议会立法限制摄政的权力。

根据英国的惯例，议会必须以国王的演讲和致辞作为开始。所幸的是，乔治三世及时恢复健康，摄政危机自动消失。但摄政危机依旧严重牵扯了伯克的注意力。"在革命的早期，柏克可能对摄政危机更感兴趣，而且，尽管辉格党在危机期间的分裂并不完全预示着后来在革命问题上的分裂，但它肯定为这种分裂准备了基础。"[1]

同时代的人对法国大革命的观察是谨慎乐观的。大部分人将法国大革命理解为在法国建立起类似于英国君主立宪的制度。这也是革命在一开始没有处决国王的原因。伯克也没有从一开始就反对革命。1790年以前，他更多是以一种审视的眼光看待海峡彼岸发生的事情。不过伯克的审慎态度本身已经透露出他的怀疑或者说不确定性。由于伯克在美洲革命中扮演的角色，大部分人倾

---

[1] James Conniff, *The Useful Cobbler: Edmund Burke and the Politics of Progress*, New York: State University of New York Press, 1994, p.216.

向于简单将伯克归纳为革命的支持者和同情者。"潘恩不止一次地去格雷戈里拜访伯克,希望伯克能够支持在法国的革命。"①

法国大革命的爆发也对英国政治产生直接影响。以普莱斯博士为代表的革命支持者开始鼓吹英国应该向法国学习,建立更加民主的制度。甚至伯克在议会中的密友,同时是辉格党领袖之一的福克斯,也公开对革命表示赞赏。国内的政治态势变化进一步加剧伯克的忧虑。他似乎意识到法国大革命潜在的破坏性,这最终促使伯克写下《法国革命论》,走向了革命的对立面。

《法国革命论》开始于对普莱斯博士的批判。普莱斯是法国大革命的积极支持者,并且鼓吹将法国大革命进一步引入英国本土。更为关键的是,普莱斯公开接受抽象理性所推导出的天赋人权学说,要求英国民众将自己视为某种意义上的世界公民,而非特定国家的民众。对于伯克而言,美洲革命中被有意忽略的问题已经成长为现实的威胁。抽象理性已经不再是沙龙里的时髦话题。"在法国大革命之后,由意识形态驱动的对英国宪政的攻击,对国内政治秩序的安全构成了威胁。英吉利海峡两岸的事件让人想起了1648年,而不是40年后的光荣革命。"②伯克不无担忧地写道:"我现在能够庆祝同一个法国享有着自由吗?是不是因为抽象的自由可以列为人类的福祉,我就可以认真地对一个疯子逃出了他那监禁室的防护性的约束和保护性的黑暗,而祝贺他恢复了享受光明

---

① Jesse Norman, *Edmund Burke The First Conservative*, New York: Basic Books, 2013, p.108.
② Richard Bourke, *Empire and Revolution: The Political Life of Edmund Burke*, Princeton & Oxford: Princeton University Press, 2015, p.700.

和自由呢?"①

伯克对法国大革命的具体批判围绕两个关键问题展开,即法国的选举制度和天主教地位。伯克进一步指出法国想要实行的新选举制度存在三个重要问题。

第一,整个选区制度的设计就是为了保证巴黎对其他地区的控制权。"这个王国的其他区域被撕成了碎片,并且脱离了他们全部的习惯办法,甚至于统一的原则,所以至少在相当时间内,无法联合起来对抗她。"②革命者最主要集中在巴黎这样的大城市。换言之,革命派通过看似公平的选举制度赋予自己垄断的优势。

第二,新的选举制度存在逻辑上的自我冲突。它同时遵循两条规则。一方面,它按照平均的人口数量选举议会成员;另一方面,它又以缴纳的税收作为选举议员的门槛。它表面上宣传天赋人权、人人平等,实际上富有者占据更多的权力。伯克指出,"这场革命所获得的全部权力都将会落在城里的市民以及那些左右他们的金融领导人手中"③。

第三,如同卢梭的公意堕落为众意一样,具有强烈平均主义特征的选举制度不能消除派系之见。它反而为派系力量提供更多的可能性。民众被迫割裂自己与历史文化的联系,沦为无处可归的原子化个体。他们只有成为派系力量的一部分,才能减轻自己与世界的陌生感。吉伦特派和雅各宾派的斗争是典型的例子。法国革命不但没有实现政治德行的完善。反而导致派系之间毫无德行

---

① [英]柏克:《法国革命论》,何兆武、许振洲、彭刚译,商务印书馆1999年版,第10页。
② 同上书,第255页。
③ 同上书,第252页。

的清算和暗杀。这最终为拿破仑的军事独裁提供可能的基础。

在这种情况下,拿破仑在未来的登场就是一件不足为奇的事情。"直到某一个懂得安抚军人的艺术并具有指挥的真正精神的受人拥戴的将领,……军队将由于他个人的原因而服从他。……真正指挥着军队的人就成了你们的主人;成为你们国王的主人,你们议会的主人,你们整个共和国的主人。"①伯克的这种表达绝非是单纯的修辞手法。他看到,一旦将这种抽象的个体平等灌入实践中,军事独裁是无法避免的结果。"革命的军事化最终会导致革命的灭亡。迟早,政府会失去控制和约束军队的能力。"②

天主教是《法国革命论》特别关心的另一个问题。革命派对待宗教的态度遵循了霍布斯以来的基本逻辑,将国家和宗教作为两种不同的契约关系进行对待。对法国天主教的强制控制和剥夺,不仅符合抽象理性的需要,也能产生大量现实的政治利益。法国天主教的财产可以用来赞助革命事业的发展。

革命派的做法显然忽视天主教对法国的积极作用。法国天主教会在传播知识以及调和社会矛盾等许多方面做出了重要贡献。公正地说,"事实上,启蒙运动的起源在于现代文学的重生,这些文学是由神职人员培养和贵族资助的"③。革命派的做法说明自身的冷酷无情。他们是卢梭的精神信徒。他们像卢梭一样悲天悯人的同时,又像卢梭一样将自己的孩子丢弃在天主教的育婴所。

---

① 《法国革命论》,何兆武、许振洲、彭刚译,商务印书馆 1999 年版,第 283 页。
② James Conniff, *The Useful Cobbler: Edmund Burke and the Politics of Progress*, New York: State University of New York Press, 1994, p.225.
③ Richard Bourke, *Empire and Revolution: The Political Life of Edmund Burke*, Princeton & Oxford: Princeton University Press, 2015, p.720.

天主教是法国自我身份认同的重要部分。① 失去天主教,意味着法国丢失自己的历史传统文化。法国也将不再是法国。伯克写道:"请允许我说一句,我对这个新创造的法国还不是很熟悉,如果没有仔细的研究,我不愿意用货币来代替旧的路易金币。"② 革命者的目的不是实现宗教的解放,而是一种新形势的宗教压迫。"在伯克看来,法国虚假的启蒙使者所承诺的,不过是一个建立在迫害基础上的反基督教机构。"③

法国大革命的进程再次验证了伯克的预言。"社会的法律和制度建立在基督教的基础上。雅各宾派的首要目标是削弱和摧毁教会;这样一来,社会的其他制度也会随之崩溃。"它上台后不久,关闭所有的教会和修道院,成系统地驱赶天主教教士与修女。迈斯特写道,"暴虐的政权丝毫不顾公正和廉耻,将成千上万的神职人员驱逐出国"④。他们完全凭借自己对抽象理性的信任,试图建立一种被称为自然宗教或者公民宗教的东西。

伯克在革命派的政策中看到他始终恐惧的问题,也就是暴政的可能性。特别是当伯克认为黑斯廷斯已经在印度实行如此暴政的情况下,法国似乎在暴政的路上走得更远。"黑斯廷斯的暴政,

---

① Frank O'Gorman, *Edmund Burke: His Political Philosophy*, London & New York: Routledge, 2014, p.145.
② Edmund Burke, "Fourth Letter on a Regicide Peace", in *The Writings and Speeches of Edmund Burke Vol.9*, General Ed. Paul Langford, Oxford: Clarendon Press, 1991, p.51.
③ Richard Bourke, *Empire and Revolution: The Political Life of Edmund Burke*, Princeton & Oxford: Princeton University Press, 2015, p.721.
④ [法]约瑟夫·德·迈斯特:《论法国》,鲁仁译,上海人民出版社2005年版,第38页。

或者说它的统治体系,在很大程度上是一系列的行政实验和对多变的政治环境的临时调整,而且相对来说是无理论的;事实上,缺乏改造社会的意识形态热情或理性主义计划是印度的压迫者与法国的革命者不同的主要因素之一。"①伯克在这种潜在的暴政中看到了无政府与极权的双重恐怖。

一方面,无数的革命派痛批国家的罪恶。他们要求废除所有的税收和管制,确立自己对自己的绝对主权。每个人都想要成为自身意志的绝对主宰者。他们的目的是实现自己的意志。国家是一种潜在的阻碍因素。特别是当自己的意志与国家政策冲突时,国家可能会被视为需要抛弃的部分。

问题是,抽象个体的无限自由意志之间存在着难以缓解的紧张关系。特别是当同质化的抽象个体排除了所有的特殊性因素时,它不能利用血缘、共同的生活和共同情感制衡意志之间的冲突。"对一个国家来说,没有什么比极端的自私自利和完全不考虑别人自然会希望或担心的事情更致命的了。"②在这种情况下,强力是唯一能够迫使其他意志屈服的办法。这种强力绝不允许诸如法律这样的规则限制自己意志的活动。"法律和专断权力之间存在着永恒的敌意。"③无限意志必然首先陷入一种普遍的无政府状

---

① Frederick Whelan, *Edmund Burke and India Political Morality and Empire*, Pittsburgh: University of Pittsburgh Press, 1996, p.124.
② Edmund Burke, "Remarks on the Policy of the Allies", in *The Writings and Speeches of Edmund Burke Vol. 8*, General Ed. Paul Langford, Oxford: Clarendon Press, 1989, p.483.
③ Edmund Burke, "Opening of Impeachment 16 February 1788", in *The Writings and Speeches of Edmund Burke Vol. 6*, General Ed. Paul Langford, Oxford: Clarendon Press, 1991, p.351.

态。"卢梭的信徒们破坏了使人类享有特许权利成为可能的框架,从而使人类沦为无政府状态或奴隶。"①

另一方面,革命派竭力控制国家机器,使自己的意志成为唯一的意志。正如上文指出,近代社会契约论下的国家是中立性的统治工具,本身不具备任何内在目的。"对于表现在技术层面的中立性来说,其关键在于,国家的种种法律都要独立于任何内容实质性的、宗教的或者法律的真理和争议,并且只是因为国事决定的实际确定才有效力的命令准则。"②一旦成功夺取国家机器,抽象个体就可以将自己的个体意志变为国家意志。

国家意志背后的个人意志绝不允许其他个人意志挑战它的地位。"理性的思考,脱离了习惯和环境,会破坏传统,从而使人自我毁灭。"③合乎理性的方式就在于保证其他抽象个体的意志不再能够动摇他的位置。这必然需要通过贬低他人的意志达成这一点。这种贬低的极致就是人的工具化。"他们企图尽力把所有各种公民都混为一个均一的群体,然后又把他们的这种混合物分成为许多不相连贯的共和国。他们把人们贬低为仅仅为单纯记数用的零散的筹码,而不是其力量产生于它们在那张表上的位置的数字。"④人类第一次陷入极权的危险之中。

---

① Russell Krik, *Edmund Burke: A Genius Reconsidered*, Peru: Sherwood Sugden & Company, Publishers, 1988, p.162.
② [德]卡尔·施米特:《霍布斯国家学说中的利维坦》,应星、朱雁冰译,华东师范大学出版社 2008 年版,第 81 页。
③ Bruce Frohnen, *Virtue and The Promise of Conservatism*, Kansas: University Press of Kansas, 1993, p.43.
④ [英]柏克:《法国革命论》,何兆武、许振洲、彭刚译,商务印书馆 1999 年版,第 240 页。

法国大革命的发展充分说明了无政府和极权之间的紧密联系。罗伯斯庇尔是一个典型的例子。他试图以一种极端专制的方式将所有的权力掌握在自己手中。他的权力是如此巨大,以至于完全超过了封建时期的法国王权的鼎盛状态。但他的权力是如此的不稳固,以至于他一直处于无法摆脱的政治动荡中。在巴黎,政治暗杀是一项流行的风尚。最具讽刺性地说,罗伯斯庇尔本人就是这种风尚的注脚。"他们采取了一种简短的革命方法,以一种非常残忍和残酷的方式屠杀了他。"[1]罗伯斯庇尔以自己的命运证明无政府与极权只是抽象理性逻辑下的一丘之貉。

国家与民众的对立就是这种暴政的直接结果。即便在最积极的意义上,国家也是对自由的一种限制,或者是一种必要的恶。这种对立暗示了三个影响。

首先,国家和民众被解释为两个独立的实体。按照传统的理解,国家和民众被认为存在特殊的历史联系。这种联系是民族历史和长期共同生活所塑造的印记。换言之,民众一开始就处于国家之中,而不是和国家相互对立的实体。革命派反其道而行之。"现在在我们中间如此忙碌的各个派系,为了剥夺人们对国家的爱,并从他们的头脑中去除对国家的所有责任。"[2]抽象的民众仿佛存在于真空之中,可以脱离国家独立存在。近代社会契约论者

---

[1] Edmund Burke, "Fourth Letter on a Regicide Peace", in *The Writings and Speeches of Edmund Burke Vol. 9*, General Ed. Paul Langford, Oxford: Clarendon Press, 1991, p.85.
[2] Edmund Burke, "*Appeal from the New to the Old Whigs*", in *The Writings and Speeches of Edmund Burke Vol.4*, General Ed. Paul Langford, Oxford: Clarendon Press, 2015, p.440.

的自然状态就是真实的写照。

其次,国家和民众的关系在本质上是对立的。即便在最积极的意义上,国家也是对抽象个体无限意志的一种限制。抽象理性个体将国家的限制视为一种奴役,解决的办法就是推翻这种奴役。国家和民众的关系也从一种含情脉脉的家庭关系变成了冷酷的压迫和反抗关系。

最后,也是最重要,即民众被赋予了一种任意推翻国家的权力。"民众可以合法地废黜国王,不仅是为了不正当行为,而且没有任何不当行为。"① 即便一个统治良好的政府,也可能由于民众的任性而被替换。政治沦为彻底的暴民政治,不再有任何的稳定性和长期性。它事实上变成民众的谄媚者而非民众的指导者。"从伯克的角度来看,天赋人权学说代表了对凝聚力和责任感价值观的讨伐,因此有可能彻底摧毁社会和政府。"②

通过塑造国家与民众之间的二元对立,雅各宾派毫不犹豫地宣称他们站在民众一边,在缺乏授权的情况下宣称自己是民众的真正代表。这为他们带来了许多优势:一是他们可以将自己一切堕落的行为以民众的名义加以正当化;二是他们通过将民众神圣化的同时,也将自己伪装成善良和正义的化身;三是他们可以将一切的错误归咎到民众身上,洗脱自己身上的罪责。

暴政的最终结果是德行在政治中彻底消失。正如伯克指出的

---

① Edmund Burke, *"Appeal from the New to the Old Whigs"*, in *The Writings and Speeches of Edmund Burke Vol.4*, General Ed. Paul Langford, Oxford: Clarendon Press, 2015, p.441.
② Richard Bourke, *Empire and Revolution: The Political Life of Edmund Burke*, Princeton & Oxford: Princeton University Press, 2015, p.741.

那样，德行是一种规范性的力量。它与暴政是根本对立的产物。无论革命派怎么宣传自己的道德纯粹性，但事实上却陷入了一种普遍的恐怖之中。迈斯特评价道："这个美丽王国的整个大地上不是遍布断头台吗？这块不幸的土地浸透了它的孩子们的鲜血，而这些孩子都是通过法院被屠杀的。那些毫无人性的篡权暴君，为了支持对外的、维护其自身特殊利益的残酷战争，毫不吝惜地滥用孩子们的鲜血。"①这种评价可能不完全公正，但历史学家的确观察到革命时期普遍存在的暴行。

伯克将这种道德堕落归咎于启蒙哲学家，特别是卢梭本人的缺陷。伯克对于卢梭的厌恶，可能与两人的直接接触有关。当卢梭被休谟邀请去英国避难时，作为休谟的朋友，伯克数次与卢梭共同参与社交沙龙。卢梭的言辞被伯克视为放荡和不负责任的表现。"如果卢梭还活在人世，在他某个清醒的片刻，他是会对他的学生们的实践的狂热感到震惊的——他们在他们的悖论中乃是奴性十足的效颦者，并且即使是在他们的毫无信心之中也会发现有一种隐然的信仰。"②

伯克对待卢梭的态度也暗示他拒绝将个人的道德品行和他的政治理论相分离。"人的道德感知与他的本能生活是紧密相关的，它不会脱离内心深处的情感波动而存在，甚至也不会被激情的高涨所淹没或压制。"③潘恩可能将这种道德上的堕落视为暂时性的

---

① ［法］约瑟夫·德·迈斯特：《论法国》，鲁仁译，上海人民出版社 2005 年版，第 34 页。
② ［英］柏克：《法国革命论》，何兆武、许振洲、彭刚译，商务印书馆 1999 年版，第 223 页。
③ Charles Parkin, *The Moral Basis of Burke's Political Thought*, New York: Russell & Russell, 1956, p.81.

问题,甚至是矫枉过正的手段。民众的残酷性恰恰反映了统治者的残酷性。潘恩的解释是否站得住脚是一个需要讨论的问题。从更深程度看,抽象理性在去除一切历史特殊性成分之后,它无法给予德行足够的客观性,也无法阐明德行应该如何在具体现实中展开。"新的礼仪规范通过攻击道德的双重基础而完全免除了道德:基于相互爱戴的人类共同情感;以及基于对全能上帝的尊重的责任感。"①平等、自由、博爱成为口号化的空集。抽象理性允许为了达到目的而不择手段。这为一种彻底的马基雅维利主义打开了大门。换言之,政治与道德的强制分离,才是道德系统性堕落的罪魁祸首。伯克精辟地解释道,"道德上的法国与地理上的法国分裂了"②。

通过对法国革命的分析,伯克明确了如何保守的第二个要点,即反对激进革命,尤其是激进革命背后的理性狂热。信奉抽象理性的革命派都接受近代社会契约论的一个基本观点,即理性推理本身应当是正确的。这种抽象理性的思考方式暗含了一种排他性的结论。如果政治如同近代自然科学一样存在标准答案,那么这种答案应该满足普遍性和排他性两个特征。霍布斯、伯克和卢梭推导出南辕北辙的结论,这不影响抽象理性在方法论上的有效性。问题更多来源于没有找到真正的前提。正如 1+1 不等于 3 一样,革命派只需要知道唯一正确的答案。

---

① Richard Bourke, *Empire and Revolution: The Political Life of Edmund Burke*, Princeton & Oxford: Princeton University Press, 2015, p.741.
② Edmund Burke, "Remarks on the Policy of the Allies", in *The Writings and Speeches of Edmund Burke Vol. 8*, General Ed. Paul Langford, Oxford: Clarendon Press, 1989, p.465.

人类的通病之一就是往往倾向于高估自己。当革命派碰到不同意见时,他们很少怀疑是自己的推理出现错误。他们对自己的智力越发自信,就愈不可能摆脱这种认知。在纯粹的智力思考中,这种态度是顽固的,甚至是令人讨厌的;但一旦将它运用到政治实践中会产生灾难性的结果。一方面,对自身正确性的坚持,使得他们将对理性的信仰转化为对理性的狂热。另一方面,在已经确认完美政治模式的情况下,唯一的问题就是如何尽快达成它。拖延和阻碍在道德上令人难以忍受。理性的狂热最终告诉革命派,"如果不能及时地达到完美,就必须消灭邪恶的蒙昧分子和反动派,因为如果不是人类的无知和恶意的阻碍,进步肯定会胜利的"①。

理性的狂热由于完美政体的不可行性而被进一步加强。作为抽象理性信奉者的假设,完美的政体并未在人类的历史中真实存在过。"数学提供了清晰的、可验证的答案,仅仅因为它本质上是有问题的——它是一个为询问者提供问题和答案的人造系统,而这些问题仅以其自己的术语来表述。"②现实世界不可能存在理论上的完美状态。现实的政治就是不断面对各种复杂的情况。"伯克认为,那些在原则上把所有社会弊病都归咎于管理者、既定机构和政府形式的人,是危险的天真和任性的愤世嫉俗者。"③这些人的内心只存在抽象的理论。但他们对抽象理性的信任使得他们拒

---

① Russell krik, *Edmund Burke: A Genius Reconsidered*, Peru: Sherwood Sugden & Company, Publishers, 1988, p.168.
② Bruce Frohnen, *Virtue and The Promise of Conservatism*, Kansas: University Press of Kansas, 1993; p.16.
③ Peter Stanlis, *Edmund Burke and The Natural Law*, New Brunswick and London: Transaction Publishers, 2003, p.174.

绝这种现实。既然现实不存在完美,那么就直接改造现实。"他们已经准备好宣布,他们认为2 000多年的时间对于他们所追求的利益来说太长了。"①

理性狂热产生了与宗教狂热类似的效果。狂热信徒们以理性为名,压制甚至抹除一切被他们视为敌人的个体。"于是出现了'武装主义',这是一种倒置的宗教,它利用中央政治权力和武器力量强制人们遵守它的'理性'信条。通过摧毁古老的制度和信仰,通向乌托邦的道路必须被扫清。"②

与革命法国的战争不是两个基督教文明国家在威斯特伐利亚体系下的常规战争。"革命者是不会遵守休战的。唯一的安全在于团结和不懈的斗争。"③这是两种截然不同的政治理念的对决。伯克可能预见到即将到来的恐怖时代。革命法国前所未有的专制程度,让其转化出超乎寻常的武力。各国在这场对决中展现出自己的韧性。"但在这个可怕的时刻,我们的政治应该由勇气、决心、男子气概和正直组成。"④

伯克的说法显然是为了鼓励小皮特不要与革命法国妥协。革命法国的不断胜利一度让小皮特产生了和谈的愿望。小皮特从纯

---

① Edmund Burke, "Letter to a Noble Lord", in *The Writings and Speeches of Edmund Burke Vol. 9*, General Ed. Paul Langford, Oxford: Clarendon Press, 1991, p.176.
② Russell Krik, *Edmund Burke: A Genius Reconsidered*, Peru: Sherwood Sugden & Company, Publishers, 1988, p.168.
③ James Conniff, *The Useful Cobbler: Edmund Burke and the Politics of Progress*, New York: State University of New York Press, 1994, p.235.
④ Edmund Burke, "Remarks on the Policy of the Allies", in *The Writings and Speeches of Edmund Burke Vol. 8*, General Ed. Paul Langford, Oxford: Clarendon Press, 1989, p.481.

粹的地缘政治平衡角度认为暂时与法国休战是一桩有利可图的事业。伯克严肃地指出，小皮特的想法没有考虑到革命法国的本性。以抽象理论武装自己的法国，必然将全欧洲甚至全世界作为自己的目标。休战只是给予革命法国喘息和壮大的空间。伯克写道："我认为一场反对雅各宾派和雅各宾主义的全面战争，是把欧洲（包括英国在内）从一场真正可怕的革命中拯救出来的唯一可能的机会。"①

1797年，去世的伯克没有看到这场革命的结局。但他敏锐意识到这场革命与以前的政治事件蕴含截然不同的新情况。他甚至悲观地认为，欧洲正处于另一个新黑暗时代的边缘。但正是他对革命结局的悲观性语言，让他一跃成为英美传统保守主义的创始人。保存英国政治制度成为早期保守的关键。这在实践上表现为政治改良和对激进革命的强烈反对。伯克的范式无疑有开创意义，他是第一个将保守从一种政治情感和习惯上升为某种更具有特征的政治主张。

伯克的保守主义依旧带有对贵族，特别是开明贵族的强烈眷恋。美化的罗金汉姆辉格党人是伯克对某种优越治理模式的浪漫想象。作为一个身处于贵族同僚中的平民，伯克的想法似乎违背了自己的出身。伯克相信权力要在民众认可的情况下才能更好执行；他同时相信治理国家需要高超的政治技艺，不经过长期实践很难获得足够的治理能力。伯克忧虑的不是法国革命本身，而是革

---

① Edmund Burke, "Observations on the Conduct of the Minority", in *The Writings and Speeches of Edmund Burke Vol. 8*, General Ed. Paul Langford, Oxford: Clarendon Press, 1989, p.404.

命背后无法克制的极端个人意志泛滥。在近代社会契约论的框架下,抽象个体的权利会倾向于不断抬高自身的地位。这已经不是伯克所能解决的问题。在一个日益平民化的时代中,传统保守主义将会需要下一个人物来延续自己。

第三章　迪斯累利与政治的平民化

如果没有法国大革命,伯克确实可能没有足够的动力对保守主义进行系统性的建构。这揭示了传统保守主义的应激反应特征。这一特征也体现在伯克对激进革命的强烈反感之中。伯克从法国大革命中看到抽象理性的狂风怒吼,看到原子化个体对社会的瓦解和分裂。"智慧的一个重要部分就是要知道应该容忍多少罪恶;追求太大程度的纯洁可能只会产生新的腐败。"[1]抽象理性的纯粹性是对政治实践的严重伤害,对理性的信仰最终转化为理性的狂热。

直到死前,伯克始终展现出萦绕其一生的悲观态度。文明本身可能更为坚韧。全欧洲的反革命者们都从伯克的思想中汲取养料和灵感。死亡丝毫没有影响他的声望,反而将他的影响传播到更远的地方。正如罗素·柯克所指出的那样,"在公众人物中非常罕见的是,伯克在死后的很长一段时间里,其声誉和影响力都在稳步上升"[2]。

---

[1] Charles Parkin, *The Moral Basis of Burke's Political Thought*, New York: Russell & Russell, 1956, p.97.
[2] Russell Krik, *Edmund Burke: A Genius Reconsidered*, Peru: Sherwood Sugden & Company, Publishers, 1988, p.207.

他甚至成为一个新的政治流派的开创者。几乎每一个保守主义者都会重新回到伯克,确立自己的出发点。

除了伯克之外,小皮特在保守主义的实践中扮演了更为重要的角色。作为实际上的决策者,小皮特展现出比伯克更为强烈的灵活性;当伯克将革命法国作为不可调和的敌人时,小皮特认为其中仍然有策略性停战的可能性。伯克心心念念的爱尔兰天主教问题也经由小皮特的《爱尔兰和解法案》得以极大程度缓解。如果从政治实践的效用看,小皮特可能比伯克更胜一筹。对小皮特和伯克在政治效用上进行评价可能有失公允。在一个贵族政治依旧强大的时代里,伯克的身份起点决定他更难以获得内阁的高级职位。即便被称为"大平民"(the Great Commoner)的老皮特,其父辈也已经长期担任下议院的议员。伯克可能有意开创一个新的政治家系,"理查德的死给伯克把自己当作一个新人的想法画上了句号"[1]。

法国大革命的恐怖虽然暂时摧毁了辉格党,让托利党轻松成为长期的执政党。问题的隐忧已经埋下。抽象理性释放出的唯我论将不断转化为对均质化的需求。这最终落实为"平等"这一概念在政治上的泛滥。伯克所依赖的贵族原则难以避免地陷入某种慢性衰退之中。保守党很快再次面临严重的挑战。幸运抑或不幸,一个新的代表人已然进入保守党之中。

迪斯累利意识到,保守党的未来在于将自己作为全体民众而非特定利益的代表。只要有将保守党转化为"国家党"才是未来的前进方向。政治制度会随着实际态势不断迁移,但国家本身将更

---

[1] Elizabeth Lambert, *Edmund Burke of Beaconsfield*, Newark: University of Delaware Press, London: Associated University Presses, 2003, p.147.

为持久地保持下去。"托利主义是一种民族精神,表现为维护国家体制,支持这些体制所形成的民族特性。"[1]在如何保守上,迪斯累利也建立两个重要的目标:一是反对功利主义,尤其是由辉格党所代表的城市功利主义态度。政治不仅是理性的技巧,更需要想象力的参与。二是进步主义。这主要体现在对社会改革和议会改革的支持上。通过不断弥合新时代的创伤,为国家共识提供强有力的支持。

第一节　19世纪初期托利党的三个危机

对于一个以罗金汉姆辉格党人为荣的伯克而言,他的命运以极度讽刺性的方式彰显政治的无常。伯克在整个前半生议会生涯中,始终试图将辉格党改造为某种更具有信念的党派。在美洲革命后期,"乔治三世盯上了伯克,他认为伯克对新内阁很有帮助;但只有伯克与福克斯划清了关系,国王因为私人原因非常不喜欢福克斯"[2]。伯克选择忠于自己的政党。然而同样是伯克叛离辉格党的举动摧毁了接下来30年的辉格党。包括波特兰公爵在内的一大批辉格党人都追随伯克的脚步。这直接让福克斯派萎缩为几

---

[1] Benjamin Disraeli, *Whigs and Whiggism*, New York: The Macmillan Company, 1914, p.81.
[2] David Bromwich, *The Intellectual Life of Edmund Burke*, London & Cambridge: The Belknap Press of Harvard University Press, 2014, p.318.

十人的小团体,无法成为有效的反对派。伯克与福克斯的关系也彻底走向决裂,以至于伯克拒绝与自己曾经的密友临终和解。

对于托利党而言,辉格党的分裂是毋庸置疑的好消息。福克斯派对法国大革命的支持成为政治非常不受欢迎的选项。福克斯派后期转变态度的做法则被一般民众视为政治上的权宜之计,无法激发民众的信任。直到小皮特去世之后,福克斯才短暂在格伦维尔的联合政府中担任外交大臣一职。短暂的政府生涯显然限制他对议程的控制能力。他对和平的痴迷也被拿破仑的好斗无情打破。伯克在这一点上更为深刻。他指出,虽然都宣称自己是法国,但革命法国和传统法国具有完全不同的精神实质。"'法国'这个词被插了进来,仿佛政府和那次革命之前一模一样,那次革命使欧洲震惊、恐惧,甚至几乎征服了整个欧洲。"[1]

法国大革命最终以拿破仑的失败宣告结束。托利党在战争中的成功押注使得他们继续保有执政权。第二代利物浦伯爵更是从1812年起建立长达15年的连续内阁。作为托利党内部的改革派领袖,他成功推动关税的降低和刑事惩罚的改革。但他的改革也为托利党日后的分裂和危机埋下严重的隐患。

在整个18世纪,重商主义是英国贸易政策的主基调。随着亚当·斯密发表《国富论》之后,自由贸易逐渐成为新宠儿。包括伯克本人也对自由贸易展现出偏爱。"为我们提供生活必需品不是政府的能力。如果政治家们认为他们能做到这一点,那将是一种

---

[1] Edmund Burke, "Fourth Letter on a Regicide Peace", in *The Writings and Speeches of Edmund Burke Vol.9*, General Ed. Paul Langford, Oxford: Clarendon Press, 1991, p.50.

徒劳的假设。"①权威的强制介入往往导致生产力要素的扭曲,价格失衡是典型的表现。伯克似乎暗示,交易是属于民众自身的权利。即便怀有良好的愿望,政府的干涉是对自由的可能侵犯。斯密在类似的意义上指出:"关于把资本用于哪类能够生产最有价值产品的国内产业上面这一问题,显然每一个身临其境的人都能做出比政治家或立法者更好的判断。"②

伯克和斯密在自由贸易的偏好上具有强烈的相似性,但依旧存在重点上的差异。伯克更多将自由贸易视为一种习惯。这种习惯与某种基于自然法的人类天性密切相关。换而言之,自由贸易可能不只是效用的问题。"在伯克的思想中,自由贸易不是基于效用,而是基于正义。"③斯密则倾向于将自由贸易与重商主义和重农主义进行比较,指出自由贸易带来的潜在优势。"以一切邻国限于贫困境况为目标的近代外国通商原则,如果能够产生它所期望的结果,那就一定会陷国外贸易于不被人注意、不被人重视的地位。"④

在学术界日益流行的自由贸易概念逐渐转化为对政治实践的影响。越来越多的政客将自由贸易视为可以依赖的政治信条。托利党内部也一定程度接受这一观念。在重商主义失势的同时,重

---

① Edmund Burke, "Thoughts and Details on Scarcity", in *The Writings and Speeches of Edmund Burke Vol. 9*, General Ed. Paul Langford, Oxford: Clarendon Press, 1991, p.120.
② [英] 亚当·斯密:《国富论》,唐日松、赵康英、冯力、邵剑兵、姜倩译,唐日松、杨兆宇校,华夏出版社2004年版,第327页。
③ Peter Stanlis, *Edmund Burke: The Enlightenment and Revolution*, New Brunswick & London: Transaction Publishers, 1993, p.23.
④ [英] 亚当·斯密:《国富论》,唐日松、赵康英、冯力、邵剑兵、姜倩译,唐日松、杨兆宇校,华夏出版社2004年版,第356页。

农主义也丧失了吸引力。斯密甚至不屑地认为,"我认为有必要就重商主义给予较长的说明,而对于政治经济学中的重农主义则不必了"①。问题是,作为一个以土地贵族为基础的党派,自由贸易在一定程度上是以损害地主和农民利益为基础的。自由贸易在政策上的典型表现就是降低关税。农产品关税的降低意味农产品价格的降低。这引起代表土地利益的"乡村托利党人"的极大不满。

在第二代利物浦伯爵的长期统治中,托利党内部逐渐演化为保护主义和自由贸易两个日益对立的派系。虽然伯爵本人能够凭借威望和资历调和这种冲突,但矛盾已经深埋其中。这构成19世纪早期托利党第一个也是最终诱使其分裂的危机,即贸易政策问题。这一分裂尤其表现在皮尔政府通过的《谷物法案》中。

第二代利物浦伯爵和乔治·坎宁的迅速去世导致保守党的领导层出现短暂的权力真空。辉格党在第二代格雷伯爵的带领下实现了1783年以来首个完全由辉格党组成的内阁。1832年的《改革法案》是该届辉格党政府的最高成就。通过废除口袋选区和改革投票资格标准,新兴的工商业城市获得更多代表权。作为辉格党核心支持者的城市亲商业中产阶层更是扩大了自己的投票能力。这直接改变原有的议会算数平衡。迪斯累利就将这次改革视为辉格党谋取私利的结果。"改革法案是一项法律,不是为了摧毁封闭的政府,而是为了摧毁保守主义。托利党人的选区无一例外地被牺牲了,而辉格党人的选区,在很多情况下,基本上都被保留

---

① [英]亚当·斯密:《国富论》,唐日松、赵康英、冯力、邵剑兵、姜倩译,唐日松、杨兆宇校,华夏出版社2004年版,第478页。

了下来。"①这种通过选区划分获取更大优势的做法在当代美国政治有一个更著名的名字,就叫做"杰利蝾螈"(Gerrymander)。

客观而言,完全执政的辉格党确实带有改革选区、改变议会算数平衡的想法,但辉格党对改革的支持是一个长期的过程。在伯克时代,议会改革就是反复争议的议程。福克斯派更是将议会改革作为自己的重要目标。辉格党的长期坚持与整个近代政治的基本逻辑密切相关。通过将人还原为真空环境下的抽象个体,近代社会契约论成为极端唯我论的借口。在古典时代,个体被视为共同体的一部分;只有在共同体的伦理规范中,人才能获得规定性。

近代社会契约论颠倒了这一逻辑。共同体是为保存个体利益而存在,个体利益的诉求则由完全理性化的人所决定。但在政治实践中,人类的激情与理性之间的矛盾不能单纯凭借理性克服。这尤其体现在爱国主义这一问题上。个体加入共同体的目标是为了保存自己的生命;但在共同体面临外部入侵时,共同体反过来可能需要个体牺牲生命维护共同体。这种目的和手段的倒置形成契约论的自我矛盾。从霍布斯到卢梭都提出一系列的辩护策略。卢梭试图强调士兵的生命是契约之后由共和国再赋予的生命,"是国家的一种有条件的赠礼"②;所以公民在理性上有义务接受命令。但抽象理性却赋予个体意志无限崇高的地位,现实个体也不太可能按照如此理性的方式进行选择。这种理论和现实的差距导致近日的自由主义也无法提供足够具有说服力的替代解释。

---

① Benjamin Disraeli, *Whigs and Whiggism*, New York: The Macmillan Company, 1914, p.18.
② [法]卢梭:《社会契约论》,何兆武译,商务印书馆 2005 年版,第 42 页。

抽象个体的另一个作用是建立起"平等"概念在政治上的可能性。被还原为抽象个体的人不存在本质上的区别,实现了一种抽象意义上的平等。打个比方,抽象个体如同流水线上的罐头,罐头的标价是统一的;罐头之间也不存在不平等的问题。这一逻辑产生的直接结果就是,作为主体的抽象个体一定会询问为什么自身会处于不平等的状态。卢梭的人民主权论是这种逻辑的自然反映。这在政治上表现为对选举权利的不断追求;这最终转化为19世纪以来蓬勃发展的普选权运动。

1789年的革命为托利党提供一个完美的暂停改革的借口。以国家稳定为诉求,重大议会改革陷入实质的停滞中。这也是伯克反对议会改革并且将保存英国政治制度作为核心的重要原因之一。"在世界上任何时期,没有一个立法者愿意把行使权力的席位交到大众手中:因为它不允许控制,不允许管制;没有稳定的方向。"[1]但到了19世纪20年代,革命的阴霾已经远离,对于选举权利的渴望与日俱增。这最终构成托利党的第二个危机,即选举权改革。在城市人口不断壮大的同时,托利党的支持人口占比正陷入不可逆的萎缩。如果托利党无法逆转情况或者找到新的基础,那么它很有可能陷入衰败之中。

托利党的第三个危机是国教问题。英国国教的主导地位是英国长期政治博弈的结果。为了更好保证自己的优越地位,英国国教徒对天主教徒实行一系列压制政策。爱尔兰天主教问题是最突

---

[1] Edmund Burke, "Appeal from the New to the Old Whigs", in *The Writings and Speeches of Edmund Burke Vol.4*, General Ed. Paul Langford, Oxford: Clarendon Press, 2015, p.441.

出的表现。"17世纪克伦威尔的入侵使新教徒成为了高种姓,从而形成了贫困和排斥制度。"[①]从职业限制到优先继承权,压制性政策严重破坏了爱尔兰天主教家庭的基本秩序。"有关法规并不满足于号召孩子们反抗他们的父亲,并在他有生之年占有他的财产,而是制定了一些准则,根据这些准则,在许多情况下,孩子们退出对父亲的服从,并不是由孩子自己选择的。"[②]

与辉格党大多支持天主教解放不同。在托利党内部则存在争议。一部分人认为向天主教徒让步将损害国教在英国的影响力,因而顽固拒绝任何让步。另一部分人认为,向天主教徒做出边际让步是可行的政治实践。在皮尔的领导下,国教问题与议会改革问题成为相互影响的联动问题。皮尔一开始反对与天主教和解;但在1829年政治风向的变动中转而支持和解法案。"从皮尔的角度来看,这是一个政治家的尝试,通过获得天主教会的支持来化解爱尔兰的民族主义,但对许多保守党议员来说,这是对'新教'价值观的侮辱,他们认为这应该指导英国的行为。"[③]皮尔的态度促使一部分托利党人进行战术投票。他们试图通过议会改革放大国教在议会中的支持度。这使得托利党本来就岌岌可危的少数地位变得更加危险。

19世纪早期的托利党已经陷入严重的内部派系斗争中。他

[①] David Bromwich, *The Intellectual Life of Edmund Burke*, London & Cambridge: The Belknap Press of Harvard University Press, 2014, p.27.
[②] Edmund Burke, "Tracts relating to Popery Laws", in *The Writings and Speeches of Edmund Burke Vol.9*, General Ed. Paul Langford, Oxford: Clarendon Press, 1991, p.440.
[③] T. A. Jenkins, *Disraeli and Victorian Conservatism*, London: Macmillan Press, 1996, p.26.

们虽然还被称为托利党,但在许多重要政策上存在致命的不同理解。国教问题是过去的阴影,自由贸易是现在的焦点,议会改革则是未来的忧虑。"托利主义的前途比 19 世纪的任何时候都要渺茫。保守党在漫长的改革之战中严重分裂,溃不成军,于 1832 年 12 月沦为残余。"①保守党需要新的范式才能在下一个时代存活下去。

第二节　迪斯累利的崛起

从各种意义上看,迪斯累利都不符合典型的托利党人形象。年轻时候的迪斯累利以浮夸的风格闻名于社交圈之中;对地位和财富的大胆冒险也与保守的性情相差甚远,失败的财富投机更是让他背上了相当沉重的债务;从宗教上看,他也是在 13 岁时才从犹太教皈依国教,这显然令人难以相信其国教信仰的坚定性;最为关键的是,迪斯累利出身于典型的城市中产阶层,一个在当时被视为辉格党基本盘的阶层。从后排议员再到下议院领袖,再到首相,迪斯累利与托利党传统形象的巨大差距始终是他缺乏党员信任的原因之一。"事实很简单,迪斯雷利不受党内许多人的欢迎,他们不信任他。"②

迪斯累利对于政治的直接参与始于 1832 年的下议院选举。

---

① Edgar Feuchtwanger, *Disraeli*, London: Arnold, 2000, p.14.
② T. A. Jenkins, *Disraeli and Victorian Conservatism*, London: Macmillan Press, 1996, p.48.

作为激进党人，他强烈支持议会改革，其中包括三年一次的议会、无记名投票等一系列主张。通过将自己塑造为反对辉格党寡头政治的代言人，迪斯累利成功扮演支持扩展平民权利的积极分子角色。1832年的选举是失败的，迪斯累利没有在任何一个选区当选。1835年，当迪斯累利再次作为激进党人竞选失败时，他在同年夏天的补选中却成为托利党人竞选。"尽管我们现在知道他曾秘密接受伦敦托利党总部的补贴，鼓励他挑战辉格党"[1]，但迪斯累利如此迅速改换门庭的做法却成为指责他不一致的"关键罪证"。尤其是考虑当时的托利党和激进党在议会改革问题上南辕北辙的态度，迪斯累利的行为很难逃脱投机主义的阴影。

这种批评有失公允。早在1832年的失败中，迪斯累利就已经写下《他是什么》(What is He)为自己的立场进行辩护。"政治家的首要目标是一个强大的政府，没有它就没有安全。"[2]当时的保守党已经无法承担这一责任，这也是为何需要第三党派加以填补的原因。在曾经的贵族制度已经无法挽回的情况下，托利党和激进党有必要进行新的联合。"如果托利党确实对恢复贵族原则感到绝望，并且真心实意地宣称不能用现有的机器来治理国家，那么他们就有责任与激进派联合起来，允许这两个政治绰号在普通的、可理解的和有尊严的方面融合在一起。"[3]在迪斯累利看来，从激进党到托利党的立场转换不能被视为前后不一的表现。不过在整

---

[1] T. A. Jenkins, *Disraeli and Victorian Conservatism*, London: Macmillan Press, 1996, p.7.
[2] Benjamin Disraeli, *Whigs and Whiggism*, New York: The Macmillan Company, 1914, p.17.
[3] Ibid., p.20.

篇文章中的一个关键问题是,他只指出融合的必要性,没有提供融合的具体方案。在两党基本政策差距甚远的情况下,当时绝大部分人将迪斯累利的想法视为天方夜谭,或者是某种想象力过分旺盛的产物。即便辉格党与激进党的结盟也是在19世纪漫长的政治实践中逐渐完成的。"在辉格党和激进党设法形成一个类似'自由党'的连贯政党之前,必须经历一个缓慢而痛苦的政治同化过程。"①托利党和激进党之间的差异只会增加两者融合的难度。

1837年,迪斯累利终于如愿当选为下议院议员。在整个议会生涯早期,他一直表现出对皮尔的忠诚。除了他对宪章派略带古怪的同情外,他大体上保持对皮尔政策的支持。即便当1841年皮尔再次执政却没有授予他内阁职位的情况下,他依旧在诸如征收所得税等一系列财政和贸易政策上支持皮尔政府。与此同时,迪斯累利也开始组建自己在托利党内部的同好会,即后来被称为"青年英格兰"的运动。该派系最初是由托利党中相对年轻和具有理想主义的贵族成员组成。他们尤其反感工业城镇中人的不断异化。

迪斯累利最著名的两部小说就体现"青年英格兰"的基本想法。"《康宁斯比》的同名主人公是一个年轻的贵族,在权宜的时代,通过恢复保守党的真正原则来寻找政治的意义(这显然是对皮尔领导阶层的打击),而《西比尔》则以试图提供工业城镇穷人生活的真实写照而闻名,大量利用官方报告中公布的证据。"②《康宁斯比》更是寄托迪斯累利的全部政治隐喻。政治性是这部小说的鲜

---

① T. A. Jenkins, *Disraeli and Victorian Conservatism*, London: Macmillan Press, 1996, p.7.
② Ibid., p.22.

明特征。"它的构想是为了证明保守党是全国受欢迎的政治联盟的正义主张。"①

皮尔政府的长期冷落最终激发迪斯累利的反叛精神。或者反过来看,皮尔正是担忧迪斯累利潜在的激进态度,将他排除于内阁之外。"到1842年春,他已成为保守党持不同政见者的磁石,他们担心皮尔越来越偏离保守党的正统。"②1846年关于废除《玉米法案》的辩论终于给他提供了机会。从当时的托利党内部结构看,包括几乎所有的上议员在内,大部分的高层倾向于支持自由贸易,废除农产品关税。这使得托利党内部的保护主义派系缺乏强有力的代言人。迪斯累利迅速抓住机会,将自己描绘为乡村托利党人的代言人,积极攻击皮尔政府的自由贸易政策。正如他自己后来所说的那样,"土地被忽视是为了救济,它只被记住是为了征税"③。皮尔政府的自由贸易是以实质性损害包括地主和农民在内的乡村阶层利益为代价,从而降低城市内部的消费成本。20世纪的工农业剪刀差可以被视为一个更激进的版本。

迪斯累利在贸易政策上的左右摇摆同样成为他被指责为机会主义或者投机主义的重要原因。虽然成为保护主义派系的代言人,当选首相之后的迪斯累利依旧没有恢复关税。他以一个非常狡猾的方式为自己的行为进行辩护。"上次大选中所讨论的议题并不局限于废除《玉米法》的法案是否应当修改的问题。即使在郡

---

① David Cesarani, *Disraeli: The Novel Politician*, New Haven & London: Yale University Press, 2016, p.94.
② Ibid., p.92.
③ Benjamin Disraeli, *Whigs and Whiggism*, New York: The Macmillan Company, 1914, p.463.

里,农民的呼声也不是要放弃自由贸易,而是要不偏不倚地实行自由贸易。"[①]换言之,乡村阶层自己也赞同自由贸易,问题是现有的贸易政策没有实现真正的公平。迪斯累利的这种说法与100多年后特朗普和拜登政府的公平的自由贸易政策没有本质区别。通过灵活对自由贸易的概念进行定义,从而为具体实践中的各种保护主义策略提供充分的正当性。

迪斯累利的做法可能与他所面临的具体环境有关。恢复农产品关税固然可以提高农产品价格,但也会导致城市阶层负担的增加,尤其是城市工人阶层的生活成本将大幅提高。这是迪斯累利所不愿见到的情况。重视工人阶层是他重要的政治口号之一。《西比尔》的成功之处就在于,"迪斯雷利对北方工业城镇、那里的贫困和工人的剥削的高度描写震惊了他的读者"[②]。虽然工人阶层在迪斯累利的时代并没有大规模倒向托利党,贸然恢复农业关税反而可能导致他的不一致进一步扩大。

迪斯累利与乡村托利党人的结盟,在成功摧毁皮尔政府的同时,也摧毁托利党在短期内执政的可能性。与皮尔派决裂的另一个负面影响就是托利党几乎丧失自己所有的前排议员。以至于在第一届德比伯爵的政府中,托利党难以找到曾经担任过内阁重量级职务的议员。"斯坦利、本廷克和迪斯雷利,通过激发保守党对皮尔的反抗,实际上已经煽动他们的政党按下了政治自毁的按钮,

---

[①] Benjamin Disraeli, *Whigs and Whiggism*, New York: The Macmillan Company, 1914, p.443.
[②] David Cesarani, *Disraeli: The Novel Politician*, New Haven & London: Yale University Press, 2016, p.103.

而且要花几十年的时间才能修复这一损害。"①

成为下议院领袖的迪斯累利一直试图为托利党多数执政建立新的联盟。具有讽刺意义的是,他本人恰恰是和解的最大障碍。这最终导致皮尔派与托利党决裂,加入自由党之中。在保护主义派系内部,迪斯累利与乡村托利党人格格不入的性情也让大多数后排议员缺乏真正的信任。"毫无疑问,下议院中的保守派对他有一种非常强烈的感觉。他们对他神秘的举止感到困惑和震惊,因为他的举止有很多外国人的影子,他们无法理解和欣赏他的伟大能力,而这些能力肯定是在他的面具之下的,而且是被他的面具所掩盖的。"②党需要迪斯累利的才华,却始终无法充分信任迪斯累利。

迪斯累利在下议院的表现也加剧了这种不信任。他往往在投票中表现出精明的战术家素养,以限制政府而非法案本身作为投票重点。"迪斯雷利与激进派保持着秘密的联系,他很愿意突然与他们一起进行'快速'分裂,有时还成功地使政府陷入尴尬。"③同时代的人往往以狡诈的蛇形容迪斯累利在议会中的表现。这导致迪斯累利的一致性问题远比伯克更为严重。如果伯克只是在法国大革命中出现关键转折,那么迪斯累利似乎在每一个议题上都可能反复横跳。现在的问题不仅是关于机会主义的指责,更重要的

---

① T. A. Jenkins, *Disraeli and Victorian Conservatism*, London: Macmillan Press, 1996, p.32.
② David Cesarani, *Disraeli: The Novel Politician*, New Haven & London: Yale University Press, 2016, p.122.
③ T. A. Jenkins, *Disraeli and Victorian Conservatism*, London: Macmillan Press, 1996, p.47.

是，一个如此精明的议会战术家是否真的怀有对保守主义的忠诚信仰。对于迪斯累利而言，保守主义究竟应该保守什么，又该如何保守呢？

第三节 什么是托利党

对迪斯累利本人而言，与皮尔派的决裂至少有一个明显的益处，那就是巩固了他作为下议院领袖的地位。在丧失大量前座议员的情况下，托利党对迪斯累利才能越发依赖。这种依赖很少转化为信任，以至于在有条件的情况下托利党经常谋划取代迪斯累利的领导地位。这种缺乏信任的情况一直延续到迪斯累利带领托利党再度执政。但从事后的角度看，"1846年，保守党没有意识到这一点，但它找到了一个自认为是命中注定的领袖"[1]。

迪斯累利在议会中的战术投票一定程度上证明他带有投机主义的性质。对于迪斯累利而言，如何获取稳定的执政权比起通过符合民众利益的法案更为重要。迪斯累利显然认为，对于政治家而言，只有成为有效的执政力量，才能对国家利益进行真正的保护。他没有伯克那种长期反对派的想法，也无意于成为长期的反对派。这可能与两者的处境相关。伯克时代的罗金汉姆辉格党人缺乏长期执政的可能性，伯克需要为自己长期在野的政党提供存在的合理性论述。所以伯克强调，"议会是所有政治活动的重要目

---

[1] T. A. Jenkins, *Disraeli and Victorian Conservatism*, London: Macmillan Press, 1996, p.31.

标，是政治活动的终极目标，也是政治活动的工具"①。罗金汉姆辉格党人在议会中承担的负责任的反对派姿态是维护英国政治制度的必要保障。

迪斯累利与伯克的不同不能掩盖两者在许多基本观念上的相似性。这尤其体现在以下四个方面：

一是对英国政治制度的基本看法。迪斯累利承认，英国政治制度是英国历史长期塑造的结果。即便在一个日益民主化的时代，"公民政体的基础是'惯例'，从'惯例'产生的一切事物和每个人都必须具有'惯例'的基本特征"②。惯例也绝非抽象理性主义者所理解的负面存在。惯例本身代表先祖的政治智慧。"在这次伟大的民族回顾中，他们恰当而明智地把他们历史的本质特征与纯粹偶然的东西分开，从中发现了某些祖传的行为准则，他们承认这些准则是这些制度兴盛并传给他们的原因。"③一系列惯例所构造的政治制度成为英国民众自由的真正来源。

英国政治制度的精髓在于有效的权力平衡系统。在迪斯累利看来，辉格党的改革破坏了这一核心设计。他们试图在英国建立一种以抽象理论为基础的中央集权系统。曾经被伯克视为维护英国政治制度的辉格党已经成为新的破坏者。"一个下议院，如果把国家的全部权力都集中起来，就可能不顾我所提到的那些大的敌

---

① Edmund Burke, "Thoughts on the Present Discontents", in *The Writings and Speeches of Edmund Burke Vol.2*, General Ed. Paul Langford, Oxford: Clarendon Press, 1981, p.291.
② Benjamin Disraeli, *Whigs and Whiggism*, New York: The Macmillan Company, 1914, p.124.
③ Ibid., p.120.

对势力,在这个国家建立起一种最可怕、最危险的专制制度。"①这不但将严重增加英国民众的负担,更将破坏他们长期习惯的自由。

二是对抽象理性的怀疑。这同时表现在正反两个方面。从反面看,迪斯累利否认抽象理论可以建立起真正有效的政治制度。"如果一个国家的旧宪法和新立法机关之间没有任何私情,那么新立法机关必然会被废除;一个大规模的国家代表制的自由政府是一个非常渐进的过程,尤其是筹备机构。"②以道德真空作为前提的抽象理性是无法为政治实践提供任何润滑剂的。事实上,卢梭本人也承认这一缺陷。他写道:"我绝不想住在一个新成立的共和国里,不管它有多么好的法律。我怕的是政府的组织不合当时的需要,不适合于新的公民,或者公民不适合于新的政府,而使这个国家难免刚一产生便有发生动摇或被灭亡的危险。"③从正面看,迪斯累利与伯克一样强调不存在普遍有效的政治制度。正如上文指出的那样,政治制度是历史习俗的结果。每个国家都拥有不同的历史,这最终会影响它们各自的民族风貌。对不同民众的良善统治需要建立不同的统治方案。伯克因此强调正是美洲民众比英国本土民众对自由更为强烈的偏爱,最终导致他们选择独立。迪斯累利在《工业、自由和秩序》中写道:"我们珍惜我们的自由,主要是因为它使我们的追求不受限制;而对法律和所有既定事物的尊重,也是英国民族的显著特点,是由于我们相信,除自由外,秩序是

---

① Benjamin Disraeli, *Whigs and Whiggism*, New York: The Macmillan Company, 1914, p.35.
② Ibid., p.145.
③ [法]卢梭:《论人类不平等的起源》,李常山译,东林校,商务印书馆1997年版,第52页。

工业最有效的助手。"①

三是对结果的重视,或者更准确地说,结果先于理论。伯克早在《崇高与美》中已经明确表示,"我认为,在理论上错误而在实践中正确,这是毫不奇怪的;我们也乐于看到这样的情况"②。或者用今日更为模因化的说法,"实践是检验真理的唯一标准"。迪斯累利继承这一观念,强调不应该以抽象理论作为衡量的标准。"政治机构必须以其结果来评判。近5个世纪以来,现行的世袭贵族制度已成为我国立法机关的一个活跃而有力的部门。5个世纪的进步福利是进步国家高效政体的最好证据。没有一个政治家能够怀疑,我国立法机关世袭制的特殊性质,主要有助于我国制度的稳定,以及这种稳定所产生的秩序和繁荣安全。"③

在1853年的《大臣与腐败》一文中,迪斯累利的态度更为明显。他直接表示,"我们不能把文明与它的所有后果分开——产生邪恶的原因同样能产生美德"④。政治实践应该以政治家的哲学而非哲学家的政治作为标准。即便理论本身十分精妙,缺乏实践性的政治理论与纸上谈兵无异。他批评辉格党经常躲到抽象概念之中,而对具体事物的处理无能为力。他充满讽刺地写道:"一个务实的政治家会在会议上解决这些问题;但是,对于辉格党人来说,他们的哲学在一份报告中结束,他们的爱国主义在一

---

① Benjamin Disraeli, *Whigs and Whiggism*, New York: The Macmillan Company, 1914, p.347.
② [英]埃德蒙·伯克:《关于我们崇高与美观念之根源的哲学探讨》,郭飞译,大象出版社2010年版,第47页。
③ Benjamin Disraeli, *Whigs and Whiggism*, New York: The Macmillan Company, 1914, p.199.
④ Ibid., p.459.

份工作中结束。"①

四是在对改革的支持上。伯克在法国大革命的影响下强调温和改良的重要性。在相对和平的年代里,迪斯累利没有类似的恐惧。他更进一步强调,改革不仅不是托利党的对立面,更是托利党自身的义务。"对于那些自称保守主义者的人来说,平反冤屈、安抚阶层、削减开支、改革法律、听取公众意见,不仅是他们的权力范围,而且是他们的基本职责。"②"他否定了改革应该由自由党垄断的观点,并诉诸18世纪保守党的改革传统,与博林布鲁克和皮特的名字联系在一起。"③这种对历史的重新澄清也成为当代英美传统保守主义在环保议题上发声的典型表现。

迪斯累利与伯克的不同恰恰是19世纪初期托利党自身危机的结果。在一个日益平民化的时代,伯克,包括迪斯累利本人所偏爱的具有德行的贵族制度已经难以适应下一个时代。在这种情况下,以保守英国传统政治制度为核心的伯克范式,很容易在激烈的情势中转化为对既有制度的顽固支持。过分的谨慎蜕变为对改革的抗拒。这也是保守主义始终无法摆脱的困境。在拒绝标准教科书操作的同时,它将始终在实践中面临过犹不及的问题。

迪斯累利在伯克的基础上,试图将保守提炼为更为抽象的内容。民族精神成为他最终选择的核心。在1835年的《托利主义定义》中,他明确写道:"托利主义是一种民族精神,表现为维护国家

---

① Benjamin Disraeli, *Whigs and Whiggism*, New York: The Macmillan Company, 1914, p.34.
② Ibid., p.465.
③ T. A. Jenkins, *Disraeli and Victorian Conservatism*, London: Macmillan Press, 1996, p.79.

制度,支持这些制度所形成的民族特性。"①更为抽象化的民族精神赋予迪斯累利在实践上更大的灵活性。英国的政治制度、民众的自由传统、对国教的信仰都可以统摄于民族精神这一概念之中。这最终帮助迪斯累利在一定程度上摆脱19世纪托利党在议会、国教等问题上的分裂。

国教问题的缓和与迪斯累利范式密切相关。一方面,迪斯累利强调英国国教在英国历史中的重要性。"迪斯累利再次强调了英国国教在形成国家认同中不可或缺的作用,他宣称:'工业、自由、宗教——这就是英国的历史。'"②另一方面,他可以凭借民族精神中对宽容的承认在犹太人和天主教徒加入议会的问题上做出让步。迪斯累利的策略在理论上显然是充满矛盾的,但在实践上获得高度的成功。当伯克被他的政敌指责为隐藏的天主教徒时,"迪斯累利也投票赞成让犹太人进入议会,但他却没有受到像本廷克那样的指责:据推测,这种指责来自一个经常被后座保守党人轻蔑地称为'犹太人'的人"③。

在民族精神这一保守核心的指引下,迪斯累利终于明确托利党的任务,也就是作为"国家党"而继续存在下去。"托利党可以指望得到拯救,因为它是'国家党',实际上是'英格兰真正的民主政党',致力于维护那些古老的制度,只有这样才能确保人民的公民权利。"④托

---

① Benjamin Disraeli, *Whigs and Whiggism*, New York: The Macmillan Company, 1914, p.81.
② T. A. Jenkins, *Disraeli and Victorian Conservatism*, London: Macmillan Press, 1996, p.70.
③ Ibid., p.34.
④ Ibid., p.13.

利党代表的不是特定团体的利益，而是国家的整体利益。正是在这一意义上，迪斯累利在具体政策上的反复摇摆才可以得到真正的解释。他试图从国家整体利益出发对待具体政治事件。在外部条件变化的情况下，始终奉行不变的政策才是僵化的表现。这种僵化本身只能将保守主义推向复古主义的深渊。

迪斯累利试图在托利党和激进党中建立联盟的想法正是"国家党"想法的典型表现。从表面看，托利党和激进党在很多关键主张上存在严重的差异。如果说辉格党只试图部分扩大选举制度，激进党对选举权的拓展更为激进，甚至主张实行普选制。但与激进党联盟是对抗辉格党寡头政治的有力方式。从维护国家整体利益的角度看，托利党反而拥有充分的合作空间。在之后的议会投票中，迪斯累利也充分证明和激进党在具体议题上进行战术合作的有效性。

"国家党"这一概念是迪斯累利在几十年政治生涯中反复提及的概念，并且最终转化为我们今日称之为"一国保守主义"的重要内核。但"国家党"这一概念本身也经常被批评为缺乏实际内容的政治口号。迪斯累利需要为自己以民族精神为核心的保守方式填充更具体的内容。保守主义究竟如何保守民族精神？

第四节　反对功利主义

在整个 19 世纪，除了保守主义、自由主义和社会主义之外，功利主义也是广泛流传的观点。甚至有不少 19 世纪的学者将伯克也视为功利主义的代表人物。以今日的标准看,这是明显的误解。"尽管霍布斯和洛克都没有得出快乐—痛苦计算的道德后果,但伯克看到了这个理论的含意。"①如果接受快乐就是痛苦的减少,人类很难抵御将这种审美原则运用在道德和现实领域的诱惑。虽然可以通过诸如整体利益最大化之类的限制达成某种理论上的自洽,但只要还依赖于个体感觉,这种计算始终需要面对将自己的快乐建立在他人痛苦之上这一问题。

需要承认的是伯克美学的反功利主义特征不代表他完全拒绝功利主义。功利主义和原则之间也存在偶尔的一致。"美洲问题是功利主义的权宜之计和原则不谋而合的一个例子。"②与美洲和解既符合英国的政治传统,也能减轻英国在财政上的负担。伯克对功利主义的宽容以及他在自由贸易上的态度可能是后人错认他为功利主义者的原因。

虽然边沁开创了今日被称为功利主义的流派,但这一流派与情感主义密切相关。作为洛克的学生,情感主义的代表人物沙夫茨伯里伯爵认为人存在所谓的"道德感"。哈奇森和休谟接受了沙夫茨伯里的观点,试图建立关于美德和恶习的评价系统。休谟就认为美与恶可以转化为痛苦和快乐这一评价系统。或者至少我们可以承认,"痛苦和快乐即使不是恶和德的原因,至少也是与两者分不开的"③。斯密更直接将效用与德行联系在一起。他在《道德

---

① Peter Stanlis, *Edmund Burke and the Natural Law*, New Brunswick & London: Transaction Publishers, 2003, p.171.
② David Bromwich, *The Intellectual Life of Edmund Burke*, London & Cambridge: The Belknap Press of Harvard University Press, 2014, p.257.
③ [英]休谟:《人性论》,关文运译,商务印书馆1996年版,第331页。

情操论》中写道:"各种品质似乎从它们的益处或不便之处得到的美和丑,往往以某种方式来打动那些用抽象的和哲学的眼光来考虑人类行动和行为的人。"①

情感主义的做法为潜在的功利主义打开了道路。边沁充分接受霍布斯的心理利己主义原则,试图将痛苦和快乐作为普遍的衡量准则。"自然把人类置于两位主公——快乐和痛苦——的主宰之下。只有它们才指示我们应当干什么,决定我们将要干什么。"②功利主义的目的在于尽可能使得人类的快乐大于痛苦。边沁的解释虽然在细节上存在明显的缺陷,甚至被批评为"猪的道德",但他的学说却为两个主张提供了重要的吸引力。

自由贸易是其中一个主张。边沁以强度、持续时间、确定性和距离作为四个评价要素。对于群体而言,则需要增加广度这一维度。"把所有的快乐之值加在一起,同时把所有的痛苦之值加在一起。如果快乐的总值较大,则差额表示行动之有关个人利益的、好的总倾向;如果痛苦的总值较大,则差额表示其坏的总倾向。"③在这种思考逻辑背后,效用是其中不可或缺的前提。功利主义的支持者一定会询问如何在尽可能短的时间实现快乐总量的最大化。自由贸易可以更好地提升效率是支持这一政策的关键原因。通过生产要素的自由流动,看不见的手可以自动实现市场的优化配置。亚当·斯密的《国富论》和《道德情操论》已经暗示两者的联系。

---

① [英]亚当·斯密:《道德情操论》,焦维娅译,安徽教育出版社 2008 年版,第 364 页。
② [英]边沁:《道德与立法原理导论》,时殷弘译,商务印书馆 2000 年版,第 57 页。
③ [英]边沁:《道德与立法原理导论》,时殷弘译,商务印书馆 2000 年版,第 88 页。

"由于每一个个人都尽可能地用其资本来维护国内产业,并且努力经营,使其产品的价值达到最高程度,因此,他就必然尽力使社会的年收入尽量增大起来。"①自由贸易和功利主义对效用的共同偏好赋予两者天然的亲近关系,最终塑造出共同的群体偏好性。

享乐主义是另一个主张。由于边沁将快乐和痛苦作为唯一的评价方式,传统的道德观念受到进一步打击。功利主义者完全可以将自己身体上的痛苦解释为道德上的反感。这为享乐主义的泛滥提供了充分的理由。虽然边沁提供一系列的评价标准,但由于道德的工具化,民众完全可以凭借自己的主观感受断定行动是否道德。功利主义显然对更为自由宽松的城市阶层具有吸引力。传统且保守的乡村生活依旧生活在过去的伦理共同体规范中,城市的新兴阶层则试图摆脱这种束缚。功利主义尤其为城市中上层的放纵提供了合适的掩护。穷奢极欲的享受被认为是提升快乐总量的方式。

严格而言,粗糙的享乐主义实践与边沁细致的享乐主义之间存在度上的差异。但边沁的理论也造成了功利主义之后的核心困境,即何为最大多数人的最大利益?边沁自己最终也只能诉诸经验。一如看不见的手一样,他似乎暗示经验本身已经实现效率的自我优化。"习惯一旦形成,就会限制一个人去采取某些行动,这些行动由于带有坏名声以及由于什么其他原因,是他惯常厌恶的。"②

---

① [英]亚当·斯密:《国富论》,唐日松、赵康英、冯力、邵剑兵、姜倩译,唐日松、杨兆宇校,华夏出版社 2004 年版,第 327 页。
② [英]边沁:《道德与立法原理导论》,时殷弘译,商务印书馆 2000 年版,第 172 页。

功利主义的特性最终形成了功利主义—自由贸易—城市中上层的联想系统。这一整套象征恰好与19世纪初期辉格党的基本盘和基本主张高度重合。这很难被视为一种偶然。其背后与辉格党更多代表城市工商业阶层利益的情况密切相关。对这一阶层而言,无论是自由贸易还是享乐主义都符合扩大财富积累的需要。迪斯累利因而得出近乎直觉的结论,即辉格党就是功利主义的代言人。甚至皮尔所领导的托利党也沾染类似的习气。"青年英格兰意识形态的本质在于它拒绝与政治经济学家和功利主义激进派有关的理性主义思想体系,这一思想体系似乎在19世纪30年代和40年代感染了两党政府的思想。"[1]

更为糟糕的是,功利主义需要为自己在政治实践中的负面效应负责。底层民众的悲惨生活和"道德败坏"的城市生活是迪斯累利主要的攻击工具。一方面,城市中上阶层的繁荣发展是以损害农村和城市中下阶层的生活作为代价。自由贸易破坏了农产品的关税保护,直接降低农产品的价格,导致农民收入的迅速减少。自由贸易制度同时为辉格党加强中央集权提供了借口,以提高国内市场的流通效率。迪斯累利指出,"这是辉格党中央集权体制的重要组成部分,对农村繁荣和地方独立是致命的——这是他们如此喜欢的高卢模仿之一,但我希望,英国人的意识、精神和对自由的热爱将永远抵制这种模仿"[2]。另一方面,享乐主义为放松道德标

---

[1] T. A. Jenkins, *Disraeli and Victorian Conservatism*, London: Macmillan Press, 1996, p.21.
[2] Benjamin Disraeli, *Whigs and Whiggism*, New York: The Macmillan Company, 1914, p.28.

准提供借口。功利主义对人性的理解不能被简单视为错误,但它的人性观具有强烈的片面性。"如果功利主义者不承认所有的动机,而只承认部分的动机,那么他们的政府科学就不是建立在人性的基础上,而只是建立在人性的一部分上,因此必然是不完美的。"①这种人性论上的偏颇导致功利主义者没有注意到理性能力的局限,也没有注意到人性的不可同约性。"我们必须接受现有的文明和自由,对它们所提供的诱惑和它们所带来的过度行为感到悲哀,看到文明和自由越是在城镇中紧紧挤在一起的群众中产生影响,你的证据就越是表明,个人的腐败与赋予国家生命的积极原则相一致。"②辉格党不但没有遏制道德败坏,反而通过扩大城市选区的力量加剧道德败坏的程度。城市底层工人是这种败坏最大的受害者。

严格而言,迪斯累利对功利主义的批判没有超出当时流行的内容。但他的批判在两个角度上为托利党提供了强有力的立场。一是功利主义和辉格党的联系。通过建立象征系统上的联系,迪斯累利成功灌输给托利党一种理念,即功利主义实质上是为辉格党的大贵族寡头政治服务的。辉格党的贵族寡头制度是对英国政治平衡的严重伤害。"但他们只有一个目标,就是在这片自由平等的土地上建立寡头政治。我不希望这个国家由一小撮大家族统治,因此我反对辉格党。"③二是对乡村生活的浪漫想象。通过将

---

① Benjamin Disraeli, *Whigs and Whiggism*, New York: The Macmillan Company, 1914, p.116.
② Ibid., p.459.
③ Ibid., p.333.

乡村描述为无情城市工业化的牺牲品，迪斯累利成功激起托利党内部对乡村的怀旧之情。乡村被描绘为一个道德和谐、民众保有传统自由，又足以自给自足的美好社会。城市的生活截然相反。中上阶层物欲横流毫无道德的穷奢极欲与底层民众悲惨的生活条件所催生的罪恶，进一步加剧了两种生活方式的对立。这也成为19世纪托利党和激进党在环境议题合作的重要原因。迪斯累利在这里所采用的手法与伯克对自然贵族的构建完全一致。现实的乡村生活显然也存在各种缺陷。但美化的滤镜可以最大限度激起乡村托利党人的道德热诚，从而在一定程度上克服自利倾向，为整体利益的牺牲提供道德上的可能性。

浪漫想象也揭示迪斯累利对抗抽象理性的关键所在，即想象力。"信仰和想象力，而不是理性，才是一个自我自在的社会的重要属性。"[①]在信仰的作用上，迪斯累利追寻托利党一贯的论调，将信仰与英国国教制度绑定在一起；在同意扩展其他宗教信仰权利的同时，拒绝一切试图动摇国教根本地位的提议。想象力则更具有迪斯累利的个人特色，这主要体现以下在三个方面：

首先，想象力是抵御冷酷无情的计算理性的最佳方式。在迪斯累利初入政坛的年代，辉格党占据明显的统治地位。从功利主义角度看，加入辉格党才是获取权力的最快方式。"迪斯累利被激进党而非辉格党所吸引，这一事实似乎仍然相当令人惊讶，最好的解释可能是迪斯累利的浪漫气质，因为他是受对伟大激进派诗人

---

① T. A. Jenkins, *Disraeli and Victorian Conservatism*, London: Macmillan Press, 1996, p.22.

拜伦勋爵的怀念所激发。"①换言之，迪斯累利拒绝以纯粹的效用角度理解政治。政治的本质与决心和意志相关。

其次，想象力可以激发道德热诚。这种道德热诚可以转化为强烈的行动力。强烈的道德热诚还有助于抵抗功利主义的自利倾向，为纯粹的利他行动提供价值观念上的支撑。只有在真正的自我牺牲精神中，爱国主义才能展现出自己的生命力。

最后，想象力为塑造共同的民族神话提供可能的路径。想象力的典型特点在于其能一定程度超脱自身阶层的限制，以浪漫化的方式构建整体想象。迪斯累利自身就是这种超阶层想象力的表现。"想象力提供了一种手段，让一个社会局外人，一个有着中产阶级文学背景，犹太血统和外国外表的人，能够融入由贵族和地主精英主导的政治文化。"②共同的民族精神需要具体的载体将自身象征化。想象力能够很好地完成这一任务，弥补阶层分化带来的隔阂。"迪斯累利最看重的是君主政体的复兴，因为只有君主政体才能提供一种富有想象力的联合纽带。"③延绵不断的君主世袭为民族神话提供了必要的素材。

圣女贞德的例子可能是这种民族神话塑造最典型的表现之一。对法国天主教会而言，贞德是在上帝的启示下拯救法兰西的命运；对保王党人而言，贞德维护法国国王的统治是君权神授的重要证据；对19世纪的法国左派而言，贞德是底层民众捍卫法兰西

---

① T. A. Jenkins, *Disraeli and Victorian Conservatism*, London: Macmillan Press, 1996, p.9.
② Ibid., p.30.
③ Ibid., p.24.

民族的优秀代表。几乎所有法国的政治派别都能从民族神话的象征中汲取自己所需要的侧面。但对于圣女贞德的共同认可,成为法国人之所以是法国人的关键标志之一,从而维系和加强内部的共识。

第五节　家长制进步主义

通过将辉格党与功利主义绑定在一起,迪斯累利在客观上增强了托利党的内部凝聚力。对于一个始终遭受严重内部信任危机的领袖而言,他的做法在一定程度上缓和了党员对自己的挑战。在对外效果上,迪斯累利的做法成效不大。大部分人倾向于将迪斯累利的联想看作为政治攻击手段。城市中上阶层依旧是辉格党的稳固票仓;城市底层民众则对托利党抱有高度的怀疑。考虑到城市生产方式日益强势的情况下,强烈依赖乡村基础的托利党只会呈现不断衰弱的情况。

面对这一困境,托利党在逻辑上有两个方案:一是撤销议会改革,重新恢复贵族统治的原则;二是为托利党找到更多的支持来源,扩大自己的选举基础。迪斯累利否认第一种方案的可能性。从表面看,1832年的《改革法案》是以牺牲托利党为代价,增强辉格党拥有的选区优势;这是辉格党完全执政之后为了维系自己执政地位的自然策略。但对托利党而言,这一法案的问题在于,它彻底摧毁了英国议会中曾经举足轻重的贵族原则。"如果他们还没有发现,现在是他们应该发现一个伟大的真理的时候了——贵族原则在这个国家已经被摧毁了,不是被改革法案,而是被通过改革法案的手段所摧毁。"[1]托利党如果想要作为一个严肃的政党存在下去,就需要接受一个日益民主化的时代。这也是迪斯累利"国家党"思路的底层逻辑。

1832年改革是迪斯累利找到的切入点。从反面看,以财产为资格的选举权方案将工人排除在扩大选举权的范围之外。这一群体自然会对辉格党的改革措施不满。如果托利党能够将这一日益扩展的群体拉入自己的支持者中,它将为下个时代的托利党提供稳固的选票基础。从正面看,工人阶层的朴素情感使得他们依旧持有较为传统的价值观念。或者用伯克的说法,"没有受到法国哲学家头脑的侵害"。迪斯累利强调,"工人阶级是'英国人的核心',坚持'民族原则',正是由于这个原因,'民族的感情与托利党一致'"[2]。迪斯累利的思路最终转化为以土地为基础的上层贵族与农民以及新兴工人阶层之间的联盟。

在政治实践中,这种联盟思路表现为对扩大工人选举权以及加强底层民众生活保障的强力支持。这尤其体现在他在首相任期通过的一系列法案。"他对社会改善的承诺在接下来的会议中开始以具体的形式出现,大量的措施成功地在议会通过。这些法律包括《工匠住所法》《友好社团法》《雇主和工人法》《农业控股法》

---

[1] Benjamin Disraeli, *Whigs and Whiggism*, New York: The Macmillan Company, 1914, p.19.
[2] T. A. Jenkins, *Disraeli and Victorian Conservatism*, London: Macmillan Press, 1996, p.91.

《公共卫生法》《工厂法修正案》《河流污染法》和《商船法》。"[1]

迪斯累利的政策转向改变了辉格党和托利党的改革立场。辉格党为了捍卫城市中上层的利益,更为强烈地拒绝对市场的干涉,也缺乏意愿进一步降低财产选举的门槛。迪斯累利则以自己的政治实践证明,托利党与激进党反而在议会改革的问题上享有可能的共同立场。他的立场也最终被转化为今日的"进步保守主义",成为当代英美传统保守主义的重要历史遗产。无论是卡梅伦还是约翰逊,都曾借助迪斯累利的意象为自己的政策辩护。约翰逊更是凭借这一转向,在 2019 年为托利党获得相当数量的工人支持者。

"国家党"这一理念具有强烈的诱惑力,在具体的政治实践上则是极为困难的问题。一方面,任何政策的变动都可能会对不同利益团体产生截然不同的影响。在这种情况下,究竟应该如何抉择是政治家必须处理的事态。如果以国家整体利益为标准,那么迪斯累利就必须明确国家整体利益的标准。问题是,对政治进行清晰化的标准衡量恰恰违背政治的本性。"数学提供了清晰的、可验证的答案,仅仅因为它本质上是有问题的——它是一个为询问者提供问题和答案的人造系统,而这些问题仅以其自己的术语来表述。"[2]政治实践既没有数学答案所要求的前提,也无法按照数学答案在具体问题中做出有效回应。另一方面,即便承认存在相

---

[1] David Cesarani, *Disraeli: The Novel Politician*, New Haven & London: Yale University Press, 2016, p.182.
[2] Bruce Frohnen, *Virtue and The Promise of Conservatism*, Kansas: University Press of Kansas, 1993, p.16.

对明确的国家整体利益,不同利益团体是否会接受由此产生的损失是更复杂的情况。迪斯累利的想象力在一定程度上承担了缓和剂的作用。以共同民族精神作为纽带,妥协和共识才能得以进入公共空间之中。共同情感确实孕育了共识和妥协。问题是,在迪斯累利的时代,城市与乡村的矛盾日益突出。在两者力量格局的大幅变化下,妥协缺乏客观力量的保障。甚至乡村托利党人内部也对"国家党"持有一些不安。"'联合阶级'不仅受到雇主的怀疑,而且受到地主阶级的怀疑。"[1]他们担心迪斯累利可能过于保护农民的利益,忽视地主阶层的权利。城市阶层的不安更为明显。"来自工人阶级的新支持者仍然怀疑保守党领袖实际上可能是'资本阶级的敌人'。"[2]

更为关键的是,将迪斯累利支持议会改革和社会保障制度的行为视为进步主义是建立在纯粹外在的相似性上。迪斯累利否认马克思意义上的阶级对立观念,认为阶层之间可以相互共融。地主和农民是共融的传统意象。在迪斯累利的构想中,地主以自己的仁慈照看贫困的农民,农民以自己忠诚的品格尊重领主。这种"和谐"的等级秩序是过去几百年英国政治稳定的重要基础。迪斯累利写道:"作为一个希望研究国家永续性的政治家,我绝不认为政治继承的原则中有任何荒谬或令人反感的东西,这正是我应该极力利用并坚持的原则。"[3]如果所有人都如同功利主义者般追求

---

[1] David Cesarani, *Disraeli: The Novel Politician*, New Haven & London: Yale University Press, 2016, p.169.
[2] Ibid.
[3] Benjamin Disraeli, *Whigs and Whiggism*, New York: The Macmillan Company, 1914, p.196.

自己的最大利益,社会将迅速陷入瓦解之中。

迪斯累利的态度揭示了他与近代社会契约论的巨大差别。国家不是由抽象契约构成的产物,而是由共同情感纽带联系在一起的结果。统治阶层有义务为被统治阶层提供保护和照顾,而被统治阶层则需要以忠诚和尊重加以回应。这种观念直接受到微观家庭结构的影响。在一个家庭中,父母对子女往往处于宰制的地位。父母对子女的控制不是以剥削为目的,而是为子女的长远利益着想,尽可能为子女提供恰当的保护。子女需要对自己的父母表示足够的尊重,遵循父母的指引,而非为了彰显叛逆的个性顶撞父母。民族内部的阶层关系是这种家庭关系的放大版。共同的民族精神替代发挥一种拟造的"血缘关系",为不同阶层的共融提供情感支撑。

迪斯累利的"进步主义"是这种家长制心态的直接表现。无论是贫困的农民还是城市中生活困顿的工人,都是托利党的民族同胞。作为民族精神的真正支持者和捍卫者,党有责任对抗"邪恶"的城市商业阶层,为这些同胞提供更好的照顾。兰开夏郡的政治实践为迪斯累利的主张增加了现实上的说服力。"也有一些家长式的保守党雇主,比如布莱克本的霍恩比一家,他们可以指望自己的员工,当然在投票前的日子里,支持他们。在兰开夏郡,保守党工人似乎成了现实。"[1]迪斯累利范式的基本态度可能更接近于当时的"开明专制"观念。18、19 世纪的专制君主往往更乐于推动改革政策,尤其是当这些政策能够推动君主权力的强化。

---

[1] David Cesarani, *Disraeli: The Novel Politician*, New Haven & London: Yale University Press, 2016, p.149.

家长制与进步主义的核心差异也就在于对平等的理解上。在进步主义的语境中,普选权是逐步获取平等地位的必要环节。进步主义的最终目的是赋予所有公民同等的政治权利。罗尔斯对进步主义做出进一步修正,强调实质性平等的重要性。"争议的主要问题是社会的基本结构,或更准确地说,是社会主要制度分配基本权利和义务,决定由社会合作产生的利益之划分的方式。"[1]形式性的平等确实去除部分不正义的要素,但形式性平等也可能成为掩盖实质性不平等的借口。这也是为何在已经实现普选权之后,进步主义会进一步对选举制度提出要求的原因。

家长制以彻底的等级制度作为依据。正如上文指出,保护和尊重是等级制度下的自然义务。家长制显然认为不平等才是人类社会的自然样貌。享受权力的同时等同于背负更大的责任。平等更多表现在权力和责任的相对比较上。换言之,家长制是与理想的贵族制度绑定在一起的。迪斯累利将这种美化的家长制想象上升为英国政治制度的定海神针。"这种传统的政治领导权既是对人民不论大小的权利和自由的保障,也是英国在世界各国中伟大的基础。"[2]所有阶层被统合在和谐的伦理共同体中,各司其职,各得其所。

在真正的进步主义眼中,迪斯累利的"进步主义"即便不是"反动的",也是缺乏真正支撑的。这种进步过分依赖于统治者的德行

---

[1] [美]罗尔斯:《正义论》,何怀宏、何包刚、廖申白译,中国社会科学院出版社 1988年版,第 5 页。
[2] T. A. Jenkins, *Disraeli and Victorian Conservatism*, London: Macmillan Press, 1996, p.140.

或者说善意。被统治者始终处于被施舍的地位。在一个自我意识越发强盛的时代，个人将越发难以忍受其他个体的优越地位；即便这种不平等充满善意，也无助于减少形而上学所灌输给他们的抽象恐惧。潘恩的态度是非常有力的总结。他写道："如果古就是权威，那就可以找出无数这样的权威，它们是一贯彼此矛盾的；如果再往深里挖，我们将最后走上正路；我们将回到人从造物主手中诞生的时刻。他当时是什么？是人。人是他最高的和唯一的称号。"[1]

第六节 迪斯累利的遗产

迪斯累利试图联合工人的做法可能没有他想象中的有效。托利党在1880年的惨败是一个典型例子。虽然迪斯累利在东方问题上的表现一时无二，但在国内政治上，托利党却遭受严重的经济困境。工人阶级依旧对托利党缺乏信任。具有讽刺意味的是，反而城市的中等阶层出现分化，以公务员和教师为代表的群体开始逐渐转向托利党。"迪斯累利痛苦地意识到，他讨厌的对手在最后一幕中战胜了他，他不太可能看到他的'国家性'保守党的愿景在他的有生之年完全实现。"[2]

迪斯累利本人对工人阶层的支持也遭到历史学家的严格审视。他们指出，迪斯累利推行改革讨好工人阶层是一种转移焦点

---

[1] ［美］潘恩：《潘恩选集》，马清槐等译，商务印书馆1982年版，第139页。
[2] T. A. Jenkins, *Disraeli and Victorian Conservatism*, London: Macmillan Press, 1996, p.132.

的做法。这一做法可以将平民阶层对政治制度的不满转移到相对安全的社会保障问题上。这在一定程度上可以解释为何在1874年的大选中迪斯累利没有为保护工人阶层提供任何具体的政策。与工人组织相对冷漠的关系是一个更有力的佐证。"迪斯雷利本人对后来被称为'新社会联盟'的运动保持客气的冷淡态度,但它至少指出了保守党在社会改革方面行动的政治潜力,这提供了一种安抚新获得公民权的工人阶级的手段。"[1]

迪斯累利与伯克虽然分享有非常多的基本观念,但两者的区别也塑造他们对保守核心的不同偏好。对博林布鲁克截然不同的评价是分析两者不同气质的关键。对伯克而言,博林布鲁克本质是抽象理性的代言人,他与后来的法国革命者没有本质区别。唯一的差异可能在于他比这些革命者更胆小,或者更谨慎,拒绝将自己的逻辑推演到极致。迪斯累利则将博林布鲁克视为现代保守党的真正创始人。"就在我所谈到的这个时期,出现了一位在盛世中出类拔萃的人,他以组织天才的光辉,解决了英国派系中混乱而不一致的问题,并将它们简化为清晰而有系统的秩序。"[2]迪斯累利尤其看中博林布鲁克对乡村托利党人这一概念的构建。乡村托利党人被博林布鲁克视为持续性反对宫廷党人的重要力量,是捍卫英国传统自由的关键反对派。迪斯累利充分吸收博林布鲁克对乡村托利党人的定位,并且进一步将其推广为国家整体利益和伦理

---

[1] T. A. Jenkins, *Disraeli and Victorian Conservatism*, London: Macmillan Press, 1996, p.92.
[2] Benjamin Disraeli, *Whigs and Whiggism*, New York: The Macmillan Company, 1914, p.218.

共同体的捍卫者。

迪斯累利和伯克的差异在于,他比伯克更看重政治实践和政治结果。作为深入英国政治最核心的人物,他的政治经历远比伯克更为复杂。这也是他遭受比伯克更严重的投机主义指责的原因。"他通常被历史学家指责为政治机会主义,理由是他缺乏任何明确的指导原则,在追求权力的过程中,他愿意改变自己的政策,改变自己的联盟。"[1]这种频繁的立场转换甚至导致他在完全执政之后依旧没有恢复关税取悦自己的支持者。然而,这可能是迪斯累利的伟大之处。正如伯克作为下议院议员反对自己选区选民意见一样,作为首相的迪斯累利也需要为了国家整体利益反对自己支持者的意见。他需要被迫平衡不同利益团体的诉求,保证国家的整体运作;意识形态的僵化只能限制解决问题的可能路径。

迪斯累利的真实态度已经不再重要。今日托利党也不在意迪斯累利是否真心支持工人阶层。他们更关心的是从迪斯累利所创造的托利党政治神话中能够继承何种遗产。无论是以"公平"的自由贸易政策实行一定程度的贸易保护,还是丘吉尔对于民族精神的再诠释,托利党人从迪斯累利的政治实践中汲取巨大的灵感。与理性分析相反,在真正的历史过程中,迪斯累利的想象力原则获得了持久的生命力。迪斯累利的政策不仅为托利党在 19 世纪后半叶对抗自由党提供了充分的正当性;在自由党衰退之后,它也为托利党进行社会改革拉拢工人阶层提供了历史的合法性。在这一

---

[1] T. A. Jenkins, *Disraeli and Victorian Conservatism*, London: Macmillan Press, 1996, p.139.

意义上,"将迪斯累利描述为持续到 20 世纪 70 年代的战后英国政治'共识'的间接设计师可能并不完全荒谬"[1]。没有迪斯累利所奠定的传统,托利党与工党在战后社会保障问题上的有限合作将成为更为困难的事情。

与伯克一样,迪斯累利范式在理论上也存在一系列明显的缺陷。除了国家整体利益的问题外,迪斯累利的范式也难以真正缓和日益激烈的大众政治与传统的精英政治之间的裂痕。历史带来的不仅是传统和稳定,它同样是累赘和负担的代名词。迪斯累利自己也承认,"每一部政治宪法都有其自身的性质和特性。你无法用适用于一个年轻共和国的制度的补救办法来修正那些悄悄潜入一个古老君主制国家的弊端"[2]。

在托利党的范围之外,迪斯累利为帝国的外部政策也提供一些非常复杂的借鉴。这是他以民族精神为核心的内部政策自然衍生的结果。一方面,他始终将帝国作为整体对待,以追求帝国的整体利益为目标。这导致他在一定程度上反对无序的地方自治。在没有建立共同情感纽带的情况下,地方自治与潜在的民族主义分离情绪密切相关。1886 年自由党允许爱尔兰自治从而导致政府垮台就是迪斯累利反对自治的明智先见的未来后果。另一方面,他始终强调共同民族情感在外交政策中的重要性。这在表面上由两个相互矛盾的诉求所构成。保障全球殖民帝国需要高强度的外

---

[1] T. A. Jenkins, *Disraeli and Victorian Conservatism*, London: Macmillan Press, 1996, p.144.
[2] Benjamin Disraeli, *Whigs and Whiggism*, New York: The Macmillan Company, 1914, p.466.

部干涉,高强度外部干涉则将可能反过来加重国内民众的负担。迪斯累利的解决方案是在减少外部干涉的情况下,尽可能保持强硬的姿态,从而以实力恫吓对手做出让步。当民众高呼战争之时,迪斯累利会倾向于顺应民意,实现民众的爱国主义热情。

从保守主义自身的角度看,理论不是问题,政治只能以实践的结果进行评价。延续百年的迪斯累利范式无疑是传统保守主义最为成功的范式。它帮助托利党战胜了自由党,也帮助它与工党对抗了大半个世纪。在自由党已经衰退为第三小党的同时,曾经面临毁灭命运的托利党依旧是英国政治最强大的力量之一。从这一点看,迪斯累利充满缺陷的范式事实上帮助了托利党克服19世纪早期所面临的危机,成功延续到大众政治的时代。托利党的迪斯累利神话一直到撒切尔所代表的新保守主义全面夺取保守主义的话语权后才陷入衰退。"这种历史修正主义的大部分影响与保守党政治向'右翼'的转变相一致,这与玛格丽特·撒切尔的崛起有关,她反对前任麦克米伦和希斯的'单一国家'政策,偏爱'信念'政治,确保了迪斯雷利在新的保守党万神殿中没有神圣的地位。"[①]这种象征系统转化也暗示传统保守主义与新保守主义在核心内涵上的巨大差异。随着新保守主义的衰弱,传统保守主义开始恢复元气。虽然在具体的政治实践上存在差异,卡梅伦和约翰逊都宣称自己是迪斯累利的继承人。托利党的领导人们显然意识到党再一次到了自己的紧要关头。

---

① T. A. Jenkins, *Disraeli and Victorian Conservatism*, London: Macmillan Press, 1996, p.145.

第四章　拉塞尔·柯克与基督教传统

　　从某种意义上看,迪斯累利确实离一个正统英国人的形象甚远。丘吉尔在将近一个世纪后承认:"他一生都没有被典型的英国生活方式完全同化,至死保持距离,这使他年轻时就可以对英国社会做出独立的分析,这很可能是他能更加深刻地理解和评价当时政治情况的原因。他长期被自己的党派掣肘,却最终领导它在大选中获胜,登上他所一直渴望的权力高峰。"① 浪漫的想象力和残酷的现实视角以融洽的方式体现在迪斯累利的身上。这种融洽的巅峰就是迪斯累利在东方问题的表现。他敏锐地意识到俄国人潜在的软弱地位,以及以相当浪漫化的方式压迫俄国做出退让,最终保全奥斯曼帝国,维护了英国在地中海的霸权地位。

　　迪斯累利在东方问题上的成功与他将民族精神作为保守的重点密切相关。民族精神需要通过持续不断的重大历史事件加以确证。东方问题唤起各阶层普遍的爱国热情,问题的成功解决则增强民众对大英帝国的信心。"迪斯雷利对独立、好战和自私自利的

---

① [英]温斯顿·丘吉尔:《英语民族史:伟大的民主》,吴昊、张峿橏译,新华出版社2017年版,第194页。

英国外交政策的认同可能只发生在他职业生涯的最后几年,但事实上,他应该在这个国家宣扬'爱国'情绪,这完全符合他的性格。"[1]帝国越成功,民族精神也就越强大。迪斯累利的范式天然与帝国主义相适应。

以民族精神为指引的爱国热情在接下来的大半个世纪反复赋予保守党强大的动能。尤其是在与其他后发新兴国家的竞争中,帝国主义政策得到城市中下阶层民众的强烈支持。"托利党人现在成了英帝国雄心在政治上的受益者。"[2]超阶层的呼唤始终为保守党蒙上神秘的审美面纱。迪斯累利生前对于"国家党"的构想终于在他死后生根发芽,为保守党在新时代的延续提供充分的想象空间。

迪斯累利的想象力在激起爱国热情的同时,也带来潜在的忧患。帝国的外部干涉往往最终可能成为激化内部矛盾的诱因。两次世界大战是对迪斯累利范式的严重伤害。传统保守主义在思想上已经陷入全面低潮。"就两次世界大战之间的英国保守主义来说,要给出任何值得一读的评论是困难的。"[3]如果说第一次世界大战只是令人怀疑爱国主义是不是过于高昂的民族情感,第二次世界大战则摧毁了相当多欧洲知识精英对文明的信仰。西方世界已经陷入普遍的虚无和空虚之中。美苏冷战格局的产生也彻底改变了过去 400 年来的欧洲中心主义。

---

[1] T. A. Jenkins, *Disraeli and Victorian Conservatism*, London: Macmillan Press, 1996, p.123.
[2] [美]拉塞尔·柯克:《保守主义思想:从伯克到艾略特》,张大军译,江苏凤凰文艺出版社 2019 年版,第 374 页。
[3] 同上书,第 410 页。

传统保守主义再次到了生死存亡的时刻。拉塞尔·柯克意识到传统保守主义需要维护西方文明,维护西方一直以来的传统价值观;基督教在西方文明中扮演至关重要的角色。他甚至公开表示,"没有宗教基础就不可能有保守主义"[1]。功利主义和实用主义的世俗性思想成为他首要反对的目标。保守主义需要对抗世俗时代的精神匮乏和堕落,避免神圣性的衰退。反对集体主义则是他的第二个目标。这一目标受到现实政治局势的深刻影响,也高度强化了英美传统保守主义中对个人自由的重视。挽救西方文明是柯克的最终目的。

第一节 平民化时代的保守党困境

对于迪斯累利而言,东方问题是他的巅峰,也是他的坟墓。作为一个年逾七旬的政治家,精力的衰退是无法避免的问题。对国外问题的关注导致对国内问题的忽视。或者更准确地说,迪斯累利夹在农民和工人之间,被迫在自由贸易和保护政策之间来回摇动。1880年的大选失败宣告迪斯累利退出政治舞台。选举之后的次年,饱受多种疾病摧残的迪斯累利就撒手人寰。

迪斯累利死后的保守党则在政治博弈中站稳脚跟。在第三代索尔兹伯里侯爵的带领下,一国保守主义逐渐成为保守党内部的主流共识。工人阶级日益成为新的关注点。1883年的《工人阶级

---

[1] Russell Kirk, *Concise Guide to Conservatism*, Washington DC: Regenery Publishing, 2019, p.9.

住房法案》就是索尔兹伯里推动的项目。他尤其强调,不能因为法案和社会主义运动的潮流存在外在的相似性,就否认法案本身的重要意义。不过在大多数时候,索尔兹伯里比迪斯累利显得更为传统,也更为谨慎。"对于索尔兹伯里的保守党来说,城市和工业工人阶级可能不是不为人知的领域,但他们也不被视为坚实的基础。"①他不具备迪斯累利充满天赋的想象力,他擅长的是娴熟的外交政策。高超的外交手段帮助英国在减少与其他国家摩擦的同时,维系整个帝国的稳定。

索尔兹伯里的继承者贝尔福是老式或者说传统托利党人的最后代表。作为最后一位上议院首相,他充分代表传统英国贵族对新兴事物的怀疑。这种怀疑促使他在关键的政治改革问题上持有高度谨慎的态度。他在一定程度上体现伯克对于理想贵族的想象。议员代表民意,但更是为了国家整体进行决策。他坚定的精英主义态度成为上议院抵抗改革的重要推动力。问题是,"如果仅仅涉及政府政策方面的事,判断上的失误可以非常容易地得到修正;但是,当它们牵涉到系统性变革时,它们的后果就很容易长期固定下来。在系统性变革的风气已几乎遍布整个体制之际,贝尔福成为保守主义的领袖人物,这是他的不幸"②。

在某种意义上,约瑟夫·张伯伦可能才是迪斯累利思想的真正继承人。虽然他本人曾经斥责迪斯累利缺乏政治真诚性,但他

---

① E.H.H. Green, *The Crisis of Conservatism*, London & New York: Routledege, 1996, p.112.
② [美]拉塞尔·柯克:《保守主义思想:从伯克到艾略特》,张大军译,江苏凤凰文艺出版社 2019 年版,第 373 页。

自身的政治实践已经证明迪斯累利联合激进党和保守党的想象是具有前瞻性的政治洞察。作为从自由党分裂出来的激进派系自由统一党的代表人物,张伯伦与迪斯累利年轻时代的激进党人分享有高度相似的观念。从男性普选权到工会保护,张伯伦从表面看完全站在传统托利党的反面。然而由于在爱尔兰地方自治问题上的差异,他选择和自由党分道扬镳。在1892年的大选中,张伯伦通过与索尔兹伯里结盟,成功加入保守党领导的多数联合政府。

张伯伦代表迪斯累利预见到的未来的城市中下阶层。虽然没有明确提及,迪斯累利确实认为保守党的农村基地只会逐渐萎缩。城市将成为未来政治的绝对重心。在1853年,他已经遗憾地写道,"土地被忽视了,它只被记得是为了征税。因此,旧的怨恨仍然存在,而在轻松条件下实现城乡和解的黄金机会被不可逆转地抛弃了"[①]。保守党的希望只能在于城市不断扩大而产生的新分化。出身于城市中等阶层家庭的迪斯累利敏锐地注意到城市上层和下层的隔阂正在不可逆转的加深。两者最终会演化为差异甚大的利益团体。

城市阶层的利益差异尤其体现在两个方面。一是是否废除以财产为资质的投票制度。由于人数无法避免的劣势,富人显然更为偏爱财产投票,或者至少是财产加权的投票方式。下层民众想要扩大自己影响力的办法则是尽可能推广普选权,尤其是男性普选权;从而放大自己阶层在议会中的比重。二是面对自由贸易的态度。自由贸易确实为帝国城市提供低廉的农产品;但低廉的工

[①] Benjamin Disraeli, *Whigs and Whiggism*, New York: The Macmillan Company, 1914, p.463.

业品同样可以挤压城市下层民众的生存空间。一个强大的帝国才更有可能保护他们免受外国的冲击。这也是为何张伯伦代表的阶层在狂热支持政治改革的同时,又保有高度的爱国主义情绪。自由党对自由贸易和权力下放的偏爱都直接损害这一阶层的利益。地方权力下放更是为潜在的分离主义提供可能的借口。

对于保守党的支持在第二次布尔战争的胜利中达到巅峰。正如丘吉尔写道的那样:"民意普遍是坚决支持帝国主义,大众为世界地图上用猩红色标注出来的庞大的大英帝国倍感自豪,并对皇家海军对七大洋的控制信心满满。"[1]迪斯累利关于"国家党"的设想从未如此接近成功。与自由统一党结盟后,选举权的扩张不再是保守党的噩梦,它反而成为其在议会算术中的优势。柯克评价道,"1895年之后,支持保守党的利益集团是如此强大、如此多元,以至于要是搁在英国历史上的任何其他时期,保守党的地位都会是不可动摇的"[2]。保守党最大的敌人自由党却因为地方自治问题陷入不可挽回的分裂之中。可能只有伯克脱离福克斯派时的辉格党才会更加糟糕。

英国保守党未来的挑战者也尚处于襁褓之中。1892年的议会中只有一名独立工党的议员;1895年的议会中,工党更是颗粒无收。工人阶层被牢固地掌握在迪斯累利式保守主义的手中;或者更明确地说,张伯伦的手中。张伯伦在1893年给索尔兹伯里的

---

[1] [英]温斯顿·丘吉尔:《英语民族史:伟大的民主》,吴昊、张峆楠译,新华出版社2017年版,第251页。
[2] [美]拉塞尔·柯克:《保守主义思想:从伯克到艾略特》,张大军译,江苏凤凰文艺出版社2019年版,第373页。

备忘录中就强调要与新兴的社会主义争夺工人阶层的支持。这尤其体现在20世纪初期他对关税同盟的强力支持中。

历史的诡异之处在于,巅峰往往意味着衰败的开始。在迪斯累利死后20多年,他的保守主义范式正在大获成功,但失败的阴影也已经笼罩在保守党的上空。更为巧合的是,导致保守党未来失败的原因正是塑造它今日成功的关键。一方面,迪斯累利范式以民族精神作为核心,然而民族精神需要强烈的他者形象来激发自身。用施米特的话说,"所有政治活动和政治动机所能归结成的具体政治性划分便是朋友和敌人的划分"[①]。民族精神本身蕴含于日常生活的惰性之中,唯有在特定的政治事件之下,才能激起强烈的情感,进而转化为具体行动的动力。经常性的战争胜利只能是美味的甜点,长期存在的敌人和竞争对手才是激起民族精神的真正窍门。另一方面,英国实力的相对下降也是民族信心削弱的来源。19世纪晚期英国虽然依旧是综合国力最强的国家,但德美等后发国家的追赶速度极为迅速。事实上在这一时期,德美在诸如钢产量等关键产业指标上已然开始超越英国。维多利亚晚期的英国宛如熟透的果实,开始透露出腐朽的气息。曾经对于帝国的自信正在逐渐转化为焦虑。不列颠皇家海军的两强策略就是这一情况的真实写照。为了确证英国的海上霸主地位,英国强调自己的海军实力应该不低于另外两个竞争强国相加的水平。问题是由于两强策略在具体实践上的模糊性,英国的海上防御能力不但没有得到加强,反而陷入长期的海军军备竞赛,客观上加剧了帝国内

---

① [德]卡尔·施米特:《政治的概念》,刘小枫编,刘宗坤等译,上海人民出版社2004年版,第106页。

部的困境。

对帝国的焦虑在世纪之交主要表现为以下三个问题:

一是如何对待社会改革。在迪斯累利时代,改革已经是一项流行的事业。绝大多数的保守党人不再将保守作为改革的对立面。社会改革问题在保守党内部的争议主要表现在如何将它与社会主义区分上。"一种是索尔兹伯里式的方法,它拒绝有系统的干预,但不认为社会改革和国家干预本质上是社会主义的。在索尔兹伯里的世界里,个别措施,只要考虑其优点,就可以实现保守党的目标。"[1]这种态度带有强烈的伯克式痕迹,拒绝对社会改革进行任何抽象化的理解。另一种观点的代表则是伦道夫·丘吉尔和约瑟夫·张伯伦。他们更多继承迪斯累利的观念,强调提供系统性社会改革是避免工人阶层被社会主义化的最佳方式。正如迪斯累利对 1832 年《改革法案》的评价一样,这一法案剥夺了工人的投票权,"保守党的目的是为了弥补这一事实所引起的不满情绪"[2]。临时性的应对方案难以为工人的投票权提供有效支持。

二是如何对待权力下放。这主要体现在保守党和辉格党/自由党的对立上。本土与殖民地的关系一直是帝国结构的焦点。随着殖民地的不断扩展,加强和更新殖民地管理机制是客观存在的需求。但加强的结果却毁誉参半,北美独立战争是其中最大的败笔。自由党首相格拉斯顿认为需要通过权力下放来缓和爱尔兰地

---

[1] E.H.H. Green, *The Crisis of Conservatism*, London & New York: Routledege, 1996, p.119.
[2] T. A. Jenkins, *Disraeli and Victorian Conservatism*, London: Macmillan Press, 1996, p.79.

区的民族主义情绪。从某种意义上看,乔治·劳合继承了格拉斯顿的自由党传统,最终承认爱尔兰自由邦的建立。保守党人则指出权力下放的潜在威胁。"地方自治的反对者认为它与帝国的安全不相容。当然,1883年,索尔兹伯里将爱尔兰问题与帝国解体的威胁联系在了一起。"①爱尔兰权力下放可能缓和民族主义情绪,但也可能为民族主义情绪的壮大提供更大动力。后来担任殖民大臣的张伯伦就因此强烈反对格拉斯顿的下放政策,最终退出自由党,加入与保守党的联盟之中。正如伯克早已预见的那样,重要的是培养维系共同情感的纽带,避免帝国内部陷入相互的不信任之中。"美国独立战争爆发时,爱尔兰可以利用英国的尴尬来谋求本土优势。然而,伯克采取了更广泛的观点,主张帝国内部两个国家之间的利益认同。"②

三是如何对待自由贸易。这一问题与迪斯累利时期的问题在思想内核上具有强烈的相似性,自由贸易者主张生产力要素流动降低了成本与价格;保护主义者则认为自由贸易导致固定利益群体受到了损害。然而城市底层人口的迅速壮大改变了问题的具体内涵。早期保护主义者的目的在于通过关税保护农产品的价格;但农产品价格的上涨反而会导致城市生活成本的增加。进入19世纪晚期,随着农村阶层的衰落,对于农产品的保护已经逐渐失去重要性,现在的问题是外国廉价劳动力和工业品冲击本国城市底

---

① E.H.H. Green, *The Crisis of Conservatism*, London & New York: Routledege, 1996, p.58.
② Frank O'Gorman, *Edmund Burke: His Political Philosophy*. London & NewYork: Routledge, 2014, p.94.

层民众的问题。

迪斯累利所依赖的良好雇佣关系建立在良好的社群共同体之上。"大众保守主义的基本机制在所有这些地区都是相似的。当地雇主的影响一直是最重要的,但它受到一系列机构、协会和社会实践的调节,这些机构、协会和社会实践产生了一种社群主义政治风格。一位知名人士作为'好'雇主的声誉,一位慷慨(且引人注目)的当地慈善家,以及当地工人俱乐部和休闲活动的赞助人,这些都是工业选区大众政治的重要组成部分。"[1]问题是,"仁慈的"雇主依旧需要在市场中进行竞争。当大量的廉价劳动力和外国工业品涌入国内之后,雇主的仁慈即便不是虚伪的,也是脆弱的。英国与后来竞争者的相对竞争劣势更是加剧了问题的严重性。

自由贸易的问题同时出现在保守党内部和外部两个方面。在保守党内部,虽然皮尔派最终脱离保守党成为自由党的一部分,但保守党内依旧有不少自由贸易的支持者。为了抗衡这股力量,张伯伦不惜以辞职为代价推动建立全国关税同盟。在保守党外部,自由党是自由贸易的坚定信奉者。格拉斯顿始终强调廉价产品对底层民众的价值。关税只会导致价格的全面上涨。

这一问题同样严重影响到帝国内部的贸易特惠制度。廉价产品的挤压不仅来自其他全球帝国,也来自帝国内部的殖民地。殖民地已经逐渐成为具有自己特殊利益的政治经济团体。正是在这一意义上,"1903 年,关税运动带来了一系列问题:英国与殖民地

---

[1] E.H.H. Green, *The Crisis of Conservatism*, London & New York: Routledege, 1996, p.116.

关系的性质，英国工业在竞争日益激烈的世界市场中的需求，以及国家在经济和社会中的角色"①。

20世纪的第一场大选昭示了迪斯累利原则的全面胜利。虽然保守党丧失议会多数支持者，但张伯伦所领导的派系已经成功成为保守党内的新主流。迪斯累利的范式最终在一个由激进派转投保守派的人手中得以完全实现。保守党已经意识到，在一个全面平民化的时代里，贵族原则已经不再能够激起足够的政治影响力。这也是为何在贝尔福之后，保守党不再选择上议院贵族作为首相的原因。

保守党一直在努力适应时代的变化，但20世纪上半叶的人类历史依旧远超出它的想象。第一次世界大战的残酷性让迪斯累利的民族精神逐渐缺乏吸引力。高度工业化的战争切断对于传统战争的浪漫想象。在痛苦的废墟之中，欧洲民众开始怀疑是否为了国家需要做出如此重大的牺牲。麦克唐纳所领导的工党就受益于这种情绪。作为在战前就高举反战旗帜的麦克唐纳，实现了从卖国贼到预言家的形象转化。以和平和国际主义为论调，工党建立起一整套反对迪斯累利保守范式的主张。鲍德温领导的保守党也全面转向政治上的收缩和软化。"由于英国人的思想在这个年代普遍陷入迷茫之态，由于受俄国人启迪产生的美好希望，也由于集体主义思想家无微不至的关怀，本应因利益和传承而认同保守主义信念的许多年轻人却被引诱离弃了它。"②

---

① E.H.H. Green, *The Crisis of Conservatism*, London & New York: Routledege, 1996, p.192.
② [美]拉塞尔·柯克:《保守主义思想：从伯克到艾略特》，张大军译，江苏凤凰文艺出版社2019年版，第411页。

如果说一战只是让保守党陷入迷茫之中；那么二战则彻底摧毁迪斯累利范式所熟悉的世界。绝大多数当时欧洲人没有想到将在有生之年体验到一次更为残酷的战争。这在思想上转化为西方知识界对欧洲乃至西方文明的普遍怀疑。他们不得不假设，西方文明自身的内在性缺陷才是两次战争的原因。对文明的怀疑变成对传统价值观念的全面评估。迪斯累利范式的思想根基受到严重动摇。殖民问题就是典型的表现。在迪斯累利的认知中，全球性的殖民帝国是英国荣耀的体现。他甚至帮助维多利亚加冕为印度女皇。但在战后的价值评价系统中，殖民被认为是欧洲文明的罪恶之一。

迪斯累利范式在现实政治的处境中更为糟糕。虽然名义上英美是以平等地位进行合作对抗纳粹德国，但在绝大多数委员会上美国占据主导地位。实力上的不对等导致英国需要付出更大代价。虽然丘吉尔试图在战后继续维持庞大的殖民帝国。但殖民地内部的独立利益已经如此强大，以至于帝国的崩溃几乎难以避免。二战后占据主导地位的美苏更是不愿意坐视英法传统殖民帝国实力的恢复。在苏伊士运河危机之后，作为迪斯累利范式的客观依据——全球殖民帝国也消失在历史的长河之中。

在思想和现实的双重挑战下，迪斯累利范式在二战后十年内陷入完全崩溃之中。保守党再次陷入严重的内部危机之中。"保守党的历史，就像该党本身一样，倾向于将其命运与其领导人的成功或失败紧密联系起来。"[1]保守党需要新的领袖带领自己走向下一个世纪。

---

[1] E.H.H. Green, *The Crisis of Conservatism*, London & New York: Routledege, 1996, p.285.

第二节　拉塞尔·柯克对基督教的重新提炼

英美实力的逆转带来的一个有趣现象就是英美传统保守主义中心的迁移。在 20 世纪之前,英国是英美传统保守主义的绝对重心。但随着两次世界大战,尤其是二战带来的影响,英美传统保守主义的主导权落到美国的手中。美国传统保守主义的思想最早体现在国父们对联邦问题的不同理解上。在不同的理解视角下,美洲革命具有两种截然不同的形象。在伯克式保守主义范式下,美洲革命本质上是为了延续英国一直以来的自由传统。在激进主义者看来,美洲革命是天赋人权和人民主权理论在现实中的成功实践。但无论如何,美国的原始思想理念带有强烈的英国血统。汉密尔顿在讨论常备军问题的时候指出,"虽然在善于推测的人们看来,这种思想可能来自对这种制度的性质和趋向的仔细考虑,而且又为历史上其他国家发生的事件所证实,然而作为一种全国性的情感来说,就必须追溯到合众国一般居民起源的那个国家所给予我们的思想习惯"[1]。

美国南方保守主义是英美传统保守主义的正式继承人。拉塞尔·柯克指出南方保守主义"根源于这四种情结:半是处于怠惰的对变革的憎恶;维护一个农业社会的决心;对地方性权力的爱

---

[1]　[美]汉密尔顿、杰伊、麦迪逊:《联邦党人文集》,程逢如、在汉、舒逊译,商务印书馆 1995 年版,第 128 页。

护;以及对黑人问题的敏感"①。约翰·伦道夫是其中最为著名的代表。伦道夫继承英美传统保守主义对于自由的理解,强调自由必须是在具体历史条件下被塑造的产物。"自由不是绝对的和抽象的人权;但这是一种特权,授予那些服从上帝旨意的人,通过约束意志和欲望。"②南方保守主义者试图维护从殖民地时期以来的生活方式。他们将这种生活方式视为从本土继承下来的自由表现。尼尔森指出,在内战之前的美国,迪克西人是美国的正统,扬基人代表的新兴城市工商业阶层才是异类。从更为客观的角度看,迪克西人与扬基人的矛盾是英国农村阶层和城市阶层的放大版。由于美国广阔的地理条件,传统的分散化生产方式比本土更为强势。

北美相对强势的农村阶层也无法改变与英国本土类似的命运。南北战争之后,扬基人的叙述成为新的美利坚正统神话。在种族解放的正义旗帜面前,美国的传统保守主义比它的英国表兄更为孱弱。柯克甚至不无遗憾地承认,美国对进步的偏爱导致它常常由保守的自由主义者为保守主义进行某种代言。"今天,美国几乎是在一阵心不在焉的状态下,成了文明遗产的主要保护者:伟大的保守力量。"③

内部历史的凌乱成为传统保守主义进行历史追溯的内因。它必须澄清什么是保守主义,这主要体现在如何澄清保守主义内部

---

① [美]拉塞尔·柯克:《保守主义思想:从伯克到艾略特》,张大军译,江苏凤凰文艺出版社2019年版,第146页。
② Russell Kirk, *John Randolph of Roanoke*, Carmel: Liberty Fund, 1997, p.44.
③ Ibid., p.16.

派系之间的联系。比如,迪斯累利的"托利党民主"与伦道夫·丘吉尔对平等托利主义的理解存在何种联系。贝尔福对于迪斯累利保守主义的谨慎反动是保守主义内部的争议,还是受到自由主义的强烈影响。因此,在澄清什么是保守主义的同时,传统保守主义也必须回答它与其他竞争性意识形态之间的区别。它对社会改革的支持如何与社会主义相区分;它对个人自由的追求又与自由主义存在何种不同。

不过从今日的历史看,传统保守主义的这一任务没有得到很好完成。对于绝大多数人而言,区分保守主义和其他主张是一件高度困难的事情,这可能与伯克时代对保守主义的基本理解密切相关。保守主义是一种无法从具体主张中识别意识形态的主义,也不会为问题提供标准化的操作手册。英国脱欧是一个有趣的例子。与工党主流高度支持留欧不同,保守党内部的留欧派和脱欧派展开激烈的斗争。正是同样宣称自己是迪斯累利继承人的卡梅伦和约翰逊在脱欧问题上做出截然相反的选择。

上文提及的对西方文明的彻底怀疑是传统保守主义追溯历史的外部动因。如果西方文明本身不值得信任,那么传统保守主义本身就丧失存在的价值。正如塞西尔指出的那样,保存是一种心态和习惯,是对于熟悉事物的信任和偏爱。"一个国家的惯常制度之所以有极大的力量,完全是因为这些制度是人们所熟悉的。即使共和政体根据其他的理由可以被接受,大多数的英国人也不会乐意接受这种政体,因为我们已经习惯于君主政体了。"[①]传统保

---

① [英]休·塞西尔:《保守主义》,杜汝楫译,马清槐校,商务印书馆1986年版,第8页。

守主义必须通过历史回溯证明,或者至少提供传统积极意义的证据。

柯克成为英美传统保守主义下一个范式的创造者不是纯粹的偶然。作为政治家的伯克和迪斯累利没有时间完成繁复的思想史反思;在传统保守主义的初创时代,思想史本身也缺乏客观上的写作价值。二战后完成中心迁移的英美传统保守主义正陷入自己的历史认知混乱之中,它需要更为智识性的人物为其提供理论上的吸引力。柯克满足了英美传统保守主义在这一问题上的诉求,成为第一个以学者身份开创传统保守主义范式的人物。

柯克的学者特征帮助传统保守主义在智识上提升的同时,也引发伯克时代的忧虑。伯克之所以拒绝学者主导保守主义的原因就在于学者在具体政治实践能力上的缺乏。伯克批评学者尤其不考虑自己抽象理论在实践中的困境。"如果卢梭还活在人世,在他某个清醒的片刻,他是会对他的学生们的实践的狂热感到震惊的——他们在他们的悖论中乃是奴性十足的效颦者,并且即使是在他们的毫无信心之中也会发现有一种隐然的信仰。"① 抽象理论是人类智力水平的体现,但对于缺乏实际政治经验的人而言,它与毒药无异。更为关键的是,由于没有直接参与现实政治的运作,学者型保守主义者能够在多大程度上指导具体政策实践,或者更准确地说,对议会法案施加影响力,成为一个难以弥补的短板。

柯克对传统保守主义历史的构建主要体现在《保守主义思想:从伯克到艾略特》一书中。这本书的标题最初并非到艾略特,而是

---

① [英]柏克:《法国革命论》,何兆武、许振洲、彭刚译,商务印书馆1999年版,第223页。

到桑塔亚纳。这是在柯克博士论文基础上进一步修改的结果。并非所有学者都认同柯克对保守主义历史的阐释,但他确实为英美传统保守主义提供了一个从伯克到当代英美传统保守主义的连续谱系。这尤其体现在他对美国传统保守主义的构建中。英国传统保守主义具有相对清晰的脉络。伯克和迪斯累利为其提供高强度的历史定位。柯克自己也承认,"伯克的灵感将其观念塑造成一种社会防护体系,我们的时代似乎也在寻找其中的某些观念"[1]。

柯克对美国传统保守主义的阐述具有双重目的。一方面,他试图强调美国传统保守主义与英国表兄之间存在血缘的密切联系,不是简单的无根之物。柯克从四个方面强调英国传统对美国的影响。一是英语和英语作品本身;二是普通法和实证法体系;三是代议制政府;四是英国传统的伦理规范。在这些因素的共同作用下,本来不大适合结合成为文明的美国人才具有真正的文明形态。"如果这种文化遗产被长期而广泛地忽视,美国民族就会在私人生活中走向野蛮、无政府状态,或在公共生活中走向铁拳。"[2]

另一方面,他认为美国传统保守主义依旧有自己的发展路径。虽然在一个偏好进步的国度中,保守主义难以占据优势;从国父到南方保守主义,美国的保守主义同样不容小觑。即便在内战后如此灾难性的时刻,美国传统保守主义没有断绝。北方的新英格兰思想家塑造了一种自由和保守的混合气质。在无情的工业化面

---

[1] [美]拉塞尔·柯克:《保守主义思想:从伯克到艾略特》,张大军译,江苏凤凰文艺出版社2019年版,第67页。
[2] Russell Kirk, *American British Culture*, New Brunswick and London: Transaction Publishers, 2008, p.11.

前,这些自由分子也陷入恐惧之中。对抽象理论的偏爱和保守主义的本能以一种古怪的方式缝合在一起。"他们几乎不再记得去哪里寻找保守秩序的根;因此,当我们提及存在于镀金时代的'保守主义'思想时,我们实际上是指非常类似于英国自由主义的一系列原则,稀里糊涂的诚实人正试图将这些原则运用于保守主义的事业。"[1]更重要的是,美国保守主义在如此困难的时光都生存下去,今日的情况绝不会比内战后的情况更糟糕。随着激进主义的退潮,保守主义可以重新焕发生命力。

柯克对保守主义谱系的构建更加体现它的内部效果。他试图在一个普遍绝望的时代给予保守主义最为珍贵的信心。但这种解释远不能完成重建保守主义的任务。正如上文所言,在西方文明本身都被严重质疑的情况下,对文明优越性的强调只能是一种自吹自擂。柯克需要为传统保守主义提供新的核心范式,他首先必须阐明,在冷战格局下,保守主义究竟应该以保守什么作为核心。

在民族精神已经难以唤起民众想象力的时代,柯克最终选择进一步的抽象还原,试图寻找到新的最大公约数。基督教是他最终确定的保守核心。柯克指出,对人类的原始社会而言,普遍存在的宗教是人类对超越性需求的表现。无论是希伯来人还是希腊人,都是从宗教的土壤中成长起来的。人类需要以一种超自然的方式与神圣性本身加以沟通。或者用弗雷泽在《金枝》中的解释,宗教告诉人类世界本身是可变动或者可取悦的对象。

在西方文明中,基督教最终承担人与神圣性之间的沟通桥梁。

---

[1] [美]拉塞尔·柯克:《保守主义思想:从伯克到艾略特》,张大军译,江苏凤凰文艺出版社2018年版,第279页。

以罗马教廷为中心的罗马天主教制度将基督教传播到欧洲的各个角落。这也是伯克在《英国史散论》中暗示的基本立场。基督教是西方文明区别于其他文明的关键性要素。基督教对欧洲文明的影响之深刻,以至于在今日的任何角度都能找到它的影子。新大陆的美国非但没有摆脱基督教的影响,反而进一步将基督教置于政治结构之中。"基督教对人类状况的理解大多仅有英国传到美国,让美国的政治秩序获得了内在的统一。……这些信念不都是基督教的,不过它们在很大程度上是基督教的。"[1]

基督教对美国最深刻的影响恰恰潜藏于"上帝保佑美国"之中。宗教自由为信仰的发展提供更多的便利。不同教会之间也不会争夺对于国家的控制权。它们以相当温和的方式对待彼此间的差异。柯克甚至认为,"这种完全宽容的意见与国家对宗教原则的一致结合,在世界上是罕见的。大多数国家要么正式或含蓄地承认一种过时的宗教,要么全盘否定宗教真理"[2]。柯克的视角存在美化的嫌疑。毕竟在美国建立的时代,宗教斗争已经逐渐退出舞台,意识形态的冲突成为新时代的主旋律。在几百年的反复实践中,西方文明暂时为国家和教会寻找到合适的相处模式。

选择基督教作为保守主义的新核心带来策略上的明显益处。经由两次世界大战的摧残,民族情感或者说共同的民族神话暂时丧失自己唤起普遍审美的能力。在普遍的创伤记忆中,民族情感反而会被视为战争的帮凶。基督教则以更加温和的面貌出现在战

---

[1] [美]拉塞尔·柯克:《美国秩序的根基》,张大军译,江苏凤凰文艺出版社 2019 年版,第 334 页。
[2] Russell Kirk, *The American Cause*, Wilmington: ISI Books, 2017, p.38.

后世界之中。基督教不是独属于特定西方国家的遗产,而是所有西方世界共同拥有的遗产。柯克实际上认为,正是由于基督教力量的衰退才导致两次世界大战的爆发。民族主义恰恰是普世基督教的对立面。"当一个国家忽视神圣的权威时,它很快就会陷入狂热的民族主义中,陶醉于自己不受控制的权力,这使 20 世纪变得可怕。"①

柯克对两次世界大战的判断指出宗教的衰退就是文明的衰败。纯粹的世俗缺乏真正的超越性;人类只会短视地服从于眼前的利益,导致文明的自灭。柯克在这里提供一种与伯克高度相似的人性论基础,即对人类理性能力的严重怀疑。唯有承认世界超出人类的理解范围,才能为真正的敬畏和谦卑提供空间。"肤浅的"世俗主义自以为理解真理,就如同希腊人一样自大。

霍布斯在《利维坦》中的困境是一个更好的解释。为了保证主权者的至高无上性,霍布斯试图尽可能去除对主权者的挑战。但这种矛盾在君主的不正当行为中变得极为棘手。在大卫杀死乌利亚的例子中,霍布斯不得不强调,虽然在人法的范围内主权者不可被挑战,但他违反自然法的行为可以在最终审判中由上帝所裁决。用霍布斯自己的话说,"任意做他愿做的事情的权利已经由乌利亚本人交付给大卫了,所以乌利亚不能构成侵害"②。

在缺乏神圣性保证的情况下,道德放纵和败坏只能依赖于世

---

① Russell Kirk, *Concise Guide to Conservatism*, Washington DC: Regenery Publishing, 2019, p.11.
② [英]霍布斯:《利维坦》,黎思复、黎廷弼译,杨昌裕校,商务印书馆 2010 年版,第 166 页。

俗的权力进行惩罚。问题是，这种惩罚本身是可以被预估和明确的。这是现代刑罚相一致的要求，是为民众的功利计较提供可能性。违背规则的标准从伦理性变成了经济性。维吉尔对所处的罗马社会的描述就是典型的表现。在这一高度世俗化的古典时代中，物质主义和自我中心论的盛行为纵欲和罪恶提供了充足的借口。"那个由堕落皇帝、罗马斗兽场中的残杀、受迫害的无辜人以及亚细亚毁灭性战争构成的罗马"[1]充分表明在一个缺乏神圣性的时代人类普遍的道德败坏程度。

柯克对于宗教和文明同步衰弱的表示实际上回应了战后知识分子对西方文明的解构。基督教是西方文明的重要部分，它在为人的尊严提供价值的同时，也限制人类的狂妄自大。"无论是人类的完美，还是社会的完美，在人间永远无法达到，只有在更高的境界才能找到。"[2]纳粹德国对于完美状态的想象最终造成最残酷的极权主义暴政。西方世界今日的问题不是传统本身出现问题，而是传统衰退的结果。在世俗主义的挤压下，基督教的衰败破坏民众对伦理共同体的信仰，为极端的唯我论和个人意志保驾护航。

柯克的解释确实在一定程度上扭转了反思的重点。问题是，柯克对基督教神话的塑造将直接受到历史事实的挑战。柯克的反对者完全可以指出，基督教在为西方带来文明的同时，也是西方苦

---

[1] [美]拉塞尔·柯克：《美国秩序的根基》，张大军译，江苏凤凰文艺出版社2019年版，第119页。
[2] Russell Kirk, *Concise Guide to Conservatism*, Washington DC: Regenery Publishing, 2019, p.13.

难的制造者。即便不讨论中世纪复杂的政教关系和冲突,残酷的宗教战争已经说明基督教本身可能不如柯克所描述的那么美好。

潜在回应策略在于指出基督教的精神实质与它在历史中复杂表现的区别。"任何宗教都有腐化的危险;在我们这个时代,各种各样的人努力说服我们,基督教赞同某种感性的集体主义,一种人类的宗教,在这种宗教中,上帝眼中的基督教平等观念被转变为由国家强制实行的沉闷的社会和经济平等。"[1]历史中基督教的表现恰恰是人类自身不完美的写照。对于基督教的错误理解导致教派冲突和信仰的狂热。宗教的实质在于将人与超越性的神圣存在通过信仰的方式联系在一起。这种联系为人类提供强大的精神力量和道德行动力。正是在这一基础上,柯克得以强调宗教宽容,或者说宗教自由,与基督教的精神实质相一致。

在确立保存基督教这一核心之后,柯克进一步提出当代保守主义需要回答的10个问题。其中既包括心灵的贫瘠和工业化的无聊世界这样精神领域的问题,也包括共同体和秩序缺失这样的政治问题,更包括正义、忠诚这样的德行问题。有些问题是过去时代已经出现的,有些则是新时代的特有产物。柯克写道:"我希望保守派能以他们祖先的智慧来面对这些麻烦;然而,仅凭先例还不足以将美国社会从目前的困境中拯救出来。现代保守主义者必须即兴创作,也必须服从偏见和规则。"[2]

---

[1] Russell Kirk, *Concise Guide to Conservatism*, Washington DC: Regenery Publishing, 2019, p.12.
[2] Russell Kirk, *Propescts for Conservatives*, Washington DC: Imaginative Conservative, 2013, p.13.

第三节 反对世俗时代

上文已经指出,世俗时代最大的问题就在于超越性的缺失。人类将不可避免地发现自己的局限性。在极端的个人意志冲突中,由于缺乏神圣性或者超越性的限制,个人意志成了决断的最终替代者。没有调和,没有妥协。意志的冲突只能以意志的崩溃作为结果。纳粹德国的命运是这种宿命的体现。在败局已定的情况下,希特勒没有选择体面的投降,而是以疯狂的意志试图将一切带进坟墓之中。抽象理念不可妥协的特征最终走向了极端化。神圣性是最终的惩罚也是最终的救济。在缺乏议会代表权的情况下,"殖民者能做的就只有诉诸自然法以及造物主敕令的法律,这是一个缺少其他救济办法的民族的极端应对之道"[1]。

柯克的基督教共同体想法一直是保守主义的重要内容。伯克早已指出:"欧洲大陆上的所有王国几乎都以同样的形式进行治理;因此,其居民的行为方式也非常相似。"[2]基督教则是保持整个欧洲文明相互联系的关键枢纽。"基督教在精神上相当于伯克的世俗的欧洲共同体概念。在它存在的18个世纪里,通过历史的延续和法律的规定,它为欧洲文明的丰富和稳定增添了不可估

---

[1] [美]拉塞尔·柯克:《美国秩序的根基》,张大军译,江苏凤凰文艺出版社2019年版,第408页。
[2] Edmund Burke, "An Essay towards an Abridgment of the English History", in *The Writings and Speeches of Edmund Burke Vol.1*, General Ed. Paul Langford, Oxford: Clarendon Press, 1997, p.456.

量的力量。"①即便是强调民族精神的迪斯累利也不会否认欧洲文明的基督教底色。只不过作为底色的基督教必须在具体国家的展开中适应不同的形势。基督教在英国的最终表现就是圣公会。

柯克对超越性的强调也与他对美国历史的认识密切相关。在柯克看来,美国民众对自由的强烈偏爱与文明对稳定性的诉求存在明显的差异。他甚至认为,如果没有基督教,美国民众很有可能会主动陷入无政府主义的深渊。"任何政治的国家的真正宪法并不仅仅是一纸文书,而是一套将一个国家不同地区、阶层和利益以某种公正的政治模式整合在一起的基本法和习俗。"②自由和权威、主权与州权,国父们一系列的设计旨在调和民众对自由的渴望与权威的现实需求;防止美国民众过于自由的天性破坏权威的必要运作。

伯克在完全相同的意义上指出,国家的统治制度需要与被统治区域的民众相适应。在塔西佗岳父阿格里格拉的治理下,英国民众完全适应罗马的统治。"他把那个狂暴的民族逐渐塑造成温和的社会习俗;使他们不知不觉地喜欢上了澡堂、花园、豪宅,以及有教养的生活中所有宽敞雅致的东西。"③这种统治是如此成功,以至于英国民众开始将自己视为罗马的一部分,而非潜在的分离者。

---

① Peter Stanlis, *Edmund Burke and The Natural Law*, New Brunswick & London: Transaction Publishers, 2003, p.196.
② [美]拉塞尔·柯克:《美国秩序的根基》,张大军译,江苏凤凰文艺出版社2019年版,第419页。
③ Edmund Burke, "An Essay towards an Abridgment of the English History", in *The Writings and Speeches of Edmund Burke Vol.1*, General Ed. Paul Langford, Oxford: Clarendon Press, 1997, p.368.

揭示世俗时代的问题不足以完成对范式的完整构建。柯克需要进一步提供对抗世俗时代的方案。与伯克和迪斯累利相比,柯克的方案更具有学者的气质,他将解决的办法首先锁定在思想的对抗上。换言之,他将目标放在如何对抗催生世俗时代的意识形态上。功利主义和实用主义是他两个明确的反击对象。柯克强调,"我在这里关心的是基本原理——不是因为我喜欢抽象的概念,而是因为目前很少有人对基本原理有什么看法"[①]。问题是在世俗想法已经如此流行的情况下,唯有扭转民众的思想观念才能避免世俗缺陷的进一步影响。逆转观念则必须从导致世俗想法泛滥的功利主义和实用主义开始。

从表面看,柯克对功利主义的批判与迪斯累利具有高度的相似性。一方面,这体现在对于功利主义现实影响的批判上。迪斯累利强调,功利主义所倡导的生产方式无法如同自己所吹嘘的那样造福所有人类。自由贸易是以牺牲特定阶层的利益作为代价的。柯克不否认迪斯累利指出的情况。他也认为,"在这种功利主义的支配下,生活将越来越不安全,也越来越不令人满意;而且,尽管表面上物质成就可观,但实际收入将稳步减少"[②]。另一方面,表现在对功利主义缺乏伦理规范性的批评上。柯克认为,功利主义的关键缺陷在于它试图将一切评价方式转变为纯粹的利益计较。在全然计算理性的经济学思考中,伦理本身丧失自己的实在性。迪斯累利一针见血地指出:"伟大的功利主义学者的谬误在于

---

① Russell Kirk, *Propescts for Conservatives*, Washington DC: Imaginative Conservative, 2013, p.15.
② Russell Kirk, *Redeeming the Time*, Wilmington: ISI Books, 1998, p.95.

混淆智慧与知识。我们可以拥有我们祖先的所有知识,我们还可以拥有更多;但这并不是说我们拥有祖先的全部智慧,我们的智慧可能会更少。"①

指责功利主义缺乏道德是一项流行的事业。客观而言,功利主义内部并非没有在这一问题上做出回应。无论是密尔还是西季威克都试图为功利主义的道德正当性提供辩护的理由。甚至边沁本人也在《道德和立法原则导论》中为功利主义建立一整套非常复杂的评价体系,以对抗缺乏道德的指责。边沁强调功利主义并非不需要道德,而是认为诸如同情心这样的道德感本质上依旧是一种心理趋向。"同情心应被理解为一个人的这么一种心理倾向:他由于其他有情感的生灵欢享幸福而感到快乐,由于他们遭受不幸而感到痛苦。"②

但柯克指出,无论功利主义采用何种方式进行变化,都无法改变他们取消道德独立地位的本质。复杂的评价体制充其量只是一种自以为是的隔阂。民众会敏锐地把握到功利主义核心的原则,将物质利益作为自己唯一的追求对象。正是在这一基础上,柯克进一步深化迪斯累利的想象力原则。他指出,功利主义对民众在思想上的伤害首先是从审美开始的。单一化的评价方式导致审美的平庸化。在自认为的理性祛魅下,神话的戏剧性特征被还原为庸俗的日常。这种审美品位的缺乏直接破坏民众的想象力。想象力则是构建人类与神圣性联系的必要条件。在功利主义的眼中,

---

① Benjamin Disraeli, *Whigs and Whiggism*, New York: The Macmillan Company, 1914, p.146.
② [英]边沁:《道德与立法原理导论》,时殷弘译,商务印书馆2000年版,第106页。

他们只能确认喜马拉雅山的峰顶位于海平面 8 848 米的高度上；对于人类的想象力而言，这是对自然伟力的征服和崇拜，其中蕴含敬畏和尊严的双重诉求。

柯克的另一个创意在于将自由贸易的支持者与社会主义联系在一起。曼彻斯特经济学家和社会主义者表面看上去南辕北辙，前者喜欢自由贸易而后者主张计划经济。但实质上它们奉行同一个观念。"它们是功利主义硬币的两面。两者都建立在这样一个假设之上：人类的真正目的毕竟是生产—消费方程。"[1]两者都将复杂的人类事务还原为单纯的生产关系，满足人的生产需要是唯一和终极的目标。

实用主义是对功利主义思路更拙劣的模仿。柯克将实用主义视为自然主义的衍生。从空间性看，实用主义语境下的个体与机器人没有本质差异。这些个体是拉美特利笔下完全唯物化的物质个体，没有任何灵性的存在。从时间性看，实用主义者将传统视为完全过时的产物；人类历史是一个线性前进的过程。换言之，过去在实用主义者的眼中毫无分量，未来只是尚未发生的现在。唯有现在，此时此刻的需求才是人类唯一真实的需要。潘恩在为革命辩护时也采用完全一致的结果。他指出："人一旦去世，他的权力与需求也随之而消失；既然不再参与世事，他也就不再有权指挥由谁来统治世界或如何组织和管理政府了。"[2]

实用主义与法国大革命的相似性不是外在的偶然。其背后是

---

[1] Russell Kirk, *Propescts for Conservatives*, Washington DC: Imaginative Conservative, 2013, p.109.
[2] ［美］潘恩：《潘恩选集》，马清槐等译，商务印书馆 1982 年版，第 116 页。

两者对抽象理论的痴迷。对自身理性能力的自信,促使他们鄙视伯克的保管人心态。伯克实际上将存在的人视为世界的保管者而非拥有者。他们需要继承上一代的遗产,也需要对下一代负责。实用主义者的乐观主义态度是一种必然的策略。对未来的准确预测已经超出人类的能力范围。乐观主义态度是为了避免对现在放纵的指责。问题本质上不再是困扰,而是未来会被解决的问题。"用美国人的话说,自由主义者是一个热爱不断变化的人;他经常直接受到实用主义和约翰·杜威著作的影响;通常来说,自由主义者倾向于轻视过去的教训,而充满信心地期待一个永无止境的物质进步的前景,在这个前景中,国家将发挥越来越大的作用,普遍的条件平等将得到实施。"[1]

完成思想的批判只是实践的第一部分。伯克依赖的传统保守主义一直强调在现实实践上的可能性。作为学者的柯克也需要完成同样的任务。柯克给出的实践方案是一个更为抽象的整体框架。这一框架将家庭、学校和教会联系起来,组成一个成系统的有机网络,对抗世俗主义的全面影响。"心智的培养不能单纯地依靠学校和其他正规的学习手段,而必须主要来自家庭,来自私人的阅读和观察,来自正常的信息和娱乐渠道,来自个人的日常工作。"[2]世俗思想的侵蚀是全面的,这意味着只有以同样全面的方式才能对抗它。

柯克选择上述三个重点并非偶然,他实际上注意到这三类实

---

[1] Russell Kirk, *The American Cause*, Wilmington:ISI Books, 2017, p.19.
[2] Russell Kirk, *Propescts for Conservatives*, Washington DC: Imaginative Conservative, 2013, p.57.

体是世俗主义最直接的目标。

对家庭而言,以原子化抽象个体为基础的意识形态将摧毁家庭的情感纽带。家庭被还原为纯粹的契约关系,忠诚与义务将完全倒向欲望和权利。温和的保守思想强烈依赖健全的家庭。柯克毫不犹豫地指出,"使生命有意义的是爱;爱是在家庭中习得的,当家庭生活的健康受到损害时,爱就会枯萎"[①]。

对教会而言,世俗主义的冲击更为直接。世俗主义以宗教宽容为名为无神论提供有力的掩护。在世俗主义之下,别的传统建制还能苟延残喘,但教会一定会被作为直接目标连根拔起。法国革命者对天主教会的态度是明确的历史教训。教会需要以更为积极主动的方式对抗世俗主义对民众的诱惑。他特别对天主教会的系统建制表达赞赏。"在各教会中,只有天主教徒对真正的共同体的必要性表现出一贯的和明智的认识,因为他们有一系列教宗通谕来为他们提供原则。"[②]新教的部分支派则由于缺乏足够内部的规范性,反而成为一种娱乐品。所谓的自由教会更是这种奶头乐的极端表现。

大学是柯克着重强调的部分。这与他的生活经验密切相关。柯克极度讨厌当代美国大学的学术氛围,认为其中存在普遍的自由主义偏见。在高度一致的同温层中,教授们将自己带有乌托邦气质的想法传授给缺乏社会经验的学生。问题是,"学校不仅仅是

[①] Russell Kirk, *Concise Guide to Conservatism*, Washington DC: Regenery Publishing, 2019, p.33.
[②] Russell Kirk, *Propescts for Conservatives*, Washington DC: Imaginative Conservative, 2013, p.118.

一个监护机构,在父母忙着其他事情的时候,把年轻人关在一个可以忍受的环境里。它不仅仅是一个教会年轻人如何在未来几年赚钱的地方"[1]。学校需要培养学生正确的判断力,"在年轻人中培养正确的理性是自由学习的保守使命"[2]。

在柯克的视角下,大学是古典性的。它传授知识,更传授德行。迷醉于大学教授时髦理论的学生们更有可能会未经反思地将其运用到生活实践中。在某种程度上,这正是今天美国保守派批评中小学教师教授批判性种族理论的原因。柯克认为这是现代美国大学存在根本性扭曲的结果。"大学——被但丁称为统治社会的三大力量之一,与教会和国家齐名——忽视了自由的真正特征,只有在大学面临严重危险的情况下才会如此。"[3]

柯克认为自己方法的关键不在于提供新的事物,而是为恢复灵性提供更为系统性的指导。"为此目的,我不会采用任何巧妙的新奇手段,而只是利用我们所有人都可以利用的机构来恢复秩序——教堂、政治核心小组、工会、俱乐部、大学、报纸、出版公司和商业机构。"[4]这种恢复不是要对抗时代,而是在错误的基础上恢复合理性的成分,为无序的自由注入秩序的根基。

柯克对于功利主义和实用主义的指责具有思想上的合理性。可问题是,世俗时代不仅是一个思想问题,也是现实世界的真实写

---

[1] Russell Kirk, *Concise Guide to Conservatism*, Washington DC: Regenery Publishing, 2019, p.72.
[2] Russell Kirk, *Redeeming the Time*, Wilmington: ISI Books, 1998, p.44.
[3] Ibid., p.32.
[4] Russell Kirk, *Prospects for Conservatives*, Washington DC: Imaginative Conservative, 2013, p.181.

照。大规模的工业化已经成为不可扭转的事实。单纯思想上的批判无法改变生产方式。事实上,连柯克本人都承认传统的人类社会已经无法恢复。柯克继承迪斯累利对农村社会萎缩不可逆转的想法,认为城市人口最终将压倒性地占据多数。这同时意味着大规模的工业化和城市化是当代人类社会的主流生存样貌。在这种情况下,批判功利主义和实用主义似乎有隔靴搔痒的嫌疑。

柯克给出的直接解释是激进思想本身会退潮。这一结论似乎暗示大规模工业化和城市化能够与激进思想脱钩。或者更准确地说,在大规模工业化和城市化的进程中,民众最终会自觉意识到激进思想的内在缺陷。对激进思想的时髦追求将回归到对于共同体德行的追求。"即使阶层、家庭、教会和社区在过去100年都受到削弱,许多美国人却开始意识到,需要让他们秩序的那些不可缺少的重要特征恢复生气。"①

理论上的矛盾可能与柯克的双重目的有关。一方面,正如本章一开始所强调的那样,柯克需要在保守派普遍绝望的时代给予保守派希望;尤其是在保守主义并不强大的美国本土,当亨廷顿这样的学者宣称美国本质上是一个自由主义国家的时候,这种希望显得更为重要。另一方面,柯克接受传统保守主义的核心思想,认为历史不是一个线性发展的过程。历史总是以奇妙的方式不断再现自身。世俗思想的全面扩张可能只是上帝神圣天意的一部分。正如上帝让日耳曼人毁灭罗马帝国一样,历史的变化超出人类理性的理解能力。

---

① [美]拉塞尔·柯克:《美国秩序的根基》,张大军译,江苏凤凰文艺出版社2019年版,第473页。

柯克反对世俗时代的实践方案即便不是乏陈可善,也过于带有强烈的美国特征。不可否认的是,在意识到争夺教育领导权之后,美国保守派开始系统性地培养符合自己意识形态的大学。二战后美国教会大学的数量上升就是明确的表现。他们以基督教文化观念武装自己的学生,对抗世俗大学中颓废的世俗主义。这特别表现在对以 LGBT 为代表的一整套政治正确观念的逆反上。柯克所期盼的激进主义退潮没有出现,取而代之的是传统浪潮和激进浪潮越发强烈的冲突。柯克赋予传统保守主义以战斗性,但保守主义所珍视的共识却在激烈的对抗中风雨飘渺。

共识的破碎与柯克的出发点截然相反。他早已意识到无论现在是否错误,保守主义只能在现实的基础上进行修正。"彻底的向后改变与彻底的向前看的改变同样危险,因此接受历史既定的某些事物,并使不可改变的改变与某些不变的价值相调和。"[①]这与迪斯累利对"国民党"的理解一致,也与伯克对英国传统政治制度的理解一致。共识是传统保守主义的力量源泉之一,也是它的表现形式之一。共识的缺失只会导致国家的瓦解和崩溃。如果在增加保守主义战斗性的同时却摧毁了共识,那是手段和目的的倒置。

第四节　集体主义与个人自由

从威胁的急迫性看,世俗主义只能被称为远忧。世俗时代不

---

① Russell Kirk, *Propescts for Conservatives*, Washington DC: Imaginative Conservative, 2013, p.181.

是一蹴而就的结果,它需要漫长的演化才能走到自己的终点。直到今日,虽然持有宗教信仰的人数占比呈现下降的趋势,但是教会依旧顽强地存在于西方文明之中。保守主义的悲观性眼光更多是为了避免最糟糕的结果。换言之,现实往往会以更为折中的方式展现自身。法国大革命同样没有摧毁欧洲文明,反而成为法兰西民族新的共同记忆。正如曾经代表革命和反叛精神的《马赛曲》最终成为法国国歌一样,"在趾高气昂的帝国主义时代,这首革命歌曲成了民族傲慢的颂歌"①。世俗时代的教会可能也会有自己的生存之道。

比起世俗主义的长期威胁,苏联是摆在面前的问题。二战后知识分子普遍迷茫的一个附带作用就是增强了苏联社会主义的吸引力。社会主义是以批判资本主义生产方式作为斗争的重要内容。在社会主义的语境下,西方的危机实质上是西方资本主义生产过剩的结果。二战的爆发被解释为一战后资本主义国家相互倾轧的结果。作为一战的战败国,德国缺乏殖民地的缓冲。它只能以大规模失业的方式恢复生产和消费的平衡。经济上的失败投射为政治上的动荡。"在帝国主义时期,在西方的民主国家中,由于尖锐地暴露出资产阶级民主的矛盾和局限性,产生了日益广泛和尖锐的对整个民主的批评。"②这最终为国家社会主义的崛起提供了客观条件。

---

① [法]米歇尔·伏维尔:《马赛曲:战争或和平》,载皮埃尔·诺拉主编:《记忆之场:法国国民意识的文化社会史》,朱静、许光华译,南京大学出版社 2020 年版,第 202 页。
② [匈]卢卡奇:《理性的毁灭》,王玖兴等译,中国社会科学出版社 1988 年版,第 651 页。

避免再次出现世界大战的方式也极为直接,只要西方国家能够采用社会主义的生产方式,正如马克思在《德意志意识形态》中所提到的:"共产主义所建立的制度,正是这样的一种现实基础,它排除一切不依赖于个人而存在的东西,因为现存制度只不过是个人之间迄今所存在的交往的产物。"①在普遍实行社会主义生产方式的世界中,国家是作为最终需要取消的消极性要素而存在。随着国家这一概念的消失,国与国之间的战争将丧失自己的实存意义。

社会主义对二战后西方世界的吸引力是全方面的。从西方马克思主义的迅速发展,再到工人阶级对共产党的普遍支持;社会主义成为拯救西方社会的救世主。柯克认为知识分子对社会主义的渴望是饮鸩止渴的表现。社会主义将最终摧毁西方知识阶层赖以存在的基础。他不无讽刺地写道:"现在知识阶级的思维模式是由 19 世纪和 20 世纪的思想产生的:庸俗化的达尔文主义、社会主义,庸俗化的弗洛伊德主义,以及过去的教条风格。……他也不明白,他脚下的土地正在发生变化:新的思想正在发挥作用。未来的巨浪可能会把他淹没。"②

不过苏联实力的迅速增加是柯克值得忧虑的因素。如果社会主义真的在西方全面流行,那么无论保守主义还是自由主义将会被一起扫进历史的垃圾桶。对美国而言,这种可能性相对较小。除了地缘政治的现实局限之外,美国民众的脾性与社会主义也难以兼容。在欧洲大陆反复陷于革命和内乱之中时,美国却以平稳

---

① 《马克思恩格斯全集》第 3 卷,人民出版社 1960 年版,第 79 页。
② Russell Kirk, *Redeeming the Time*, Wilmington: ISI Books, 1998, p.305.

的速度迅速发展。"美国宪法立基于坚定的普遍原则之上,不过通过司法解释和正式的修正案,它又能适应变化了的情势,于是,在将近200年的巨大社会经济变革的过程中,它保持了政治秩序的连续性。"①对欧洲而言,社会主义则是家门口必须面对的问题。"剑桥五杰"已经暴露出西方自身已经出于话语权的全面弱势之中。整个传统保守主义需要新的语言应对这一挑战。

柯克在对社会主义的分析中,选择将反对集体主义作为如何保守的重点。柯克的反驳主要在两个角度体现。

一是集体主义对中央集权的偏好。客观而言,适度的集权或者说中央权威是维系国家存在的必要保障。柯克本人也不反对适度的中央集权。在美国的联邦制问题上,他指出没有权威的国家将缺乏执行力和威慑力。"《邦联条例》失败的原因是,那些起草了昙花一现的《邦联条例》的人没有预见到那种政府将会是何等的软弱无能。"②加强中央权力是建立美国的客观需求。它需要统一的内部市场,需要统一的军事和外交策略。这种由客观需求产生的中央集权不会轻易将自己上升到普遍理性的高度。正是在这一意义上,美国宪法才能同时将中央集权和地方权力保护两个明显相反的方向联系在一起。

集体主义所鼓吹的中央集权是截然不同的东西。从功能或者结构性的角度看,两种中央集权之间可能没有差别。它们都承担限制地方特殊利益,维持国家整体存在的作用。但正如伯克所指

---

① [美]拉塞尔·柯克:《美国秩序的根基》,张大军译,江苏凤凰文艺出版社2019年版,第434页。
② 同上书,第428—429页。

出的,不能因为革命法国带有法国两字就将视为威斯特伐利亚体系下的正常欧洲国家。集体主义的中央集权是一整套抽象理论的产物。它们不是因为需要而产生,而是为理论本身而存在。更明确地说,它们是抽象理论的附庸。

现代集体主义的起源可以追溯到卢梭的公意理论。在讨论伯克时,我们依旧注意到,公意是卢梭防止多数人暴政的终极保障。"为了很好地表达公意,最重要的就是国家之内不能有派系存在,并且每个公民只能是表示自己的意见。"[①]换言之,卢梭的公意是一个绝对公正的抽象系统,它能对一切具体意志进行清晰的把握,最终能够指出什么是整体利益,做出明确的选择。一个全知全能的主权者显然是卢梭公意系统的最佳实践者。为了更好地为全体利益服务,同时为了抵抗众意,或者说利益集团的干扰,一个强大的中央集权国家是逻辑的自然衍生。

集体主义的中央集权模式实际上取消了现实世界的复杂性。无论是否具有积极价值,一切地区的特殊的利益都将被无情的整体利益所碾压。问题是,集体主义所构成的中央集权神话太具诱惑力,以至于人类不自觉地被这种拟造的神圣性所吸引。对公意的追求最终变成中央权力的自我强化。它将压制一切异议,压制一切中央权力的潜在挑战者。问题是,中央权力在扩张的过程中会发现权力的边界也在无限扩张。多样性和差异被强制性抹平。在越发抽象的普遍性中,集权主义变成了极权主义。

二是集体主义与个人尊严的紧张关系。柯克在这个角度着力

---

① [法]卢梭:《社会契约论》,何兆武译,商务印书馆2005年版,第36页。

甚多。以至于几乎在他所有的作品中,集体主义泯灭个人尊严都是反复提及的主题。集体主义的一个重要特点在于要求集团内部成员进行高度一致的活动。这非常符合蜂群的活动结构。对蜂群而言,个体本身是为整体服务而存在的。每只蜜蜂从出生开始就决定自己的职业和寿命。独立的个体意志即便不是有害之物,也是多余的累赘。

在集体主义与蜂群结构的隐喻结构中,柯克着重指出集体主义在两个相互交叉的方面对个人尊严的毁灭性打击。

其一,人的趋同化。无论是在减少管理成本上,还是对个体脱序行为的恐惧上,特殊性是集体主义明确的对立面。和而不同更接近对理想境界的描述,而非对现实世界的写照。作为以抽象的普遍性作为其生存基础的集体主义,它在逻辑上和实践上必然倾向于尽可能限制一切特殊性要素的出现。

平均主义是这种需求外化的典型表现。"社会主义将剥夺那些对继承有合法期望的人的继承权,这是所有司法制度中最古老的权利之一。社会主义会剥夺那些具有卓越才能的人的精力和天赋所应得的回报。"[1]事实上不止社会主义,罗尔斯以及之后的激进自由主义也奉行同样的想法。以平等之名,他们试图将一切偶然性因素排除出去。从单纯的好运气再到艰苦努力的学习,一切都可以被解释为在社会竞争中的不正当优势。这也是柯克将激进自由主义和社会主义视为同路人的原因。两者都是抽象理论的信奉者,痴迷于普遍性所带来的安全感。在这种情况下,人的个性即

---

[1] Russell Kirk, *Propescts for Conservatives*, Washington DC: Imaginative Conservative, 2013, p.137.

便不是被压制,也不是积极鼓励的对象。

其二,与实用主义相同,即人的机器化。集体主义另一个典型特征在于强调集体利益高于个体利益,因而个人在必要的时候需要为集体利益做出牺牲。保守主义同样没有否定这一点。事实上从伯克到迪斯累利一直强调个人的自我牺牲是抵抗冷酷功利主义的崇高方式。在真正的自我牺牲中,人的高贵得以体现。政治家的重要任务在于消耗自己的政治声望,将对国家具有长远和整体利益的政策推行下去。这种情感对计算的胜利既是普通的,也是神奇的,伯克的目的是传授一种对这种出现在历史和经验中的不可背叛的冲动的崇敬。[1]

问题是,集体主义的个人牺牲已经走向了自我牺牲的反面。在集体主义的论述中,个人不仅是主动牺牲,而且是被动牺牲。以国家整体利益为名,即便个人拒绝,也必须强制实行下去。这种情况在革命的实践中表现得极为明显。革命者确实怀揣着崇高的理想选择牺牲自己,但问题是他们有时候不止牺牲了自己,而且在别人没有同意的情况下也牺牲了他人。对其他人而言,这种被动的牺牲不但没有产生崇高感,反而出现强烈的被剥夺感。

柯克将原因归咎于集体主义的内在逻辑。集体主义与社群主义或者共同体主义不同,它从一开始就没有为个体留下独立存在的空间。对于集体主义而言,个体是作为耗材,或者说可替换的零件而存在。在这一点上,集体主义和实用主义达成了微妙的同盟。成为机器的个人没有讨论尊严或者自我价值的空间。

---

[1] David Bromwich, *The Intellectual Life of Edmund Burke*, London & Cambridge: The Belknap Press of Harvard University Press, 2014, p.7.

柯克的指责是建立在他对英美传统的把握之上。个人自由是整个英美文化的核心。在传统保守主义的理解下，个人自由是英美历史传统的结果，而非抽象理论的结果。伯克以《大宪章》为例指出，"这些自由是他们的祖先通过以前国王的自由特许权获得的"[1]。迪斯累利在相似的意义上表示，"一个自由的、繁荣的、著名的民族，在延续了 1 000 年的制度下获得了自由、享受了繁荣、获得了荣耀，他们不想知道他们所有的法律和习俗的奥秘"[2]。柯克继承这一基本理解，进一步指出伯克本人没有明确指出的区别，即传统保守主义和古典政治经济学家对自由贸易理解的区别。

"在大众心目中，经济领域的保守派与曼彻斯特自由派严重混淆。他们确实有一些共同之处；这是对国家资本主义或国家社会主义的反对；但也有不同之处。"[3]传统保守主义对自由贸易的理解是建立在德行而非计算理性的基础上，古典政治经济学则暗含一种功利的价值取向。在保守主义的语境下，经济发展只是人类社会的一部分，发展也不能以严重损害人类的尊严为代价。在古典政治经济学的范畴下，人则被完全理解为经济学意义上的人。换言之，比起保守主义，自由派对经济的理解实质上更接近社会主义者。他们从根本上是物质主义的，是世俗主义的。灵性被视为阻碍利润扩大的方式。

---

[1] Edmund Burke, "An Essay towards an Abridgment of the English History", in *The Writings and Speeches of Edmund Burke Vol. 1*, General Ed. Paul Langford, Oxford: Clarendon Press, 1997, p.540.
[2] Benjamin Disraeli, *Whigs and Whiggism*, New York: The Macmillan Company, 1914, p.92.
[3] Russell Kirk, *Propescts for Conservatives*, Washington DC: Imaginative Conservative, 2013, p.112.

苏联的意识形态扩张模式则激起柯克对法国大革命的联想。在柯克的理解中,苏联与革命法国没有本质区别。两者都是以抽象理论作为自己的原始驱动力。它们的抽象理论都以追求抽象的普遍性作为终极目标。这意味苏联和革命法国一样,不会允许将自己的政治制度只限制在国内。共产国际运动本身就是苏联向全球输出自己意识形态的表现。问题是,苏联式的集体主义与英美的自由传统之间没有任何妥协的空间。两者可能在现实利益上存在重合,这也是它们在二战中共同对抗德国的原因,但两者在价值观念上处于绝对的生存竞争地位。

在这一意义上,柯克明确将集体主义视为传统保守主义在接下来乃是最直接的对立者。自由主义已经不再是保守主义最大的敌人,苏联式社会主义才是最大的威胁。他写道:"我碰巧认为,真正的斗争是在传统社会和集体主义(不管叫什么名字)之间进行的,前者继承了宗教、道德和政治遗产,后者热衷于将人类简化为由相同的生产者和消费者组成的木薯布丁。"[1]英美需要积极捍卫自己的传统价值观念。柯克承认英美传统文化对英美社会的积极价值,但"耗尽道德和社会资本是可能的;一个完全依赖遗产的社会可能很快就会发现自己破产"[2]。如果英美不能保持自己文化的生命力,那么它最终将会被不断变化的世界所压倒。

在具体的实践中,这主要表现为正反两个方面。从正面看,英美必须恢复对自身文化的自信,相信自己的文化的优越性,相信自

---

[1] Russell Kirk, *Concise Guide to Conservatism*, Washington DC: Regenery Publishing, 2019, p.95.
[2] Russell Kirk, *The American Cause*, Wilmington: ISI Books, 2017, p.83.

己传统对于社会的积极价值。从反面看,这意味着需要尽可能消除苏联式集体主义对英美文明的一切影响;在条件合适的情况下,西方文明应该以先发制人的姿态打击苏联意识形态的扩展。

将集体主义作为保守主义的敌人为低迷的保守派提供了明确的对立他者。这在加强保守派内部凝聚力的同时,增强了保守派的行动热情。但柯克的方法也带来了两个潜在的忧虑:一是由于将集体主义定位为外部最重要的敌人,这反过来在客观上强化和抬升个人自由的地位。在强烈的对抗中,个人自由存在被过分神话的嫌疑。正如凝视深渊时深渊也在凝视主体一样,个人自由被迫变成一种日益僵化的抽象符号。二是对英美文化的自信也可能演变为新的文明优越论或者特殊论。在这种情况下,自信演变成为自负。保守派可能会不自觉地试图将英美的制度复刻到其他国家。这为一种不负责任的外部干涉提供了借口。

第五节 最后的宗教骑士

在迪斯累利范式濒临崩溃的情况下,柯克的新范式为处于冷战和世俗时代的英美传统保守主义者提供重新定位的可能性。他对于英美保守主义历史的追溯也有助于在一定程度上澄清保守主义自身的困惑。传统保守主义者始终拒斥近代抽象理论的影响。国家与民众绝非纯粹的世俗关系,也不可能被还原为抽象理性下的权利和义务。洛克所设想的国家是无机质的,是没有想象力的,是冰冷的尸体。"保守主义者是这样一种人,他认为人类社会是神与人之间的一种不朽的契约,是已逝的世代与现在活着的世代,以及尚未出生的世代之间的一种契约。"①通过重复伯克的论调,柯克试图尽可能保存神圣性对人类事物的价值。

问题是,如同上文已经指出的那样,在一个大规模工业化和城市化的时代里,柯克所期望的灵性主义回潮是否真的会发生呢?柯克似乎认为民众最终会认识到工业化的无聊,从而重新转向对灵性的挖掘。这一现象确实存在。只不过从更为普遍的情况看,更多人似乎已经习惯于工业化的无聊,而消费主义又提供足够的"麻醉品"作为神圣性的廉价替代品。

甚至传统保守主义对教会论述的修正就是教会自身日益弱化的表现。这尤其表现在宗教宽容问题上的变化。在伯克时代,伯克一直强调不应该对爱尔兰天主教徒进行系统性压制,但他却从来不会因此否认国教的主导地位。伯克公开宣称,"在一个基督教的共同体里,教会和国家是同一事物;是同一个整体的不同组成部分,这个整体就是教会。"②甚至诸如一位论者这样的派别是完全不能被纳入宽容的对象。他尖锐地指出:"你们受到毁灭教会的威胁——向你们说明的不同之处在于,如果你们给予异议者他们要求的权力,他们就会暂缓你们的毁灭。如果你反对他们,他们会提早一点——最多 20 年。"③

到了迪斯累利时代,宗教宽容变得更为宽松。从天主教到犹

---

① Russell Kirk, *Concise Guide to Conservatism*, Washington DC: Regenery Publishing, 2019, p.10.
② Edmund Burke, "Unitarian Petition", in *The Writings and Speeches of Edmund Burke Vol.4*, General Ed. Paul Langford, Oxford: Clarendon Press, 2015, p.491.
③ Ibid., p.496.

太教,公职中的宗教限制逐步被取消。伯克所反对的一位论者也获得宽容的资格。但迪斯累利也没有承认所有基督教的派别都应该享有同等的宽容地位。他以相对缓和的语气指出:"尽管宗教改革的性质与公民自由的事业有着密切和本质上的联系,但改革对我们英国政治的直接影响丝毫没有有利于我们自由的发展和我们政治制度的建立。"①对其他基督教的边际让步不能以损害国教的主体地位为代价。

然而在柯克的时代,传统保守主义对国家主体宗教的许诺则突然间消失殆尽。这可能与美国具体的宗教现状有关。柯克更是将美国基督教各派别相对平等和平的关系视为美国特殊性的骄傲。他对特定教派优越性的看法仅仅表现在他对天主教会的微弱偏爱上。毕竟在他的理解中,天主教会的建制特征是系统性抵抗世俗侵蚀的最佳方式。

问题是,柯克自己也承认教会内部似乎在西方世界呈现出逐渐退缩的趋势。"宗教信仰,无论是天主教、新教还是犹太教,在美国似乎都在衰弱。许多神职人员明显倾向于对宗教教义的感性和人道主义应用;他们倾向于彻底改变社会,不惜牺牲宗教的超然目的和个人对道德教义的服从。"②甚至天主教会内部的发展也呈现出某种令柯克担忧的趋势。二战后的天主教内部逐渐发展出名为解放神学的有力分支。天主教会也越来越弱化自己的形式,从而

---

① Benjamin Disraeli, *Whigs and Whiggism*, New York: The Macmillan Company, 1914, p.164.
② Russell Kirk, *American British Culture*, New Brunswick and London: Transaction Publishers, 2008, p.84.

能够与更多的教派进行共融。值得庆幸的是,约翰·保罗二世的上台改变了这一局面。"一个迅速滑向微不足道的新宗教主义,或更糟的教会,在堕落过程中已被制止;教会又一次开始反对秩序的敌人,包括精神秩序和社会秩序。"①

柯克对天主教会显然过于"乐观"。如果他看到教宗本笃十六世的表现,那么一定会收回自己刚才的判断。柯克在教会问题上的判断绝非简单的失误,这是由于宗教宽容本身的结果。对基督教而言,宽容意味着必须容纳更多基督教的派别;为了容纳更多派别就需要将基督教进一步抽象化,将它从具体的教义、礼拜仪式中抽象出来。但正如伯克在《法国革命论》中对抽象自由的指责一样,"是不是因为抽象的自由可以列为人类的福祉,我就可以认真地对一个疯子掏出来他那监禁室的防护性的约束和保护性的黑暗,而祝贺他恢复了享受光明和自由呢?"②抽象基督教只会丧失自己的实存性。它甚至抽象到可以与柯克所反对的社会主义进行共融。解放神学的实践已经证明这一路径的现实可能性。

无法解决的两难悖论不是柯克一个人的问题,而是整个传统保守主义在一个日益世俗化时代所面临的现状。这一问题本质上与19世纪早期托利党越发萎缩的农村地基十分相似。保守党所依赖的教会基础正在像农村一样不可避免地陷入慢性衰退之中。斯克鲁顿就承认,"在后基督教世界,当我们努力让没有信仰的家

---

① Russell Kirk, *The Politics of Prudence*, Wilmington: ISI Books, 2004, p.41.
② [英]柏克:《法国革命论》,何兆武、许振洲、彭刚译,商务印书馆1999年版,第10页。

庭和社区活下去时,社会分裂的感觉将会被观察到"[1]。柯克对教会的坚持带有一丝唐吉诃德式的残酷浪漫。他没有为传统保守主义提供真正具有持久生命力的范式。这可能是柯克范式迅速走向衰弱的原因。

在政治实践上,柯克的学者身份也限制了他对现实政治的影响能力。从二战后到80年代,进步主义在美国占据更为强势的地位。无论是种族平权运动还是性解放运动,保守派即便不是处于无力还击的状态,就是处于相当被动的防御之中。可能唯有在尼克松时期,保守派才获得一丝喘息之机。柯克只能勉强维持二战后英美传统保守主义不陷入崩溃之中,却难以扩大它的声势。

对保守党更大的伤害可能在于它作为国家整体利益代表这一想法的彻底毁灭。伯克和迪斯累利都在一定程度上将保守派理解为国家传统价值观念和利益的维护者。他们应当是支持国家稳定的中坚力量,也是社会共识的最大支持者。但今日的保守派越发远离这一理想,成为公开宣称代表特定阶层、特定团体的政党。在一个世俗主义日益坚固的时代里,传统保守主义需要找到能够让自己继续生存下去的新范式。

---

[1] Roger Scruton, *Where we are*, London & Oxford & New Delhi & New York & Sydney: Bloomsbury, 2019, p.108.

第五章　斯克鲁顿与世俗时代

　　柯克可以被视为最后一个旧日的保守党人。他对教会立场的坚持是在一个日益世俗化时代里的最后挣扎。柯克意识到，传统保守主义需要在这个时代找到自己的坐标。教会已经渗透到欧洲文明的底层逻辑之中。"信仰的力量可能比行为主义者所认为的要大得多。教堂在历史上衰落，但也经常复兴；而且，也许对政治学家来说更重要的是，在正式的宗教崇拜消失很久之后，关于人类和社会本质的宗教假设仍在继续影响着一个民族，并为他们的行为提供动力。"①斯克鲁顿在相似的意义上表示，"即使在怀疑和不信的时候，它们也定义了我们的属灵状态。他们站在风景中提醒着我们是什么，我们曾经是什么"②。

　　问题是，建制教会这一形式已经难以承担自己的历史定义。近代社会契约论的基本逻辑就在于将信仰还原为纯粹内心的事物，从而为国家和教会的分离提供形而上学的基础。在这种逻辑

---

① Russell Kirk, *Enemies of the Permanent Things*, Washington DC: Cluny Media, 2016, p.278.
② Roger Scruton, *How to be a Conservative*, London & Oxford & New Delhi & New York & Sydney: Bloomsbury Continuum, 2019, p.180.

的解释下,教会的败坏以及宗教战争本质上是教会过度参与政治的结果。柯克则从苦修的传统中接受属灵和属世的二分法,将灵性修养视为人类与神圣性存在沟通的关键。

两种想法最终促使政教分离和宗教宽容成为流行的观念,破坏教会作为建制力量的强度。一方面,教会从政治世界的逐步后退,导致它的约束力直线下降。用霍布斯的话说,"我们的救主并没有将强制权力传给他的门徒,所传的只有这样一种权力,即宣告基督的国,劝人服从基督的国"[①]。强制与劝告之间的差距不可避免地损害教会对民众伦理规范的控制力度。另一方面,只要教会依旧存在于现实世界,它就不可能不是一股政治力量。无论如何标榜教会的属灵特征,教会本质上就是一个政治实体。对教会在理念上的强行阉割只会产生两种结果,即教会的激进化(美国的福音派在政治议题上高度的动员能力)和教会的涣散化(以路德宗为代表的平教徒教会的组织形式变得更加松散)。

大规模的工业化和城市化也彻底改变人类社会的样态。一切熟悉的事物都以极快的速度发生改变。柯克范式的迅速崩溃暗示传统保守主义需要在一个高速变动的世俗时代找到更为牢固的地基。斯克鲁顿再一次激发了感情和行动之间的联想,认为传统保守主义存续下去的办法就是要找到能够真正激发民众情感的东西。日常的生活方式就是最直接激发情感的来源。在日常的生活方式中,人才是最为具体的人,生活于地区与社会之中。他不再是道德真空中的抽象个体。在场的他只能以现实作为自己行动的客

---

① [英]霍布斯:《利维坦》,黎思复、黎廷弼译,杨昌裕校,商务印书馆 2010 年版,第 416 页。

观条件。家庭在日常生活方式中扮演及其关键的角色。"对家的需要是一种适应,它产生的动机可以在定居生活的各个方面得到见证。……人与人之间的爱和关系能力根植于依恋的原始经验,被剥夺了这种经验的儿童是不安的,而且往往是深刻的非社会的,正常的成人关系和爱的能力都严重依赖于家庭的核心经验。"①

在如何保守的问题上,斯克鲁顿也提炼出两个重要的方向。从正面看,他试图建立以家庭和社区为基础的地区网络,用以系统性地维护日常的生活方式;从反面看,他将多元主义定义为传统保守主义最大的竞争目标。多元主义被视为阻碍共识的要素和生活方式的潜在威胁者。"新兴的多元文化共同体不会让共同的服从、共同的忠诚或共同的历史占据一席之地,它将不可避免地剥夺英国人民的地理、文化和政治遗产。"②为了维护日常生活方式,需要对抗多元主义产生的以政治正确为核心的一系列政治主张。

第一节 新保守主义的冲击

在一种悲观的论调中,柯克范式是传统保守主义绝望的反抗。在日益世俗化和大众化的时代里,传统保守主义将最终成为完全

---

① Roger Scruton, *Where we are*, London & Oxford & New Delhi & New York & Sydney: Bloomsbury, 2019, p.85.
② Roger Scruton, *The Uses of Pessimism*, Oxford: Oxford University Press, 2010, p.191.

过时的东西,被扫进历史的垃圾桶。即便柯克尽可能为传统保守主义提供更为坚固的智识基础,传统保守主义几乎压倒性地被从智识领域驱逐出去。杂糅了社会主义和激进自由主义的新左派思想才是二战后六七十年代年轻美国人的宠儿。与旧左派相比,新左派将更多的精力放在文化领域。在多元主义的名义下,他们对非传统宽容,对传统苛刻。用马尔库塞的话来说,"非暴力通常不仅是向弱者宣扬的,而且是强行施加弱者身上的——它是一种必要而非德行,通常它不会严重损害强者的利益"①。将主流和边缘一视同仁实际上是忽视边缘的弱势地位。真正的宽容必须实质性压制主流,才能将它与边缘放在同等的地位。

对平等的保护转化为对利维坦的无穷呼唤;越边缘的群体将越需要强大的利维坦保护自己不受到主流的影响。主流的影响因而也被降格为"非理性的偏见"。柯克将这种对偏见的歧视同样称为偏见。因为这些意识形态完全没有意识到偏见的积极价值。它是一种非智识阶层在面临陌生情况的有效选择机制。柯克讽刺地写道:"伯克说偏见是不识字的人的智慧;现在我们大学里的大多数学生显然都是文盲,也许这种偏见毕竟是一种保守主义。"②随着时代风向的转变,缺乏与社会真正联系的新左派将自行陷入衰弱之中。柯克的想法并非全无支持。新左派日益的自我激进化逐渐产生诸如红色旅和日本赤军这样的极端暴力组织。他们的恐怖

---

① Herbert Marcuse, "Repressive Tolerance", in *A Critique of Pure Tolerance*, Boston: beacon Press, 1965, p.102.
② Russell Kirk, *Propsects for Conservatives*, Washington DC: Imaginative Conservative, 2013, p.6.

袭击最终疏远一般民众,丧失对群众的吸引力。但同样需要指出的是,新左派所带来的激进平等思想却顽固地存活下来,成为今日政治正确的重要支撑。

在柯克的时代,选择传统保守主义是比迪斯累利年轻时代更为痛苦的选择。曾几何时,伯克还能公开喊出不能宽容一性论者,然而到了二战后,新左派已经反过头来开始将主流视为不宽容的对象。柯克对新左派在理论上的全面挑战也不尽如人意。他的范式几乎无法为传统保守主义提供更多的支持基础。或许,从智识上对新左派进行挑战已经违背传统保守主义的本意。传统保守主义一开始就不是以智识上的优势确证自身。伯克早已暗示政治难以成为一门科学,政治哲学家的首要任务不是构建理论,而是实际参与政治的运作。正如奥克肖特所提及的那样,"现在,如我所理解的,理性主义主张,我称为实践知识的东西根本就不是知识,严格说来,它主张没有知识不是技术知识"①。

柯克的失败不只是来自保守主义外部,在保守主义内部他的范式也遭受到严重的挑战。二战后,除了传统保守主义外,一种名为新保守主义的思想也正在不断发展。从表面上看,新保守主义的核心目标与柯克范式存在高度的重合。比如,在个人自由的问题上,对个人自由的向往是美国人的典型特点,也是美国联邦制政府得以成立的关键。"中央政府被赋予抵抗外敌、镇压严重叛乱、保障合众国内通商自由的权力,不过,它仍将对大部分内部事务的

---

① [英]迈克尔·奥克肖特:《政治中的理性主义》,张汝伦译,上海译文出版社 2004 年版,第 11 页。

控制权留给了州政府和其下属机构。"①新保守主义者更看重个人自由的重要性。他们将公共利益定义为:"主要包括法律下的个人安全、法律下的个人自由,以及那些致力于实现这一目标的人不断增加的物质繁荣。"②

在反对苏联的问题上,两者也达成高度的一致。柯克高度赞赏新保守主义对苏联毫不调和的态度。"在外交政策上,新保守主义者,至少就柯克帕特里克大使而言,坚决反对苏联的图谋和威胁。他们已经意识到,美国不仅仅是在对抗一个国家的对手,而是(更严重的危险)在对抗一种武装主义——正如伯克在两个世纪前谈到英国抵抗雅各宾派时说的那样。"③甚至新保守主义比柯克更为激进。它将主动干涉的基因内嵌到美国民众的特性之中。"由于相信他们的立国原则是普世的,他们用同样严格的标准来衡量其他所有民族。这种高度意识系统化的世界观告诉他们,所有非民主的征服本质上都是不合法的,并且由此是短暂的。"④

从这一意义上看,新保守主义持有一种比传统保守主义更为强烈的英美特殊论。至少在伯克时代,对于英国文化的自豪并不建立在普世的基础之上。伯克充其量认为英国文明比法国文明更为优越。但他绝不会否认法国文明自身的特殊性。在有些地方,法国可能比英国文明表现更好。"法国人虽然在天赋方面不如我

---

① [美]拉塞尔·柯克:《美国秩序的根基》,张大军译,江苏凤凰文艺出版社 2019 年版,第 429 页。
② Irving Kristol, *Neo Conservatism*, Chicago: Elephant Paperbacks, 1995, p.171.
③ Russell Kirk, *The Politics of Prudence*, Wilmington: ISI Books, 2004, p.179.
④ [美]罗伯特·卡根:《美国缔造的世界》,刘若楠译,社会科学文献出版社 2013 年版,第 15 页。

们,但在礼仪和规矩方面却一定超过我们。"①新保守主义者则将英美文明特殊论抬升到英美文明至上论的高度,将英美特殊性直接与普世理念绑定在一起;将英美文化转化为普遍价值的灯塔。

在具体目标上的相似性最终促使柯克谨慎地将新保守主义纳入同盟之中。从积极方面看,新保守主义被视为保守主义扩展地基的希望。这标志着保守主义第一次对大城市的犹太知识分子产生吸引力。早在20世纪30年代,大城市的犹太人几乎都是坚定的自由主义者和社会主义者。柯克认为这一阶层的转变"预示着保守或准保守的观点将在纽约的犹太知识分子中兴起——这是一个以前信奉激进主义或瓦解的自由主义的阶层"②。或者更明确地说,在传统保守主义地基日益萎缩的情况下,他需要将这种转变视为激进主义逐渐退潮的表现之一。保守主义过于需要证明自己能够在新时代吸引其他团体的能力。大城市犹太知识分子的数量虽然不多,但在公共舆论中拥有不成比例的影响力。如果这一阶层都转投保守主义,其他阶层也会在对时髦的疲倦中,最终转投保守主义怀抱。

从消极方面看,柯克始终无法完全对新保守主义放心,尤其是对新保守主义大胆的行为方式放心。新保守主义的大胆行为主要体现在两个维度。一方面,他们往往会以高调的方式宣传自己的观点,这种宣传存在某种过度夸张或者过度许诺的问题;这有损保守主义一贯以来的严谨作风。另一方面,新保守主义者对权势具

---

① Edmund Burke, "The Reformer", in *The Writings and Speeches of Edmund Burke Vol.1*, General Ed. Paul Langford, Oxford: Clarendon Press, 1997, p.79.
② Russell Kirk, *The Politics of Prudence*, Wilmington: ISI Books, 2004, p.174.

有强烈的渴望;这种渴望在一定程度上导致他们存在政治投机偏好。

总体而言,柯克将新保守主义者视为不甚重要的部分。他不无怀疑地指出:"他们没有表现出伟大的文学才能:我担心,到2000年,新保守主义者的书很少还会有人读。"①绝大多数新保守主义者已经进入暮年。新保守主义更像是一股短暂的潮流,最终将汇聚回主流保守主义的路径。"这个梦忽略了这样一个事实:最初新鲜的事物不会长久保持新鲜:一切都变了,往日的新奇不再迷人。"②

柯克的判断显然存在一些错误。新保守主义确实在20世纪90年代陷入短暂衰弱之中,但由于"9·11"事件的影响,它一跃成为美国占据主导地位的政治主张,甚至全面压制传统保守主义的声音。"今天,作为'9·11'恐怖袭击的一个后果,美国开始了新一轮的战略扩张。正如日本发动对珍珠港的袭击之后,这次袭击毫无意外地导致美国在东亚和欧洲长久发挥作用。……后世的历史学家毫无疑问地会将之描述为这是美国卷入伊斯兰世界的不可避免的后果。"③通过确立新的意识形态征服对象,新保守主义在21世纪初期再次激发自己的活力。柯克的保守心态也不是全然错误。历史超出人类理性的理解能力。在2008年之后,新保守主义也逐渐呈现下降的趋势。

---

① Russell Kirk, *The Politics of Prudence*, Wilmington: ISI Books, 2004, p.176.
② Ibid., p.178.
③ [美]罗伯特·卡根:《天堂与权力》,刘坤译,社会科学文献出版社2013年版,第135页。

从形式上区分传统保守主义和新保守主义确实是一个问题。甚至柯克本人在晚年之前,也更多倾向于将新保守主义者视为保守主义的一分子。除了在对抗苏联和个人自由这两个问题外,在诸如家庭等核心问题上,新保守主义也持有与传统保守主义相似的观念。"我们的流行文化多年来一直在拆散家庭这个社会机构,现在正试图将其重建为一个纯粹基于个人感情的自愿组织。但现实生活中的家庭是建立在客观的感情基础上的。我们尊敬父母,不是因为他们是什么样的人,而是因为他们是我们的父母。"①所谓的进步自由主义正在为不负责任行为提供越来越多的借口。"艾滋病的受害者实际上是自由进步主义意识形态的受害者,这种意识形态正在动员舆论进行自卫。"②这一叙事的改写本质是为"性解放"而服务,从而摆脱自己的内疚和负罪感。

研究两者气质的差异是一个可能的切入点。虽然新保守主义者宣称自己也遵循美国的传统,但他们将美国的传统更多视为一种意识形态的结果。克里斯托的一个重点就是强调自由主义与激进自由主义的区别。"美国社会中正在萌芽的腐败和颓废的明显迹象——这种腐败和颓废不再是自由主义的后果,而是当代自由主义的实际议程。"③这种异常的扭曲最终破坏美国民众对自由的健康理解。

克里斯托提供了新保守主义和传统保守主义区别的三个方面。一是改变保守主义长期以来的消极姿态,以积极的行动与激

---

① Irving Kristol, *Neo Conservatism*, Chicago: Elephant Paperbacks, 1995, p.57.
② Ibid., p.66.
③ Ibid., p.486.

进自由主义全面对抗。"基本上,它希望共和党停止玩弄防御性政治,向前看而不是向后看。"①部分新保守主义者甚至建议将共和党全面意识形态化。二是新保守主义热衷于为社会改革提供系统性的改善方案。他们本质上不反对福利国家,他们反对的是社会所采用的具体方式。它"也总是有兴趣提出其他的改革和立法,以更安全地实现预期的目标,而且没有负面影响"②。三是对理论的高度重视。新保守主义认为宗教保守主义本质上只是对激进自由主义的一种反动,也难以处理和世俗保守主义之间的紧张矛盾。发展到今日的保守主义需要改变自己对理论的轻视。"新保守主义者,至少是其中的纽约人,产生于一种思想环境,在这种环境中,一些大的思想,具有哲学或意识形态层面的思想,被非常认真地对待。"③

克里斯托所做的区分并非全然公正。在第二点上,传统保守主义绝非反对系统改良方案。迪斯累利已经强调替代方案的重要性。通过团结工人和农民,迪斯累利可以将民众对政治体制的高度敏感转化为对具体改善的关注,从而避免民众对宪政合法性和正当性的质疑。柯克也指出,传统保守主义不是"小政府"或者国家权威的天然反对者。在建国早期,保守主义反而是联邦制的维护者。它意识到维持国家权威的必要性,否则只能再次陷入邦联的困境之中。"美国宪法立基于坚定的普遍原则之上,不过通过司

---

① Irving Kristol, *The Neoconservative Persuasion Selected Essays 1942-2009*, New York: Basic Books, 2011, p.172.
② Ibid., p.177.
③ Ibid.

法解释和正式的修正案，它又能适应变化了的情势，于是，在将近 200 年的巨大社会经济变革的过程中，它保持了政治秩序的连续性。"①

其余两点则显示出新保守主义和传统保守主义之间的巨大区别。传统保守主义的消极性防御是守旧心态的结果。应激性反应是保守主义不可避免的一部分。它能够最大限度地发挥审慎的德行，避免陷入盲目的躁动之中。新保守主义者所倡导的积极进取，甚至将保守主义进行意识形态化改造，反而可能损害保守主义与具体经验之间的密切联系。柯克在推广民主制度的问题上指出，"仅仅喊出民主这个词，并不能带来一个被赋予秩序、正义和自由的社会。这些赐福生长得很慢，需要良好的培养。美国民主共和国的根源可以追溯到美国、英国和欧洲数百年的经验"②。新保守主义过分热忱的举动很有可能为美国带来长远的伤害。

对理论的重视也彻底颠倒伯克为实践所奠定的优先级。传统保守主义不反对理论，它反对的是理论对实践的宰制地位。在唯我论横行的情况下，抽象理性对自己理论的确信将转化为理性狂热，从而试图将现实塑造为理论所描述的样态。新保守主义从根本上背离了传统保守主义的悲观心态，陷入某种与革命乐观主义相似的陷阱之中。罗伯特·卡根对美国制度特殊性的信仰是新保守主义乐观心态的典型表现。他写道："美国以往能够安然渡过危机，比其他国家更加强大和健康，而美国的各个竞争对手都步履维

---

① ［美］拉塞尔·柯克：《美国秩序的根基》，张大军译，江苏凤凰文艺出版社 2019 年版，第 434 页。
② Russell Kirk, *Redeeming the Time*, Wilmington: ISI Books, 1998, p.286.

艰，这绝不仅仅是因为好运。"①

对美国制度特殊性的乐观主义想象最终转化为新保守主义者对先发制人外交政策的支持。这尤其体现在第二代新保守主义者的自信中。它具体由两种路径阐发：第一，先发制人是道德义务。首先，美国的制度被理解为具有普世性的特征，它理所当然可以在全世界所有国家适用；其次，美国的强大和繁荣是美国制度的结果；再次，美国有道德义务让其他国家享有同样的繁荣和德行；最后，美国需要尽可能将自己的制度推广到全世界，必要时可以进行强制性的军事行动。第二，先发制人是现实需求。美国的制度是民主和繁荣的必要保障；美国需要尽一切可能维护这一制度；这意味着尽可能地扼杀一切潜在的反对者；美国有必要将非民主国家消灭在萌芽之中，避免它们力量壮大时对美国的宰制地位产生影响。这也是所谓"预防性战争"的正当性解释。

与自由国际主义者不同，新保守主义不相信多边机构和相互协调的有效性。美国绝对性的主导地位赋予美国进行单边主义干涉的权力。自由国际主义充其量只是欧洲范围内的奇迹。康德的永久和平是以普遍的民主国家作为前提。这一前提不符合今日的国际政治现实。卡根讽刺性地指出："欧洲反对强权政治，贬低军事力量，认为两者不能作为处理国际关系的工具，但他们在欧洲的土地上却不得不依赖于美国军事力量的存在。"②

---

① ［美］罗伯特·卡根：《美国缔造的世界》，刘若楠译，社会科学文献出版社2013年版，第202页。
② ［美］罗伯特·卡根：《天堂与权力》，刘坤译，社会科学文献出版社2013年版，第103页。

新保守主义和托派的相似性被展示在所有人面前。先发制人的单边主义主张在结构上与托派的不断革命论没有本质区别。卡根宣称:"从立国第一天起,美国就把外国的专制暴政政体视为注定要被自己的革命共和主义力量所推翻的短命政体。"①美国的义务就是通过不断革命的方式将美国的制度推广到世界的每一个角落。它与托派唯一的不同只是在于新保守主义选择美国制度,而托派则宣扬自己对社会主义理想社会的定义。

在这一意义上,新保守主义对个人自由的坚持和对苏联意识形态的反对才能获得内在的支撑。从自由主义的角度看,新保守主义对个人自由的坚持来自洛克式古典自由主义对原子化个体的信仰。个人自由,或者说个人的自由选择被视为社会契约的基本内容。"人类天生是自由的,历史的实例又证明世界上凡是在和平中创建的政府,都以上述基础为开端,并给予人民的同意而建立的。"②从托派的角度看,人的全面自由发展是社会主义的目标。个人自由显然是理想的社会主义形态中必备的目标。个人自由是理论要求的结果,而非实践的结果。它是必须被完成的乌托邦。

在反对苏联的问题上,古典自由主义者对美国民主党日益左倾的表现感到不安。计划经济体制和中央集权是对古典自由主义基本理念的重大挑战。托派直接将具体的措施与苏联计划经济体制联系在一起,唤起对苏联计划经济体制的恐怖想象。"从一个人的个性来判断一个政治运动是完全不可能的。罗斯福当然没有在

---

① [美]罗伯特·卡根:《天堂与权力》,刘坤译,社会科学文献出版社2013年版,第192页。
② [英]洛克:《政府论》下篇,叶启芳、瞿菊农译,商务印书馆1996年版,第64页。

斯大林身上看到任何嗜血的症状。"①苏联计划经济体制下对个人自由的系统性压迫和摧残才是真正的根源。

新保守主义的动机进一步显示它和传统保守主义的巨大差距。伯克强调不能脱离政治人物的品格理解政治,否则就是在为政治人物的道德放纵提供借口。"人的道德感知与他的本能生活是紧密相关的,它不会脱离内心深处的情感波动而存在,甚至也不会被激情的高涨所淹没或压制。"②政治人物的信誉建立在对他德行的信任之上。只有这样,政治人物才能为民众提供长期稳定的预期。

新保守主义与传统保守主义的差别也是新保守主义最终占据保守主义主流的关键原因。一方面,传统保守主义的非意识形态化特征在赋予其灵活性的同时,导致一般民众难以从主张上将传统保守主义识别出来。支持联邦政府和支持州权可能都是传统保守主义的主张。这本质上是伯克在革命问题上不同表现的延续。但在一个意识形态日益激烈的时代里,缺乏明确的可识别特征在公共舆论上处于极端不利的地位。另一方面,传统保守主义的应激性特征和悲观主义论调更难为于民众提供足够的情绪价值。对于冷战下的民众而言,绝望和忍耐是结构性的一部分。他们更需要的是能够给他们提供希望和未来的主张。新保守主义克服传统保守主义的缺陷。通过对自己进行意识形态化改造,它提出一整

---

① Irving Kristol, *The Neoconservative Persuasion Selected Essays 1942-2009*, New York: Basic Books, 2011, p.59.
② Charles Parkin, *The Moral Basis of Burke's Political Thought*, New York: Russell & Russell, 1956, p.81.

套明确且可以识别的内外政策。在明确纲领的带动下,保守主义也转向和激进自由主义的全面对抗。

从根本的角度看,新保守主义能够更好地满足冷战下美国对意识形态对抗的需要,特别是能够满足美国作为世界强权的需要。美国需要盟友,更需要独立行动的自由。新保守主义系统性地提供一种单边主义下维系民主价值观共同体的方式,将美国与欧洲不平等的地位加以合理化。"在与美国的对抗中,欧洲人相信合法性是他们拥有的丰富资源,他们把合法性看作是自己的比较优势——已经失衡的美欧关系中的平衡器。"[1]但欧洲同样需要注意,如果没有对自由秩序的坚持,欧洲所强调的合法性可能根本无法立足于现实政治之中。

第二节　斯克鲁顿与大写的我

正如上文所言,柯克对新保守主义的判断具有深刻的现实基础。柯克时代的传统保守主义过于需要知识阶层的支撑。尤其是在南北内战后,在南方保守主义大幅度衰弱的情况下,美国的保守主义在很大程度上只能依靠同情保守的自由主义知识分子进行辩护。柯克承认,"到第一次世界大战结束时,真正的保守主义几乎在美国绝迹了——只存在于拒绝被自己那个时代的膨胀的欲望所裹挟的顽固不化者的小圈子内,存在于在农村人口中仍普遍存在

---

[1] [美]罗伯特·卡根:《天堂与权力》,刘坤译,社会科学文献出版社 2013 年版,第 168 页。

的对变革的朦朦胧胧的抵抗里,也存在于某些教会和学院中的稀里糊涂、半心半意的态度之中"①。纽约犹太知识阶层的转向为传统保守主义提供无可替代的想象空间,即它依旧可以在下一个时代扩大自己的地基。

随着新保守主义成为新的主流,柯克开始意识到问题的严重性。"我曾希望他们能给保守阵营带来生动的想象力;相反,他们敦促保守派搞意识形态的口号,扼杀政治想象力。"②这尤其体现在柯克对冷战后海外军事干涉的反对上。他甚至表示,新保守主义者可能将特拉维夫当作自己真正的首都。戈德弗里德和布坎南也在相似的意义上指出纽约犹太知识阶层缺乏与传统保守主义的真正联系。用布坎南的话说:"克里斯托夫妇和波德霍雷兹夫妇是这场文化战争的夏季战士,但美国需要更多有肾、有脾、有心的男男女女,这样美国的灵魂之争才不会无可挽回地失败。"③

新保守主义缺乏对英国历史传统文化的热爱。他们更依赖于南北内战之后林肯所塑造的新建国神话。犹太人内部也承认类似的观点。"因为自由主义已经成为美国犹太人的宗教。"④美国犹太知识分子对个人自由的强烈偏好可能与民族记忆以及曾经的生存状态密切相关。可能是顾虑到反犹主义的指责,柯克似乎暗示,美国犹太人对安全感有一种病态的追求。他们需要不断扩大自己

---

① [美]拉塞尔·柯克:《保守主义思想:从伯克到艾略特》,张大军译,江苏凤凰文艺出版社 2019 年版,第 370 页。
② Russell Kirk, *The Politics of Prudence*, Wilmington: ISI Books, 2004, p.187.
③ Patrick J. Buchanan, *The Death of the West*, New York: Thomas Dunne Books, 2002, p.256.
④ Norman Podhoretz, *Why Are Jews Liberals?* New York: Vintage Books, 2010, p.291.

的心理安全范围。这成为先发制人外交政策的重要诱因。

在美国传统保守主义深陷困境时,欧洲的情况也不甚乐观。一方面,受到西方马克思主义的影响,激进左派在欧洲获得更大的政治动能。在后现代哲学的推波助澜下,五月风暴以狂热的姿态横扫西方知识阶层。五月风暴对于传统的激进瓦解激发斯克鲁顿的保守本能。他坦承:"我的保守主义来自对法国1968年的反应。它是英国人对大陆姿态的反应,与阿尔都塞、德勒兹和瓜塔里的胡言乱语一样,根植于高雅文化和高深的书籍。"①更确切地说,斯克鲁顿在五月风暴中体会到伯克对法国大革命的恐惧之情;五月风暴带来的不是解放,而是进一步的虚无和混乱。

另一方面,新保守主义在英国也不断壮大。二战后初期的英国保守党尚且能够凭借迪斯累利的范式苟延残喘。随着殖民帝国的全面瓦解,迪斯累利的帝国梦想已经不可逆转地向日常国家转移。"以玛格丽特·撒切尔为首的历届政府放弃了其战后前任对管理经济的承诺,转而寻求通过削减直接税、拒绝控制价格和收入、出售国有工业、限制工会权力、减少社会福利支出、破坏地方政府的'市政社会主义'来重振市场力量。"②比起迪斯累利,这种方式显然更带有曾经的皮尔派特征。在接下来的数十年中,英国保守党几乎永久丧失了工人阶级的支持,迪斯累利的国民政党理念已经被视为不可能的虚幻想象。撒切尔的主张甚至在一定程度上

---

① Roger Scruton, *A Political Philosophy*, London & New Delhi & New York & Sydney: Bloomsbury, 2006, p.Ⅶ.
② Robert Eccleshall, *English Conservatism Since The Restoration*, Boston & Sydney & Wellington: Unwin Hyman, 1990, p.202.

被布莱尔的"新工党"所吸收。英国对美国发动伊拉克战争的支持是典型的表现。除了现实利益和英国的地缘政治格局之外，英美新保守主义对世界图景的共同认知是思想上的重要诱因。

面对激进左派和新保守主义的两面夹击，斯克鲁顿需要为传统保守主义找到新的核心范式。他需要首先解释柯克范式陷入失败的原因。建制教会是他解释的重点，解释可以分为三个层面。

第一，对近代社会契约论下的政教分离观念进行批判。斯克鲁顿实质上重复了伯克在《英国史散论》中的态度：教会不只是信仰的场所，也是历史文化传承的载体。基督教会在罗马帝国瓦解后保存和延续了古典文明。"信仰和教义当然是宗教的一部分：但习俗、仪式、成员、祭祀、神圣与亵渎的区分以及对亵渎的本能敌意也是如此。"①在近代社会契约论，特别是洛克的还原下，教会的历史意义被彻底消解降格为纯粹的兴趣团体。这是社会契约论无时间性的典型表现，教会的强制性不是纯粹神学教义的结果，它同样是漫长历史形塑的结果。"这座教堂既有精神上的功能，也有世俗上的功能。它是崇拜的工具。它在社会生活中是一种认可的存在，加强了社会再生产所依赖的成长仪式，并以权威的话语支持共同的道德准则。"②洛克的态度即便不是对建制教会的故意削弱，也是政治上的幼稚表现。

第二，集中在建制教会在世俗时代影响力衰弱的长期趋势。这是进化论和近代社会契约论的双重结果。进化论严重动摇知识

---

① Roger Scruton, *A Political Philosophy*, London & New Delhi & New York & Sydney: Bloomsbury, 2006, p.144.
② Roger Scruton, *Our Church*, London: Atlantic Books, 2013, p.135.

阶层对神学的信心。"比19世纪的社会剧变更令人不安的是生物学和人类学的科学进步,它们迅速地对人类作为创造的顶峰的观点提出了质疑。在达尔文和功利主义者世俗道德的影响下,受过教育的人开始怀疑教会教导的真实性和对教会帮助的需要。"①教会所依赖的神学核心被越发认为是愚昧和非理性的表现。基督的复活被还原为谎言和怪谈。霍布斯所架空的奇迹最终在进化论的手中严重受损。

近代社会契约论的影响更为深层。它以一种缓慢的方式将政教分离的理念植入整个知识阶层之中。这一观念在教会领域最终表现为对宗教宽容的狂热支持。曾经被洛克排除在外的无神论者和天主教徒也成为宽容的对象。宽容被吹捧为仁慈和优雅的表现。英国圣公会内部的牧师也同样受到影响。他们逐渐忽视礼拜仪式的重要性,认为保有内心纯粹的信仰就足以维系圣公会的价值。"它没有提到《公祷书》,也没有提到教会与英国机构和威斯敏斯特议会的联系。它以信仰的方式所提供的,只有圣经。"②在不断的宽容中,英国圣公会最终丧失自己形式的客观性,从而导致组织的涣散。斯克鲁顿不无遗憾地指出,建制教会的涣散也导致社会共识解体的加速。边缘意见逐渐获得与主流意见同等的地位。"不墨守成规的教堂既是社会激进主义的摇篮,也是中产阶级体面的新形式的摇篮。"③

近代社会契约论和进化论的影响不是斯克鲁顿专属的批判,

---

① Roger Scruton, *Our Church*, London: Atlantic Books, 2013, p.150.
② Ibid., p.167.
③ Ibid., p.142.

柯克也在类似的角度将两者作为建制教会衰弱的原因。斯克鲁顿的创新之处在于,他认为基督教神学也为政教分离提供潜在的支撑。属灵和属世,或者说彼岸与世俗是基督教整个逻辑结构中的底层逻辑。彼岸的超越性世界是比现实世界更真实的存在。"把所有无法解决的形而上学争论放在一边,然后我们就会看到,圣餐不是基督在祭坛上的临在,作为其他对象中的一个,而是他在我们心中的临在。"①霍布斯对于大卫杀死乌利亚的双层论述是典型的表现。大卫的罪和乌利亚所遭受的不公正将在最终审判中得以厘清。神圣性的世界是人类救赎的真正希望。

上帝至高的神圣性带来的另一个结果是基督教平等主义。对于神而言,人类没有高低贵贱之别。基督教由此超越血缘共同体,将爱这一观念推广到更广阔的社会关系中。爱陌生人是这一观念的表现。宗教宽容是爱陌生人在世俗时代的具体展开。"宗教自由本身就是在西方世界享有优先地位的宗教的遗产——对这种信仰,陌生人和兄弟都有平等的权利。当这种信仰衰落时,就像它在我们这个时代一直衰落一样,只剩下由它产生的政治秩序的外壳。"②

斯克鲁顿的目的十分明确。虽然不满意于圣公会组织形式的涣散,他需要为政教分离和宗教宽容的现状提供一种符合传统保守主义理念的解释。否则他必须解释为何政教分离和宗教宽容已经被纳入西方社会的基本运行逻辑之中。柯克通过将衰落解释为暂时的潮流规避这一问题。斯克鲁顿则需要积极主动面对这一问

---

① Roger Scruton, *Our Church*, London: Atlantic Books, 2013, p.134.
② Roger Scruton, *How to Be a Conservative*, London & Oxfod & New Delhi & New York & Sydney: Bloomsbury, 2019, p.139.

题。这直接引导出他对建制教会的第三层理解。

第三,教会在世俗时代的衰弱不等于直接放弃教会。教会依旧是维护伦理共同体的必要部分。"宗教在社会生活中扮演着不可否认的角色,引入了神圣和先验的观念,并在所有的习俗和会员仪式中传播了它们的影响。"① 更为重要的是,教会是承载神圣性的载体,而非神圣性本身。建制教会的衰弱不等于神圣性的衰弱。"这个制度的核心是祭品——上帝自己的一次和永恒的献祭,作为我们罪的赎罪。通过这个牺牲,我们进入了另一个更高的社区,它不是这个世界的社区,也不与世俗的权威竞争。它的中心圣礼通过重演上帝在我们手中的谋杀,庆祝上帝在我们中间的存在。"②

或者更准确地说,神圣性是人类认知结构中不可抹去的部分。理性解构的部分越多,无法祛魅的部分越多。世俗主义时代下建制教会的衰弱意味着需要为神圣性提供更为强烈的代偿机制。对于神圣性无法满足的渴望可能会以扭曲的方式展现在人类面前。法国革命者对革命的纯洁想象是非常有力的证据。革命实际上成为新的上帝。今日环保运动对地球本身的痴迷也可以被视为追求神圣性的表现。"末日文学和拯救的必要性是一枚硬币的两面:首先通过描述罪人的情况,似乎不允许任何补救,只有绝望;然后通过以一种完整的教义的形式提供希望,纯洁和顺从之路,这是救赎的唯一方式。"③

---

① Roger Scruton, *How to Be a Conservative*, London & Oxfod & New Delhi & New York & Sydney: Bloomsbury, 2019, p.138.
② Roger Scruton, *Our Church*, London: Atlantic Books, 2013, p.133.
③ Roger Scruton, *How to Think Seriously about the Planet*, Oxford: Oxford University Press, 2012, p.86.

在这一意义上,斯克鲁顿指出,美国的传统保守主义者由于缺乏帝国概念的洗礼,错误地将神学作为传统保守主义的基础。"在一个世俗社会中,保守人士往往更关心家庭及其命运,而不是宗教,但同时认识到这两者在某种程度上是相互交织的。"①民众对教会的理解不是建立在抽象理念之上,而是建立在周日与邻居共同的礼拜上,建立在与教堂神父的日常交流中,建立在教会挨家挨户的上门募捐中。建制教会只是民众日常生活的一部分;它从属于无聊的上下班以及无数家庭的琐碎所构成的日常生活方式之中。

日常生活方式是人最真实的在场感受,也是人行动的直接来源。民众可能不会为了抽象的宏观理念而活动,但一定会为了柴米油盐而不得不行动。斯克鲁顿试图指出,这种日常生活方式对于无神论和有神论者同样适用。只要他们还作为具有自主意识的有机体生存下去,他们就不得不被日常生活所驱动。比如,对家庭情感的重视不只是宗教信仰的专属。斯克鲁顿特别赞扬儒家对神圣性的世俗构建。"对于儒家来说,没有什么比对死者的尊重和赋予祖先的荣誉更重要。居住地是神圣的,家庭和家庭餐桌也是如此。古代中国的文学、艺术和陶瓷,与世界上任何地方的'人'及其永恒的意义一样清楚而温柔地表达出来。"②

斯克鲁顿的反对者质疑解释的真诚性。这种解释的实质在于

---

① Roger Scruton, *How to Be a Conservative*, London & Oxfod & New Delhi & New York & Sydney: Bloomsbury, 2019, p.141.
② Roger Scruton, *How to Think Seriously about the Planet*, Oxford: Oxford University Press, 2012, p.296.

承认现状的变化。十七八世纪的传统保守主义只会将边缘宗教和无神论者视为主流生活的威胁。换言之,斯克鲁顿被迫在进步主义的逼迫下,为传统保守主义粉饰太平。斯克鲁顿则可能反过来指责反对者混淆保守主义和复古主义的区别。伯克所开创的保守主义从来不会拘泥于特定的政策主张。"尊敬和服从传统并不意味着人们应该完全停止思维。"[1]不断变化的保守主义才是不断变化的时代体现。

对日常生活方式更致命的质疑来自形而上学的挑战。斯克鲁顿范式的核心实质上是利用日常生活为伦理共同体提供某种软性的约束机制。比如,针对乱扔垃圾的人,邻居隐性或者显性的集体排斥造成显著的心理孤立。在社区的压力之下,乱扔垃圾的人可能被迫接受伦理共同体的约束。这一判断也符合群体心理学对从众性的基本观察。问题是,在形而上学层面,它与抽象化的原子个体存在无法调和的矛盾。对于抽象个体而言,这种心理上的压迫根本无关紧要,一切以明文的契约作为基础。用洛克的话说:"服从一个国家的法律,在法律之下安静地生活和享受权力和保护,并不足以使一个人成为那个社会的成员。"[2]

完全的利己主义只会计算乱扔垃圾和邻居排斥之间的收益。只要乱扔垃圾的收益为正,那么无历史的抽象个体完全无需遵守社区共同体所安排的规范。他们本质上是社区的过客,地区伦理共同体的规范被贬低为小地方的偏见,成为理性所排斥的对象。

---

[1] Robert Lacey, *Pragmatic Conservatism*, New York: Palgrave macmillan, 2016, p.4.
[2] [英]洛克:《政府论》下篇,叶启芳、瞿菊农译,商务印书馆1996年版,第76页。

斯克鲁顿意识到必须为传统保守主义提供一种智识上的对抗方案。他的方案就是"大写的我"。

斯克鲁顿的建构可以分为三个层次。

第一，人是具身的存在。这是人类一切情感的现实载体。这些情感也与人类的基本需求紧密关联。理性主义忽视人的肉体，它所塑造的原子化个体与"缸中之脑"没有实质区别。甚至抽象化个体的大脑也可能完全电子化。这切断了肉体与情感的天然联系。"我们所有最重要的情感都与此相关：情爱，对孩子和父母的爱，对家庭的依恋，对死亡和痛苦的恐惧，对他人痛苦或恐惧的同情——如果不是因为我们作为有机体的处境，这些事情都没有意义。"①在场的肉身不只是生物学的肉体，它同时是形而上学的肉体。

第二，因果关系不是人类唯一的解释范式。"人们寻找的是原因和意义，而不是因果关系，以回答'为什么'这个问题。与我们对话的人：我们要求他们在我们眼中证明他们的行为是正确的，正如我们必须在他们眼中证明我们的行为是正确的。"②因果关系，特别是以计算精确性作为基础的因果关系只是人类理解世界的一种方式。斯克鲁顿反对霍布斯的还原主义方法论。这种方法论将画面还原为线条，将音乐还原成音符。但人类不是寻求这种因果关系，人类寻求的是作为整体的画面，作为整体的审美对象。

第三，深层的个体性不等同于个体主义。从逻辑上看，抽象化

---

① Roger Scruton, *On Human Nature*, Princeton & Oxford: Princeton University Press, 2017, p.115.
② Ibid., p.31.

的原子个体可以归结到笛卡儿的自我反思。人类需要"自我"这一概念作为逻辑思考的前提。意识主体是思维结构不可避免的部分。作为生物学意义上的人本身就拥有独立生存的能力。这一外部的客观性为"个体"提供坚实的客观基础。斯克鲁顿承认个体性的存在,拒绝将个体性与个人主义直接等同。个人主义在两个方面忽视自己与深层个体性的差异。

一方面,自我不是可以无限还原的主体。无论逻辑上如何还原,都是具体的现实的我在进行思考。"当我指代自己时,我不是指代另一个对象,这个对象就像隐藏在可观察的罗杰·斯克鲁顿的外表下。自我指涉不是指涉一个笛卡儿式的自我,而是指涉这个东西,即我这个东西,即一个具有主观看法的对象。"①个人主义所假设的真空状态只能作为纯粹的思维实验而非严肃的前提。另一方面,"自我"与"他者"是一对相互依存的概念。"自我"是在与"他者"的交互之中形成反身性的认知。斯克鲁顿采用主体间性的立场,强调人与人关系才是更为本质性的部分。对现实中的人同样如此。人类是在具体的生活经验中识别出与自己类似的个体,并且反过来通过这些同类确定自己的形象。"对我们人类来说,当我们进入一个充满欢乐和痛苦的世界时,那些为我们腾出空间的人却在给我们让出空间,我们早年享受保护,成熟后享受机遇,责任的范围比选择的范围更广。"②

传统就是人的社会性在历史中的具体展现。精致利己主义者

---

① Roger Scruton, *On Human Nature*, Princeton & Oxford: Princeton University Press, 2017, p.33.
② Ibid., p.116.

的形而上学基础没有如其所设想的坚固。人类一开始就存在于具体的伦理共同体之中。斯克鲁顿的方案并不完美。他为传统保守主义提供了一种能够在智识上反对抽象原子化个体的形而上学理论。对传统保守主义的理性化改造有助于在普遍祛魅的时代强化自己的正当性。不过,在唯我论泛滥的今天,斯克鲁顿的形而上学解释究竟能否发挥作用,还需要进一步的观察。

第三节　反对多元文化主义

形而上学的解构在学术上的作用更为明显。斯克鲁顿的深层个体性究竟是不是一个标新立异的概念值得进一步讨论。在政治哲学的层面上,深层个体性能否对抗个人主义的形而上学基础同样值得探讨。不过,对于传统保守主义而言,现实实践永远比理论争议占据优先性的地位。考虑到传统保守主义已经深陷弱势的情况下,具体的实践纲领是时间紧迫性的表现。斯克鲁顿自己也承认,"这种务实的政治方式是要付出代价的。英国保守党因其哲学上的单薄、政治上的优柔寡断以及在思想世界中一再失败而臭名昭著"[1]。

斯克鲁顿以 1968 年的五月风暴事件作为出发点,认为传统保守主义需要重新构建在文化领域的话语权。鉴于多元主义在文化领域的系统性宰制地位,破除这一话语霸权是完成重构的第一步。

---

[1] Roger Scruton, *A Political Philosophy*, London & New Delhi & New York & Sydney: Bloomsbury, 2006, p.viii.

对多元主义的反抗不是斯克鲁顿的独创;柯克同样将多元主义作为重要目标。比如,两者都强调多元文化对西方传统价值观的影响。柯克断言:"如果一个民族忘记了他们父亲的骨灰和他们的神的庙宇,其后果将很快体现在法律和国际事务中。由于缺乏文化的连续性,对一个在精神上和智力上都已筋疲力尽的社会团体进行政治修补仍然是没有意义的。"①斯克鲁顿在相似的意义上承认多元主义对西方政治连续性的威胁。他更为直白地表示:"温和的包容主张掩盖了排斥旧的排他者的强烈愿望;换句话说,就是否定定义我们的文化遗产。"②

斯克鲁顿和柯克在反对多元主义的很多方面具有高度的相似性。比如,两者都反对欧美大学的现状,认为高等教育需要普遍的改革。但两者在多元主义的破坏性影响究竟多大这一问题上却存在明显的差异。柯克将多元主义问题集中在大学教育这一领域。虽然他承认多元主义的泛滥可能会对未来社会产生严重影响,但现阶段的主要任务是纠正大学对多元主义的过分热衷。这一热衷来源于少数族裔对历史正义或者社会正义的需求。用柯克的话说,"20世纪英美文化的捍卫者必须拒绝像多元文化主义意识形态这样的愚蠢行为,这种意识形态只不过是满足了小小的种族虚荣心"③。新保守主义者也同样承认这一点。"尽管教育机构宁死也不承认,但多元文化主义是应对年轻黑人教育缺陷和相关社会

---

① Russell Kirk, *Redeeming the Time*, Wilmington: ISI Books, 1998, p.20.
② Roger Scruton, *How to Be a Conservative*, London & Oxfod & New Delhi & New York & Sydney: Bloomsbury, 2019, p.82.
③ Russell Kirk, *American British Culture*, New Brunswick and London: Transaction Publishers, 2008, p.91.

病态的绝望策略,而且肯定会弄死自己。"①

总体而言,柯克时代的保守主义者将多元主义视为某种短暂的流行或者风尚。甚至20世纪八九十年代的柯克展现出一种更为乐观主义的态度。他认为这种以妒忌和怨恨为基础的意识形态将激发英美传统文化的自我应激反应。"但面对多元文化主义的挑战,根植于英国的老牌美国文化或许仍能有力地予以回应——一种重振生机的回应。对一种传承下来的文化的热爱有一种力量,可以赶走该文化对手的嫉妒和仇恨。"②

绝大多数同时代的保守主义者认为多元文化主义本质上是一种无以为继的力量。它会在漫长的时间中揭示自己的自限性。它在高校的泛滥是因为当代大学错误估计了自己的目标。大学的目的是为了培养德行或者伦理上的善。但在当代的激进主义者眼中,"学校是一种权力的工具。它是一种向年轻人灌输激进分子所认为的良好社会概念的手段"③。这种强制的灌输会在强大的现实惯性和伦理规范的压力下趋于瓦解。柯克等人甚至乐观地将激进分子的黑话视为无法与大众建立真正联系的典型表现。

与柯克时代保守主义者设想的相反,大学不但没有回归保守主义者所看重的"德行教育",反而向着激进主义的道路狂飙突进。多元文化主义更是从大学走向社会,成为一股重要的社会实践力量。政治正确是整个多元文化主义在现实世界中的典型烙印。斯

---

① Irving Kristol, *Neo Conservatism*, Chicago: Elephant Paperbacks, 1995, p.50.
② Russell Kirk, *American British Culture*, New Brunswick and London: Transaction Publishers, 2008, p.92.
③ Russell Kirk, *Concise Guide to Conservatism*, Washington DC: Regenery Publishing, 2019, p.73.

克鲁顿不无讽刺地写道:"任何在美国大学寻求职业生涯的人都会发现女权主义信仰是有用的,就像纳粹德国时期种族主义信仰对大学官员有用一样。"①多元文化主义已经僵化为特定利益集团服务的主张。这反过来进一步强化多元文化主义的现实影响力。这一悲观性事实意味着多元文化主义不再被视为简单的流行风尚。20世纪六七十年代的保守主义者似乎再次犯了1789年保守派前辈同样的毛病,即再一次小觑了思想变动对人类社会结构的影响。正如伯克对法国沙龙公共知识分子的不屑一样,保守主义者有意贬低时髦理论的长远影响。

斯克鲁顿承认保守主义者对多元文化主义自限性的基本分析。多元文化主义的底层逻辑是以自我毁灭作为代价。它的主张可以转化为这样一个简单命题:任何文化和想法在逻辑上都是相互平等的;主流看法与边缘看法不存在实质性的区别。换言之,任何将主流想法置于更高地位的做法都是明显的歧视行为。多元文化主义逻辑在实践上转化为对各种边缘看法的包容。这一逻辑在表面上被理解为人类社会越发趋于理性和进步的表现。上文所说的宽容是这一逻辑的集中表现。

"多元文化主义一直是一项针对多数人价值观的政策,它故意试图扰乱本地居民的生活,并给他们一个教训。"②这种宽容的背后是以人为破坏主流和边缘看法的正当差异作为基础的。主流和

---

① Roger Scruton, *How to Be a Conservative*, London & Oxfod & New Delhi & New York & Sydney: Bloomsbury, 2019, p.84.
② Roger Scruton, *Where we are*, London & Oxfod & New Delhi & New York & Sydney: Bloomsbury, 2017, p.212.

边缘看法的差异本质上是人类具体生活方式的结果。强行取消两者区别的做法破坏了人类生活方式的多样性。多元文化主义表面上对多元文化的尊重只会转向为某种形式的均质主义。更为关键的是，多元文化主义对于形式平等的追求无法被限制在某种边界之中。这几乎体现在多元文化主义影响的所有领域。比如，在性少数问题上，多元文化主义必须不断将越发边缘的群体纳入性平等的范畴中。问题是恋童癖乃至恋物癖是否可以享有同等权利。又比如，在动物保护问题上，素食主义者究竟应该实现何种程度的素食将自己区分为蛋奶素食主义和绝对素食主义。生态伦理学家纳斯甚至提出微生物也应该属于深层生态伦理学的保护范围。

在对于边缘群体保护的不断拓展中，多元文化主义的支持者被迫向国家权力寻求支持。只有强制性的国家权力才能够迫使主流群体最大限度符合激进分子的伦理要求。这种对强制权力的高度呼唤以至于当代的激进自由主义者彻底走向了古典自由主义者的反面。洛克在《政府论》中将主权机构解释为消极自由的保护者。主权机构只需要承担最低限度的对内和对外责任。但当代的激进自由主义者所呼唤的是绝对意义上的国家宰制者。他们需要利用国家强行破坏主流和边缘的正常结构。这种一百八十度的转弯让斯克鲁顿写道，"任何捍卫古典自由主义立场的人都可能被视为保守派"[1]。

多元文化主义的目标在两个方面受到严重挑战。一方面，利维坦能力的有限性。在逻辑假设中，利维坦可以完美掌控政治权

---

[1] Roger Scruton, *Conservatism*, New York: All Points Books, 2017, p.105.

力。在具体的政治实践中，国家权力的展开更多表现为复杂的动态平衡系统。权力不可能在现实政治中无限扩张。多元文化主义对无限权力的渴望与现实中的有限性将处于永恒的紧张关系之中。这种紧张关系的最终结果将表现为多元文化主义和主权机构的双重崩溃。另一方面，共同体以活生生的人为基础，它必然受限于每个人的具体生活方式。主流和边缘的区别是维系共同生活方式的正当表现。"自我并不先于社会而存在，而是通过冲突的解决、习俗、道德和民间交往在社会中创造出来的。"[1]民众不是生活在道德真空中的存在，他受到自己现实社会关系网络的影响和制约。这可能表现在邻居的评价中，也表现在工作的公司中。处于具体场景的民众必然会带有前置性的假设和立场。主流意见可能是一种非理性的偏颇，但同时是地区共同体确立自我认同的方式。政治的运作以共同体的存在作为前提。"没有民众，没有由共同的归属感团结起来的'我们'，就不可能有民主。"[2]否则，近代社会契约论的困境将始终徘徊在民众面前。原子化的个体始终会询问为国牺牲的价值和意义。

问题是，多元文化主义的自我毁灭不直接等同于它可以被视为暂时性的风尚。它与西方文明的关系远比表面上更为密切。斯克鲁顿指出，多元文化主义是西方文明自我演化的一种结果。这种倾向来源于启蒙时代对普遍善的需求，也来源于基督教时代普遍伦理规范的印象。在这两者中，启蒙运动扮演尤其重要的角色。

---

[1] Roger Scruton, *Conservatism*, New York: All Points Books, 2017, p.59.
[2] Roger Scruton, *Where we are*, London & Oxford & New Delhi & New York & Sydney: Bloomsbury, 2017, p.7.

启蒙运动以理性化的真理代替传统的神学作为追求的目标。真理的绝对性与它的普遍性密切相关。特殊性的成分被贬低为非理性的习俗。正如笛卡儿无意识所做的还原一样,必须清空一切,才能重构一切。这使得启蒙所推崇的理性天然带有强烈的否定性倾向。"启蒙运动强调理性是通向客观真理的道路,取而代之的是一种'来自外部的观点',在这种观点中,我们整个学习传统都受到了质疑,作为拒绝理性的先决条件。"①

纯粹的否定性可以摧毁旧的认同,但难以建立起新的认同。斯克鲁顿指出,真正的悲观性在于多元文化主义确实是西方文化的一部分。它是启蒙逻辑自我发展的负面结果。"我们是启蒙的产物,经历了启蒙所依赖的成员形式的衰落,并成为正统观念瓦解后出现的迷信的牺牲品。"②这正是多元文化主义非但没有从流行中消退,反而从大学溢出到社会实践的关键原因。更为糟糕的是,与西方文明的共生关系本身意味着西方文明难以彻底去除多元文化主义的影响。

在斯克鲁顿的框架下,多元文化主义成为西方文明难以阻挡的噩梦。这一悲观性的现实意味着保守主义必须以更大的魄力和代价对抗多元文化主义。这场全方位的对抗不仅体现在现实实践中,也需要建立在思想的反驳中。与柯克将实用主义作为根源批判不同,二战后新左派的思想泛滥成为斯克鲁顿反对的重点。斯克鲁顿认为,今日多元文化主义的泛滥固然是西方文明自身逻辑走向反面

---

① Roger Scruton, *The West and The Rest*, London & New York: Continuum, 2002, p.73.
② Ibid., p.82.

的结果,但新左派的激进理论是促使情况迅速恶化的原因。萨特的存在主义先验地验证了欲望在自我意识主体的经验。新左派所设想的完美状态与康德的目的王国一致,只存在先验的自由。这种先验的自由为乌托邦提供了理性上的强力支持。例如,如同广告一样,新左派创造性地建立起工人阶级与知识分子的虚假联系。这种联系暗示,一旦工人接触到真正的理论,他们将不得不进行革命。工人成为抽象化的主体和符号,服从于伟大理论的革命能动性。

斯克鲁顿暗示,新左派的方法将人降格为纯粹的应激反应。看似慷慨激昂的革命人群是革命理论的附庸和奴隶。理论的背后是知识分子新型的权力垄断模式。"但从这种关系中受益的主要是知识分子,因为在这种关系中,知识分子可以独自支配这些条款。"[1]新左派对多元文化主义的神话与传统神学没有实质区别。这些新时代的祭祀意识到启蒙时代以来抽象理性所导致的神圣性空缺。但他们以一种更为否定性的方式去填补神圣性的空缺。"在很短的时间内,我们发现这所大学被另一种神学所统治——毫无疑问,是一种无神论的神学,但同样坚持无条件地服从教义,同样热情地追求异教徒、怀疑论者和揭发者。"[2]多元文化主义得以毫无阻碍地泛滥于整个教育系统之中。被大学所教育的"狂信徒"将政治正确视为新的圣典。斯克鲁顿的结论呼之欲出——多元文化主义就是新时代的宗教狂热。

---

[1] Roger Scruton, *Fools Frauds and Firebrands*, London & Oxfod & New Delhi & New York & Sydney: Bloomsbury, 2015, p.91.
[2] Roger Scruton, *The West and The Rest*, London & New York: Continuum, 2002, p.80.

第四节　恢复地区共同体

在保守主义者眼中，多元文化主义对西方文明的全方位伤害已经是毋庸置疑的事实。这一"有毒"的意识形态正在教授西方的年轻人反对自己的传统文化。文化上的空虚进一步表现为政治上的裂痕。更为关键的是，对于普遍理性的狂热信仰正在转化为新的宗教压迫。对于激进分子而言，在这场理性与传统的伟大斗争中，理性所代表的不仅是绝对真理，更是道德上普遍的善。"激进分子更喜欢全球理想，而不是地方忠诚，他们不愿与对手建立桥梁，而是倾向于将他们妖魔化。"[1]这种对抗邪恶的史诗感进一步转化为对多元文化主义的迷信。理论的正确性被无缝转化为实践的正确性。这为一种新的逆向歧视提供条件。"所有对少数民族文化的批评都被排除在公众辩论之外，新来的人很快就会得出结论，作为一个反对者居住在一个欧洲国家，仍然可以享受作为公民的回报的所有权利和特权。"[2]

多元文化主义在政治实践中的特点突出表现在以下两个方面。一是上文所指出的对强力主权机构的呼唤。多元文化主义对边缘群体的保护建立在对主流群体的打压之下。虽然话语权上的

---

[1] Roger Scruton, *A Political Philosophy*, London & New Delhi & New York & Sydney: Bloomsbury, 2006, p.45.
[2] Roger Scruton, *The West and The Rest*, London & New York: Continuum, 2002, p.63.

优势有助于维持不平衡的势力格局,但主权机构的权力背书显然能够提供更为稳定的客观性保障。这意味着多元文化主义的支持者需要不断扩展主权机构的权力强度和范围,才能尽可能多地覆盖边缘群体。对边缘群体的保护边界拓展反过来导致主权强度的指数上升。这也是为何今日的激进自由主义分子往往是大政府的支持者。二是对跨国机构的偏爱。多元文化主义的主张具有天然的超国家特征。平等不仅是属于特定国家的事情,更是所有国家理所当然的目标。传统的民族国家被视为阻碍性因素需要加以克服。这种全球主义偏好在环境保护问题上表现得更为明显。没有人会认为,沙尘暴和台风这样的自然现象可以被赋予国家特殊性这样的概念。"要实现深刻变革,就需要越来越多的跨越国界的全球性行动,这可能与当地社区的短期利益相违背。"[1]

欧盟被视为多元文化主义的阶段性产物。在激进自由主义者的设想中,欧盟的建立是以让渡主权国家的权力作为代价的。权力让渡本身意味着主权国家向超主权机构这一更高级阶段的转变。超主权机构能够从根本上消除民族国家所带来的负面影响。民族主义争端也将成为完全过时的想法。"他们的论点习惯性地淹没在关于多元文化社会、少数民族权利和新的全球经济的陈词滥调之下。欧盟、联合国和世贸组织强大的官僚机构放大了建立世界新秩序的呼声,并进一步蔑视阻碍他们计划的反动派。"[2]这

---

[1] Arne Naess, *Ecology, Community and Lifestyle: Outline of An Ecosophy*, translated and revised by David Rothenberg, Cambridge: Cambridge University Press, 1989, p.31.
[2] Roger Scruton, *A Political Philosophy*, London & New Delhi & New York & Sydney: Bloomsbury, 2006, p.25.

种对未来或者说进步的乐观主义心态,是多元文化主义者积极推动欧盟一体化的原因所在。

斯克鲁顿不否认问题的跨国特征。问题是,多元文化主义所期望的全球主义方案是否能够如其所设想的那边解决问题。斯克鲁顿否认全球主义是跨国问题的必然答案。多元文化主义对全球主义方案的偏爱是理论模型的结果,也是经验直观的结果。激进自由主义者观察到在许多国际问题中,主权国家存在强烈的以邻为壑的倾向。2016年欧洲移民危机各国的表现进一步成为他们将主权国家视为克服对象的愿望。换言之,在激进自由主义者的设想中,如果欧盟作为一个有效的主权机构,那么它完全可以通过资源的有效调配将危机的影响分担到各个地区,从而避免对整体的严重冲突。

这一设想在逻辑上有其合理性,但在政治实践中面临非常复杂的局面。强力的超主权机构是以权力上移作为代价的。这一行为本质上是将地方的权力上移至更高的政府层级,通过下级机构的附庸化和工具化克服地区之间的冲突。但这种权力上移带来两个方面的问题。一方面,地区自己才更熟悉所处地区的情况;陌生外部势力的干涉无法保证能够得到更为积极的结果。另一方面,即便能够充分掌握情况,陌生的中央政府也没有地区政府强烈的行动意愿。在官僚主义的宰制下,系统倾向于优先解决最容易的问题而非最重要的问题。

更糟糕的是,多元文化主义完全忽视了地区共同体的价值。"传统社区应该受到保护,不受突然的和外部策划的变化的影响,这不仅是为了他们的可持续经济,也是因为构成他们社会资本总和的价值观和忠诚。"①对社区共同体的破坏将削弱共同体的自我认同。这意味着牺牲将成为更为困难的事情。"我们"被还原为原子化的个体,这转化为对日常事务普遍的漠不关心。这最终为责任逃逸创造巨大的空间。日常责任被转移为中央政府的责任。中央政府的责任则被消解在庞大的官僚机构之中。

欧盟的责任逃逸是典型的表现。"它是一种由上而下的秩序,通过一套不可避免的规章制度传递到公民社会,由一个官僚机构管理,这个官僚机构不向其之下的任何人负责,而只对其所招募的人负责,而这些人从未为自己的错误付出过代价。"②这最终形成一个庞大的布鲁塞尔官僚阶层。由于官僚层级的复杂性,欧盟不但没有解决问题,反而创造更多的问题。激进自由主义者将斯克鲁顿的批判视为欧盟作为过渡性产物的不完美表现。但斯克鲁顿指出,多元文化主义对官僚主义的偏爱是自身逻辑的结果。"在这个问题上,我们的政治家屈服于官僚主义还有另一个原因,那就是经济学的兴起和胜利,以及它从工具推理科学向现代生活的意识形态的转变。"③换言之,多元文化主义始终从外部视角对待一种文化。这种外部视角本身被视为客观和中立的必备条件。问题是,普通民众是从内部视角理解文化;文化是生活中的一部分。这种强制的视角剥离只会进一步增加责任逃逸。

---

① Roger Scruton, *A Political Philosophy*, London & New Delhi & New York & Sydney: Bloomsbury, 2006, p.43.
② Roger Scruton, *Where we are*, London & Oxfod & New Delhi & New York & Sydney: Bloomsbury, 2017, p.139.
③ Roger Scruton, *How to Be a Conservative*, London & Oxfod & New Delhi & New York & Sydney: Bloomsbury, 2019, p.166.

斯克鲁顿的批判也揭示他解决问题的核心主张——恢复地区共同体。既然今日政治问题来源于地区共同体弱化所带来的责任逃逸，那么恢复地区共同体、重建责任约束是逻辑上的合理答案。斯克鲁顿写道："保守主义如其名所示：试图保护我们现有的社区——不是在每一个具体的方面，正如埃德蒙·伯克所说：'为了保护，我们必须改革'，而且是在确保我们社区长期生存的所有事项上。"①

斯克鲁顿的一般原则可能没有逻辑上的明显缺陷，但在传统保守主义始终强调的实践中可能没有设想的那么和谐。在斯克鲁顿的理论中，跨国巨型企业这样的外部干涉力量显然扮演更为消极性的因素。大型连锁超市以压倒性的体量优势严重挤压本地的零售超市。这实质上是对本地社区网络的一种破坏。斯克鲁顿写道："正是因为这个原因，它困扰着我们。经济活动已经脱离了社区建设。我们不认识生产我们产品的人；我们不知道他们在什么样的条件下工作，他们相信什么，他们希望什么。"②民众再也无法享受到本地商品所带来的熟悉感，或者说认同感。斯克鲁顿将解决方案寄希望于某种形式的本地化生产。"我们需要把小企业带到农村社区的中心地带，为年轻人提供工作机会和学徒机会；与此同时，我们应该鼓励当地食品经济的发展，并让城市居民意识到他们所吃食物的本质和来源。"③

---

① Roger Scruton, *Conservatism*, New York: All Points Books, 2017, p.12.
② Roger Scruton, *Where we are*, London & Oxfod & New Delhi & New York & Sydney: Bloomsbury, 2017, p.153.
③ Ibid., p.220.

斯克鲁顿的设想固然美好,但民众可能同样难以舍弃大型连锁超市所带来的便利性。非强制性的鼓励是否真的能够达到目标是非常值得怀疑的情况。但斯克鲁顿的一般原则提供了某种辩护的可能性,其方案的核心在于恢复地区共同体的自我决定权。在关于大型连锁企业这样的问题上,地区共同体的参与者完全可以通过内部商定的方式做出决定。无论选择保留与否,都是各共同体的自我选择。这种选择本身意味着他们需要承担与之相应的责任。责任本身可以进一步转化为对社区共同体或者说"我们"的认同感。

地区共同体认同感的塑造是通过多种载体加以培育的结果。家庭、社区学校和教会都是其中的重要组成部分。"人们通过获得第一人称复数——一个地方、一个社区和一种属于'我们'的生活方式——来安顿下来。这种'我们'的需要,不为国际主义者、革命的社会主义者或致力于启蒙运动的知识分子所接受。"[1]这种"我们"恰恰是最真实的存在。"我们"是学校里一起上课的学生,是一起吃饭的家庭成员,是周末一起参加社区教堂礼拜的邻居。斯克鲁顿的想法在侧面上暗示,遏制学校流行的多元文化主义思潮不仅是学校的责任,也是家庭的责任,是社会的责任。"将儿童虐待问题交由越来越多的专家和政府本身就是一种推卸责任。"[2]各载体之间唯有紧密合作,才能建立起真正强有力的认同。

---

[1] Roger Scruton, *How to Be a Conservative*, London & Oxford & New Delhi & New York & Sydney: Bloomsbury, 2019, p.25.
[2] Roger Scruton, *The Uses of Pessimism*, Oxford: Oxford University Press, 2010, p.175.

网络社区是斯克鲁顿特别提及没有展开的一个部分。一方面，他认为网络社区存在典型的无根性表现。网络社区的年轻人对所谓的熟悉感和认同感不屑一顾。"对于网络化的年轻人来说，这似乎不是个问题，因为无论如何，所有的东西都是凭空提供给他们的。"[1]他们以彻底的实用化态度对待所需要的商品。另一方面，斯克鲁顿认为网络社区同样为地区共同体的构建提供新的可能性。"网络社区越来越像一个地方，在这里邻里之间的一些安慰和相互信任正在形成，无视社交媒体本身的'替代'趋势。"[2]甚至厌恶网络社区本身就是地区共同体缺失的代偿反应。年轻人只是没有以正确的方式处理自己的空缺。这也是为何众多西方年轻人，特别是欧洲年轻人，会试图反对新自由主义的原因。新自由主义被等同于美国化。美国化意味着欧洲身份的混淆和丧失。这种恐惧错误地转化为对强大中央权力和全面控制的呼唤。

为了对抗自上而下的全面控制，斯克鲁顿选择自下而上的地区共同体建设作为替代方案。他尤其强调这种方案对英美文化的特殊意义。英美政治体制的构建是以自下而上的方式进行的。"国家是具有政治形态的社区。他们倾向于通过将共同的归属感转化为集体决定和自我强加的法律来维护自己的主权。国籍是领土依附的一种形式。但这也是一种原始的立法安排。"[3]换言之，斯克鲁顿再次召唤伯克的古老观念——英美的自由是英美自身历

---

[1] Roger Scruton, *Where we are*, London & Oxfod & New Delhi & New York & Sydney: Bloomsbury, 2017, p.157.
[2] Ibid., p.160.
[3] Roger Scruton, *A Political Philosophy*, London & New Delhi & New York & Sydney: Bloomsbury, 2006, p.41.

史习俗塑造的结果而非抽象理论的产物。当代西方世界的问题在于,"西方社会文化生活的巨大变化源于人们对社区的寻求,对他们来说,过去的忠诚已经失去了吸引力"①。多元文化主义所提供的等价物无法建立起新的全面忠诚。全面的内部战争是忠诚撕裂的最终结果。

斯克鲁顿确实为西方文明的深层矛盾提供了一种有力的解释。然而他似乎有意模糊一个问题,即这种自下而上的方式究竟是普遍有效的方案还是只适用于英美国家的特殊方案。如果作为一种普遍方案,斯克鲁顿没有回答这是否意味人类政治存在普遍的样貌;如果作为一种特殊方案,斯克鲁顿也没有直接表示其他文明是否具有不同的处理方式。他充其量只是在较为宽松的层面上提及欧洲基督教文明的共通性。

在特殊性和普遍性中反复挣扎不是斯克鲁顿一个人的问题。从伯克时代开始,传统保守主义始终无法完全处理两者间的紧张关系。这最终为斯克鲁顿处理爱国主义问题留下阴影。激进自由主义之所以反对主权国家的关键原因之一就是主权国家的自利性。每个国家都为了自己的特殊利益将其他国家视为潜在的竞争者。相互间的敌视为偏执的排外主义提供了借口。排外主义则反过来加剧国家间的猜疑和不信任。战争是这种恶性循环的典型结果。第二次世界大战为欧洲带来严重的灾难。"欧盟产生于这样一种信念,即欧洲的战争是由民族情绪引起的,需要的是一种新

---

① Roger Scruton, *How to Be a Conservative*, London & Oxfod & New Delhi & New York & Sydney: Bloomsbury, 2019, p.89.

的、跨国的政府形式,它能将人们团结在和平共处的共同利益周围。"①斯克鲁顿自下而上的方案不但没有为国家间的战争提供限制,反而强化了两者间的身份冲突。

斯克鲁顿没有系统性地回答这一问题,他试图从两个方面为这一问题提供辩护。

第一,斯克鲁顿强调民族国家是当今政治的地基。"民族国家为其成员提供了一种共同的忠诚,一种设想他们团结在一起的方式,这使得选举和驱逐他们的代表的计划对普通公民来说是容易理解的。"②这种底层代码的建构为日常的政治危机提供缓和的可能性。如承认选举失败是最为有力的表现。在缺乏西方民族国家构建的地区,每一次选举都是潜在动荡的诱因。败选者往往拒绝承认选举的结果,从而激发宪政危机。民族国家为这种潜在的分裂提供充分的黏合剂,也是保证民主制度得以运行的关键。换言之是民族国家造就民主制,而不是民主制造就国家。

激进自由主义对主权国家的反对与因噎废食没有本质区别。欧盟失败原因的关键就在于它无法承担民族国家的责任。"欧盟也不太可能产生一种新的前政治忠诚。形成欧洲民族忠诚的所有因素——共同的语言、共同的宗教、共同的习俗、共同的法律体系和共同的生活方式——都不在其中。"③更何况,在国际政治中取

---

① Roger Scruton, *How to Be a Conservative*, London & Oxfod & New Delhi & New York & Sydney: Bloomsbury, 2019, p.35.
② Roger Scruton, *The Uses of Pessimism*, Oxford: Oxford University Press, 2010, p.122.
③ Roger Scruton, *The West and The Rest*, London & New York: Continuum, 2002, p.154.

消战争本身可能是一种永久和平的虚妄想象。战争同样在人类的政治社会中存在积极作用。

第二，爱国主义本身不等于排外主义。地区共同体的特殊规范是该地区长期保持生命力的重要原因。这种规范可能不被普遍理性所理解，但为具体生活提供有效的黏合作用。正如客人需要对主人保持尊敬一样，外来的陌生人有必要对特殊规范保持必要的尊重。特别是当陌生人试图成为其中一员时，他更有必要接受社区共同体的特殊规范。排外本身是一种不可避免的心态，是民众捍卫熟悉生活方式的正当做法。并且，在绝大多数情况下，排外与排外主义之间存在巨大的鸿沟。排外主义与其说是建立在对国家的忠诚和热爱上，倒不如说建立在狂热之上。"这种民族主义不是对国家的忠诚，而是披着领土外衣的一种宗教忠诚。"[1]

作为一个反面例证，欧盟也没有如其所设想的开放。"欧洲话反映了新话（new word）的这一特点。它避免了重复提及战斗、斗争和冲突。但是，它把它的鼓励集中在政治进程的一种泛动态愿景上，在这种愿景中，所有'积极'的变化都是不可逆转的，而所有消极的变化只是暂时的挫折，是由种族主义、仇外心理、小英格兰主义、民族主义等引起的。"[2]但随着越来越多人开始质疑欧盟的基本价值观念，欧盟也采用大量进攻性语言进行维护。所谓的开放更多是事态相对缓和的结果。一旦进入到政治的生存博弈，欧盟同样显示出自己的排外倾向。

---

[1] Roger Scruton, *A Political Philosophy*, London & New Delhi & New York & Sydney: Bloomsbury, 2006, p.16.
[2] Ibid., p.169.

第五节　有待验证的斯克鲁顿范式

对斯克鲁顿范式的实践效果进行评价可能是一件为时尚早的事情。除了时间性因素外，斯克鲁顿范式与现实政治中的实际联系也是一个复杂的问题。比如，美国最近兴起的家长运动与斯克鲁顿的思想有多大联系就值得探讨。从运动的逻辑看，这符合斯克鲁顿恢复地区共同体的路径。他早已指出，"移民管治在很大程度上是跨国立法的结果。恢复主权，这些控制可以再次到位——将教育系统的控制权交还给父母，恐恐者将不再负责。"[1]从直接影响看，斯克鲁顿显然对美国的思想运动缺乏影响力。弗吉尼亚州的家长们显然不会注意到大洋彼岸的斯克鲁顿在几年前曾经写过什么。

唯一直接与斯克鲁顿范式有直接联系的政治事件可能是英国脱欧。斯克鲁顿与英国保守党内部的硬脱欧派系——基石集团关系密切。欧盟对英国主权的威胁是斯克鲁顿理论的内容，也是基石集团的重要论点。斯克鲁顿指出："控制边界的权力是主权的主要表现，也是领土管辖的必要条件。如果将这一权力转让给外部机构，国家的基础就会受到损害。……在危机的每一个关键时刻，欧洲当局都不知所措，因为他们排除了在寻求解决方案时真正适

---

[1] Roger Scruton, *A Political Philosophy*, London & New Delhi & New York & Sydney: Bloomsbury, 2006, p.30.

用的唯一因素,那就是国家主权。"①英国想要保障自己的主权和国家认同,它就必须摆脱欧盟对主权的侵蚀。在英国脱欧投票中,基石集团就将主权独立作为问题的核心。在移民危机的背景下,这一策略成功激发起英国民众对主权的担忧,最终促使英国脱离欧盟。

斯克鲁顿范式的有效性是另一个值得关注的问题。从外部层面看,斯克鲁顿范式面临比柯克时代更为困难的局面。尤其是冷战后在美国一家独大的情况下,传统保守主义几乎难以唤起有效的共鸣。斯克鲁顿承认宗教的关键性,但也承认宗教在这个世俗时代已经日益衰弱。传统保守主义需要建立起以世俗时代为特征的范式。斯克鲁顿将重点放在恢复地区共同体的认同或者忠诚上。

问题是,在一个深受技术理性宰制的时代,斯克鲁顿范式能够扭转这一局面是令人怀疑的事情。他似乎有意将西方文明从普遍的世界秩序解脱出来,退缩回欧洲和北美大陆。用他自己的话说:"这意味着我们必须限制全球化的进程,以消除其被认为是西方对其他国家的威胁的形象。"②换言之,斯克鲁顿放弃了某种新的普遍性论述,转而承认以特殊性为基础的各文明体。对广泛推崇普遍理性的知识界而言,这种理论既没有吸引力,也不可能提供"真正"的时代方向。

---

[1] Roger Scruton, *Where we are*, London & Oxfod & New Delhi & New York & Sydney: Bloomsbury, 2017, p.205.
[2] Roger Scruton, *The West and The Rest*, London & New York: Continuum, 2002, p.159.

斯克鲁顿范式在理论内部的自洽性也存在许多值得完善的部分。一方面，他在很多实践问题上都倾向于将责任约束作为问题的解决方案。这一逻辑似乎暗示只要每个人都做好自己的事情，不逃避自己的责任，那么问题就可以在日常层面被消解，只不过明晰明确的责任本身可能就是一件困难的事情。责任可以分为直接责任和间接责任。绝大多数人可以同意我们需要承担明确的直接责任，问题是我们如何界定"吾虽不杀伯仁，伯仁由我而死"这样的问题。无限制的扩展间接责任，只会导致没有任何人和团体可以承担起这种责任。另一方面，所有行为的结果都具有潜在的不确定性。人类无法排除意外的可能性。为所有意外承担责任同样缺乏理论上的可能性。责任的完美分配本身是一件不可能的事情。斯克鲁顿似乎在这里所阐述的不是传统保守主义，而是另一种形式的乌托邦。

更为糟糕的是，一旦责任无法被完美分配，责任约束将陷入严重的危机。所有个体都以责任分配的不平衡为由寻求所谓的补偿。这一问题在历史正义这一领域变得极为明显。发展中国家和发达国家在碳排放问题上的差异是真实的写照。后发展国家一定会寻求某种程度的历史正义；否则碳排放或者碳税只会成为新时代的贸易和技术壁垒。斯克鲁顿在这一问题上的回应非常软弱，并且带有强烈的西方中心主义倾向。

斯克鲁顿在形而上学领域对个人主义的批判同样存在理论上的危机。他拒绝将人视为生物学意义上可以还原的对象。人是什么和人是如何形成的是两个不同领域的问题。人类的自我意识来自"自我"与"他者"的交互。换言之，"我"是通过"他者"意识到自我归纳和自我预测的必要性。这一逻辑以将世界概念化作为前提。但问题是作为自我意识的主体,也就是在"我"究竟是什么这一问题上,斯克鲁顿的回答依旧是含糊不清的。他写道:"我建议我们把人理解为一个涌现出来的实体,根植于人类,但属于另一种解释秩序,而不是生物学所探索的。"[1]他却没有解释这一涌现的实体究竟拥有哪些属性。斯克鲁顿对传统保守主义形而上学的建构还激起一个新的问题,即保守主义是结果主义还是义务论。至少在伯克的角度看,保守主义即便不是结果主义,也应当重视实际结果。在理论和事实之间,伯克式的保守主义始终强调现实的优先地位。

斯克鲁顿范式在世俗时代为英美传统保守主义提供了新的希望。这一希望在一定程度上是以和古典自由主义的妥协作为代价。与柯克坚定的反融合论立场相反,虽然斯克鲁顿强调保守主义和自由主义的区别,但他认为传统保守主义和古典自由主义存在更密切的接触关系。"自由主义和保守主义之间的关系不是绝对对立的关系,而是共生的关系。自由主义只有在保守主义所捍卫的社会背景下才有意义。"[2]在传统保守主义与古典自由主义对抗激进自由主义的同盟中,反融合论的立场可能不那么适宜。现在唯有时间才能证明,斯克鲁顿范式究竟是另一个延绵百年的迪斯累利范式,还是被迫陷入迅速崩溃的柯克范式呢?

---

[1] Roger Scruton, *On Human Nature*, Princeton & Oxford: Princeton University Press, 2017, p.30.
[2] Roger Scruton, *Conservatism*, New York: All Points Books, 2017, p.55.

第六章　传统保守主义的现在与未来

斯克鲁顿是在一个比柯克更为糟糕的情况下加入传统保守主义的阵营的。面对传统保守主义的困境,柯克既可以向前召唤战前欧洲的积极想象,也可以躲在冷战下自由传统的大帐篷中。已经陷入衰弱的宗教依旧在柯克时代提供相当丰富的基础公共服务。这使得柯克对西方文明保有更为积极乐观的态度。他始终认为美国民众有能力拒斥多元文化主义的诱惑。对美利坚特殊性,或者说英美文化特殊性的赞赏转化为对英美制度的自信。"对自然私人权利的关注;关注代议制政府和联邦政府,而不是中央政府:这些政治原则一直是美国为全世界正义、秩序和自由之友树立的榜样。"[1]斯克鲁顿对英美文化的特殊性同样有所偏爱。不过,比起柯克的论调,他的态度更为谨慎和内敛。斯克鲁顿的赞扬更多趋向于内部,尤其是对美好时代的怀念中。特别是随着两次世界大战灾难性场景的淡化,斯克鲁顿认为有必要重塑对西方文化的信心。

---

[1] Russell Kirk, *Concise Guide to Conservatism*, Washington DC: Regenery Publishing, 2019, p.51.

与柯克相比,斯克鲁顿对新事物,或者说变革也持有一种更积极的态度。从伯克开始,传统保守主义始终强调保守不等于一成不变。"正如人体会耗尽旧的组织并产生新的组织一样,政治体也必须不时地抛弃一些旧的方式,并进行某些有益的创新。"[1]但斯克鲁顿在这方面展现出更为宽容的面貌。即便在现在看来是非常重要乃至毁灭性的变革,时间仍然可以将其融合到传统之中。他以英国铁路为例指出,当时的传统保守主义者将铁路视为对环境和乡村生活的巨大破坏而加以抵制。"今天,我们认为铁路是一种环境友好型的交通方式,它使栖息地和农田基本不受干扰。既然我们已经习惯了它,它在风景中的存在并没有破坏我们对它的依恋,相反却加强了我们对它的依恋。"[2]斯克鲁顿在现代性问题上的态度最为明显地表现出这种转变。他承认伯克时代的前提已经消失,"保守派对现代性的回应是拥抱它,但要在充分认识到人类的成就是难得的、不稳定的情况下,批判地拥抱它"[3]。

　　斯克鲁顿的转变与过去 30 年的政治现实密切相关。从 20 世纪 80 年代开始,传统保守主义不但在与激进自由主义的对立中江河日下,甚至在保守主义的内部话语权争夺中也全面败给新保守主义。这一保守派内部的话语更迭甚至导致保守主义被理解为僵化的小政府和自由贸易的支持者。"环保主义者已经习惯于将保

---

[1] Russell Kirk, *Concise Guide to Conservatism*, Washington DC: Regenery Publishing, 2019, p.84.
[2] Roger Scruton, *How to Think Seriously About the Planet: The Case for an Environmental Conservatism*, Oxford: Oxford University Press, 2012, p.340.
[3] Roger Scruton, *A Political Philosophy*, London & New Delhi & New York & Sydney: Bloomsbury, 2006, p.208.

守主义视为自由企业的意识形态,将自由企业视为对地球资源的攻击,除了激发市场活力的短期收益之外,没有其他动机。"[①]新保守主义强烈的国际干涉倾向进一步激发非西方世界对保守主义的反感。这种流行的偏见是如此根深蒂固,以至于斯克鲁顿不得不特别澄清,"保守主义本质上并不是一项国际性的事业。它的特点来自当地的问题,以及在特定的地点和时间滋生的爱和怀疑"[②]。

令人讽刺的是,传统保守主义重新崛起来源于西方世界的内部危机。2008年的全球金融危机严重动摇普通民众对新自由主义全球化模式的信心。新自由主义的全球化是一个极为精妙且脆弱的系统。这一系统的内部分配模式加剧地区和阶层的不平衡。"对许多年轻人来说,尤其是在英国和德国,全球化是'新自由主义'的另一个名字,而新自由主义本身就是国际资本主义的最新化身。"[③]更为糟糕的是,新自由主义的全球化模式剥夺了地区和国家的身份认同。这为传统保守主义的复苏提供了重要的情感推动力。在西方持续不断的现代性危机中,传统保守主义正在被越来越多的人视为可能的解药。

第一节 传统保守主义的失声

毫不夸张地说,冷战后的英美传统保守主义正处于自己有史

---

① Roger Scruton, *A Political Philosophy*, London & New Delhi & New York & Sydney: Bloomsbury, 2006, p.33.
② Roger Scruton, *Conservatism*, New York: All Points Books, 2017, p.2.
③ Roger Scruton, *Where we are*, London & Oxfod & New Delhi & New York & Sydney: Bloomsbury, 2017, p.171.

以来第一次真正的生死存亡时刻。斯克鲁顿的思考虽然为传统保守主义提供了更多形而上学的支撑,他的观点却处于非常边缘的位置,几乎难以对主流的政治实践产生任何影响。这并非斯克鲁顿的特别体验。晚年的柯克也发现他逐渐被新保守主义的话语所压制,以至于保守主义越发不是他所理解的样貌。对待海湾战争的态度差异是非常明显的表现。柯克悲哀地发现他的观点几乎处于孤立无援的地位。新保守主义者似乎搞错了扩充武力进行威慑和将武力散布到全球的区别。新保守主义者反过来指责柯克态度虚伪。海湾战争与里根时期在格林纳达、贝鲁特的做法没有本质区别。对海湾战争的干涉是维护美国政治制度的必要行动。美国不可能忍受萨达姆这样的独裁者掌握石油这一关键资源。

理论的边缘化对传统保守主义并不致命。但传统保守主义在失去话语权的同时也失去了与政治实践的密切联系。政府政策的制定和实施无法体现传统保守主义者的意志和态度。这种缺失才是伯克一直以来强调实践或者说结果的原因。无法发挥政治影响力的派系与尸体没有任何区别。反倒是被柯克所批评的善于公关的新保守主义者成功主导了保守主义的内部话语。正如克里斯托所指出的那样:"世界就是这样。这是一个媒体的世界,在传播的力量面前,习惯和风俗是脆弱的。因此,在这个世界上,思想及其表达对于有效的保守派政府是不可或缺的,因为只有这样的思想才能为保守派选民提供定义和一致性。"[1]克里斯托进一步强调,即便这种结合的方式是危险的,在大众媒体的时代,唯有积极争取

---

[1] Irving Kristol,*Neo Conservatism*,Chicago:ELephant Paperbacks,1995,p.353.

影响力,才能转化为对政策的实际话语权。

从冷战后的英美政治实践看,新保守主义的策略无疑是成功的。这种成功最初可能与冷战的胜利密切相关。无论是新保守主义还是新自由主义带领西方世界赢得冷战,冷战确实是在里根—撒切尔思想流行于西方时得以结束。里根—撒切尔的执政思路也被添加了神话的色彩。许多研究者甚至相信,人类历史的前进道路已经不再有争议。以个人自由为基础的西方民主模式将成为人类文明的最终阶段。福山的历史终结论是这种乐观心态最为著名的理论表现。他确信黑格尔所期盼的普遍历史的终结已经到来。

新自由主义和新保守主义的关系是一个额外需要澄清的问题。两者是里根和撒切尔执政思路的两个重要支柱。在一个最简单的层面上,新自由主义主要表现在经济领域,而新保守主义则主要表现在政治领域。这与两者的理论重点密切相关。新自由主义直接脱胎于对凯恩斯主义的反对。新自由主义经济学家认为凯恩斯背离了古典自由主义的经济学理论,忽视市场的自我调节能力。全面的协作分工和生产要素的充分流动是提高生产效率的重要路径。这使得他们特别重视市场的自由交换。在政策实践上,新自由主义恢复了斯密对于放任主义的某种偏爱;大规模的私有化和市场化是其典型的旗舰政策。"市场是价值的最终仲裁者,是衡量一切事物的标准,这种明显的非保守观念确保了公民生活被忽视,政府利益和市场利益被视为同义。"[1]

新保守主义则诞生于冷战的对抗中。新保守主义者始终将意

---

[1] Phillip Blond, *Red Tory*, London: Faber & Faber, 2010, p.19.

识形态的竞争作为重点。这使得他们对政治斗争，特别是国际政治斗争保有强烈的兴趣。西方世界需要捍卫自己政治制度的优越性。冷战的胜利进一步放大了他们对自身的信心。膨胀的信心转化为强烈的意识形态对外干涉倾向。现在美国不但需要捍卫自身的政治制度，更加需要改变他国的政治制度。对他国输出意识形态不仅是政治上的现实需要，也是道德上普遍善的体现。

新自由主义和新保守主义并非不存在内部矛盾。两者在对待国家和宗教等问题上的差异是潜在的表现。对新自由主义而言，国家、宗教等特殊性因素在一定程度上是阻碍生产力要素无障碍流动的要素。新自由主义者不仅倾向于弱化国家，甚至认为应该在合适的时候取消国家。新保守主义者的小政府主义也主张限制国家权力，避免"极权主义"暴政。但他们并不赞同取消国家，甚至美国例外论本身就是他们的重要主张之一。"保守主义在美国是一场运动，一场大众运动，而不是任何政党内的派系。"①对自由民主制度的支持是美国民众的普遍选择。这也被新保守主义者认为是美国可以成功抵抗苏联而欧洲不能的原因。

一言以蔽之，新自由主义者更多是社会自由主义者，而新保守主义者则持有社会保守主义的态度。但在里根与撒切尔的时代两者在关键主张上的相似性为它们结成密切联盟提供了基础。两者都反对苏联的计划经济政策，也反对苏联的意识形态输出。苏联以强大的他者形象使两者统一起来。这种联盟在冷战后的初期依旧可以发挥自己的生命。新自由主义的经济理论为新保守主义的

---

① Irving Kristol, *Neo Conservatism*, Chicago: ELephant Paperbacks, 1995, p.377.

小政府主张提供政治上的借口。新保守主义全球干涉在制造痛苦的同时,也将美国的影响力扩展到全世界;这反过来又为新自由主义在全球的扩展大开方便之门。克里斯托甚至宣称:"我的政治观点是我们现在所说的新自由主义,但我没有兴趣表达它们。"[1]布隆德将这种联合视为今日政治极化的诱因。"我们把最糟糕的左派和右派结合在一起,形成了一种哲学:威权主义、不自由主义、官僚主义的国家,再加上极端的市场意识形态和资本的无限支配。"[2]

英美传统保守主义的衰退迅速彰显出直接的后果——也就是政治代表的缺失。在美国,这突出表现为缺乏代表传统保守主义的总统候选人。小布什总统虽然被视为共和党的候选人,但传统保守主义者更多是出于无奈而被迫支持他。"伟大的 M.E.布拉德福德很久以前就指出,南方的'保守派'(即共和党人)与南方的保守派不是一回事。[3] 布什家族虽然处于南方的得州,但他们更多是北方洋基人的代表。小布什对美国制度近乎宗教般的狂热是最好的注脚。发动阿富汗和伊拉克战争不只是单纯的反恐需求,更是将民主的美国制度带到落后地区的圣徒行为。让世界美国化才是他进行国际干涉的真正实质。在英国,虽然在两党制的框架下英国实现保守党和工党政权的更替,但布莱尔的新工党与其说是传统工党的继承者,倒不如说是撒切尔政策的继承者。"工党非但没有攻击全球资本主义,反而成了它最忠实的捍卫者,它不顾民族

---

[1] Irving Kristol, *Neo Conservatism*, Chicago: ELephant Paperbacks, 1995, p.18.
[2] Phillip Blond, *Red Tory*, London: Faber & Faber, 2010, p.22.
[3] Clyde N. Wilson, *The Yankee Problem*, Columbia: Shotwell Publishing, 2016, p.27.

抵抗的最后残余,推动'全球'经济,并对反动派和'小英格兰人'嗤之以鼻,他们准备牺牲更多经济增长的承诺,以换取国家主权、地方传统和普通法的公认利益。"[1]或者用讽刺性的说法,布莱尔的新工党是撒切尔政策的私生子。

克里斯托在更早的时候就宣称新保守主义和传统英美保守主义的区别。"美国的新保守主义与奥克肖特所极力推崇的理念的英国保守主义截然不同。它也不同于如今仍主导保守党的不那么理念的保守主义。事实上,我认为可以公平地说,它不同于今天西欧所有民主国家中所谓的保守主义。"[2]虽然上一章已经指出,新旧保守主义在许多具体问题上拥有类似的态度,但两者的世界图景存在根本性的不同。新保守主义试图将美国的特殊性理解为新的普遍性。它与它主要的竞争对手激进自由主义之间反而拥有更多的同构性。两者都相信人类政治存在某种终极的完美形态。他们的分歧只是在于这种完美形态究竟是什么。

斯克鲁顿在一定程度上试图扭转传统保守主义的自然倾向。这成为他积极参与热点话题的重要原因。在他看来,诸如环保之类的流行问题已经彻底被左派所宰制,以至于许多人忘记传统保守主义的历史功绩。"在英国,环保运动的根源在于启蒙运动对自然美的崇拜,以及19世纪对工业革命的反应,在这场革命中保守党和激进派发挥了同等的作用。"[3]保守主义的词义本身就与环境

---

[1] Roger Scruton, *The Meaning of Conservatism*, Hampshire: Palgrave Macmillan, 2001, p.viii.
[2] Irving Kristol, *Neo Conservatism*, Chicago: Elephant Paperbacks, 1995, p.374.
[3] Roger Scruton, *How to Think Seriously about the Planet*, Oxford: Oxford University Press, 2012, p.5.

保护存在天然的亲近。保守主义重视将现有的文明传承给下一时代。破坏环境也等同于破坏传统保守主义最重视的历史延续性。

斯克鲁顿的尝试很大程度是失败的。这种失败不只是斯克鲁顿个人的表现,而是整个英美传统保守主义的共性表现。在美国,可能仅有少数的南方保守主义者还在试图反抗主流话语。戈德弗里德代表南方保守主义指出:"那些现在拥护保守主义标签的人已经把他们自己的最高价值观与一个特定的议程和实施它的特定方式联系在一起。'保守派'宣称这些价值观是永恒的,因此他们将自己与左翼的对手区分开来。后者将他们的意识形态呈现为走向进步的未来,将消除过去。"[1]在冷战胜利后到 21 世纪初的这十几年中,传统保守主义的声音几乎完全被主流所遮蔽。

英美传统保守主义的失声可能与两个因素密切相关。一是传统保守主义自身的特点。斯克鲁顿认为传统保守主义在本质上是不善言辞的。从伯克时代开始,传统保守主义就拒绝为特定意识形态或政策主张背书。甚至与其他意识形态相比,不同国家的传统保守主义者可能会在政策上产生截然相反的理解。这使得它始终无法将自己的目标与具体的政策绑定在一起。"保守主义可能很少以格言、公式或目标来表明自己。它的本质是含糊不清的,它的表达在被迫的时候是怀疑的。"[2]只有在真正的危机中,传统保

---

[1] Paul Edward Gottfreid, *Conservatism in America*, Hampshire: Palgrave Macmillan, 2007, p.113.
[2] Roger Scruton, *The Meaning of Conservatism*, Hampshire: Palgrave Macmillan, 2001, p.1.

守主义才能将目标与具体的政策实践联系在一起,转化出巨大的动力。大众媒体进一步放大了传统保守主义不善言辞的缺陷。二是冷战后到 21 世纪初期世界局势的影响。一方面,冷战后政治局势的变化让美国一跃成为世界上唯一的超级大国。这转化为美国对国际秩序更强的控制能力。通过对秩序的宰制,美国得以将新自由主义的代价以隐性的方式转移到其他国家,特别是发展中国家身上。另一方面,20 世纪末互联网的繁荣发展也为新自由主义的结构性矛盾提供了掩护。对于大多数沉浸于经济繁荣的普罗大众而言,新自由主义可能的经济恶果依旧是一个遥远未来的预言。

  普遍的乐观主义心态主导了冷战结束到 21 世纪早期的数十年时间。诸如福山之类的学者加剧了乐观主义情绪的蔓延。国际政治几乎被国际自由主义者所主导。米尔斯海默这样的进攻性现实主义者只能无奈地发出对未来的预言。传统保守主义的悲观态度同样难以勾起民众的兴趣。正如《指环王》中赛奥顿对待甘道夫的态度一样,预言灾难的乌鸦从来不令人喜爱。在新自由主义的放纵下,日益强盛的社会自由主义也进一步剥夺了传统保守主义的活动空间。"到 20 世纪 90 年代末,即使辩论仍在激烈进行,一些保守派人士已经开始相信这场战争实际上已经失败了。对一些人来说,从那以后,核心问题已经不是如何保护传统价值观,而是保守派在不再相信传统价值观的文化中扮演什么角色。"[①]

  历史的进程很快赋予传统保守主义转机。"9·11"事件后,新

[①] Bruce Pilbeam, *Conservatism in Crisis*, Hampshire: Palgrave Macmillan, 2003, p.83.

保守主义者开启了一条激进的全球干涉道路。2003年的伊拉克战争成为新自由主义和新保守主义衰弱的第一个重要事件。美军在海湾战争所展现出的高度信息化作战方式大幅度改变了军界对于大规模作战的认知。这场胜利是如此迅速和无痛,以至于斯克鲁顿这样的传统保守主义者都开始抛弃柯克的立场支持战争。这种态度甚至延伸到对待海湾战争上。斯克鲁顿认为,"由于盟国没有采取任何行动来推翻萨达姆·侯赛因,表面上的胜利根本不是胜利,而只是恢复了过去的现状,并重新燃起了萨达姆无法平息的敌意"[1]。换言之,海湾战争的问题不是发动战争,而是没有彻底进行战争,解放被压迫的民众,反而给予萨达姆喘息之机。与战争上的迅速胜利相反,试图在伊拉克建立美式民主制度的美国深陷于低烈度的不对称战斗中。持续且漫长的痛苦失血在极大削弱新保守主义政策信誉的同时,激起美国民众对于越南战争历史性创伤的回忆。

美国在伊拉克不尽如人意的表现更多是发生在遥远地区的陌生事件。2008年的世界金融危机则完全动摇了普通民众对新自由主义全球化的信心。一夜之间,曾经被认为是提高效率的全球分工协作变成了毫无冗余的脆弱系统。经济繁荣的垮塌也将痛苦和代价直接撒入社会之中。日常生活的痛苦直接转化为对新自由主义全球化的全面不信任。所有与新自由主义相适应的概念,比如欧盟一体化,都迅速进入某种程度的政治冷漠之中。

---

[1] Roger Scruton, *The West and The Rest*, London & New York: Continuum, 2002, p.139.

客观而言，新自由主义确实需要为2008年的世界金融危机承担主要责任。新自由主义的核心逻辑在于强调市场的自我平衡能力。通过对斯密的再复兴，新自由主义者试图扭转凯恩斯以来的国家干涉主义倾向。在一个生产力要素充分流动的市场中，资本自然会通过产业分工的方式实现利润最大化。低附加值的劳动密集型产业向具有丰富廉价劳动力的发展中国家转移是具体实践中的典型表现。这产生了两个潜在的严重问题。一是结构性困境。产业转移必然会导致相应的劳动力岗位变化。虽然新自由主义者倾向于认为全球的效率优化配置总体上提供更多的工作岗位，但并非所有人都能如同白板一般重新切换自己的岗位。二是冗余问题。效率的优化配置同时意味着尽可能地减少备份或者冗余。在纯粹的理性假设中，一个完美运行的效率系统不需要任何冗余。这集中表现为资本市场对风险的无底线容忍。更为糟糕的是，新自由主义的全球分工网络在难以避免政治影响的同时，也将风险传递到整个世界。可能除了朝鲜外，区域经济体难以凭借自己完全躲过危机的传导效应。

黄金时代的美梦破碎了。伴随着新自由主义的全球化，2008年的全球金融危机也被散播到各个经济体之中。这种集体性的幻灭反而为传统保守主义提供了新的生机。曾经聒噪的预言成为残酷的现实。民众需要解释，需要对这个错误的世界进行解释。"尽管缺乏资本主义的可行替代方案，但自由市场保守主义已经破产。"[1]现在的问题是，人类究竟应该怎么办？

---

[1] Bruce Pilbeam, *Conservatism in Crisis*, Hampshire: Palgrave Macmillan, 2003, p.198.

第二节　红色托利主义的复兴

需要指出的是,2008年全球金融危机不只是传统保守主义的契机。这场危机所导致的新自由主义范式崩塌产生的直接结果是思想领域重新进入群雄逐鹿的时代。相当一部分切身体会到新自由主义带来痛苦的民众已经无法接受这种全球化作为人类历史的唯一阶段。他们试图寻找到新的替代解释。因此长期反对新自由主义范式而被边缘化的传统左翼和右翼重新获得了空间。

传统左翼再一次拾起资本主义生产方式的古老问题。他们强调新自由主义的生产方式无法提供公平的分配结构,这是资本主义生产方式自我逻辑的结果。新自由主义全球化效率提升所产生的超额利润基本上被跨国资本企业所吞噬。日益分化的贫富差距是这一分配方式的实然命运。甚至传统保守主义者也在一定程度上承认这种分析的合理性。"我们得到的不是一个拥有开放和自由市场的流行资本主义,而是一个资本集中的资本主义,一个被既得利益和已经很富有的人垄断的市场。"[①]新自由主义的全球化方式将最终摧毁人类文明。

以传统保守主义者为代表的传统右翼则更多地将目光集中在对家庭、社区和国家的潜在威胁上。新自由主义的广泛流行是以破坏传统习俗和规范为代价的。跨国巨型企业对本地社区的宰制

---

① Phillip Blond, *Red Tory*, London: Faber & Faber, 2010, p.18.

不只是一种经济活动的更替;更重要的是如斯克鲁顿所指出的那样,这导致经济活动从社区中脱离出来。缺乏经济活动的社区也将陷入慢性失血的状态。普遍社区的消亡是政治忠诚瓦解的必要步骤。或者采用更为时髦的说法,新自由主义的全球化模式没有考虑到社会成本的增高。"社会资本这个术语试图通过金钱和生活质量来表达我们从相互的社会关系中获得的价值,这些社会关系包括友谊、联系、家庭、团体、邻里关系、政治成员资格、运动队和教堂。"[①]效率提升在一定程度上是以将表内的经济成本转化为表外的社会成本完成的。社会成本虽然不会直接体现在会计账簿中,但最终会反过来对社会的整体运行产生影响。

  传统左右翼在新自由主义问题上的联合在一定程度上模糊了两者的身份区别。这也是为何今日处于政治光谱两端的极左翼和极右翼反而会在特定议题上站在统一战线上的原因。但两者依旧在许多根本问题上保持不同。视角差异是一个关键的体现。传统左翼奉行的是进步史观。资本主义生产方式的缺陷暗示人类需要向更先进的生产方式变革,这种新的生产方式能够进一步修复资本主义生产方式所不能解决的各种缺陷;传统右翼的视角则是向后回顾,新自由主义被视为传统和政治根基的严重破坏者,现在的问题是如何修复新自由主义所造成的破坏,而非指向新颖的进步主义。

  英美传统保守主义在英国恢复的主要标志是红色托利主义的复兴。这可能与两个因素密切相关。一方面,2008年的全球金融

[①] Phillip Blond, *Red Tory*, London: Faber & Faber, 2010, p.71.

危机严重影响了美国的新自由主义全球化进程,但作为世界上最强大的国家,美国更有能力将代价转移到其他国家。当时作为欧洲共同市场一部分的英国显然不具备这种大规模转移的能力。这导致新自由主义在英国产生的消极性后果更为严重。事实上占领英国的跨国企业中美国企业就占据大头。另一方面,更重要的是,英美传统保守主义在历史发展过程中的不同走向。

首先,正如伯克所指出的那样,美国民众的自由观念虽然来自英国本土,但美洲大陆的特殊禀赋导致美国民众对个人自由存在更强烈的渴望。在两种因素的共同作用下,"一种强烈的自由精神得以成长。它随着你们殖民地民众的成长而增长,随着他们财富的增加而增长"[①]。

其次,19世纪英美两国传统保守主义的不同进程。对于美国人而言,通过击败代表传统保守主义的南方,北方成为美利坚建国神话的新正统叙事。南方保守主义只能以被驳斥的身份进入政治话语中。与美国相反,19世纪的英国保守党依旧能够建立起自己的广泛选举基础。特别是迪斯累利范式所塑造的贵族—土地—工人的联盟想法,为英国托利党所谓的"国民政党"神话提供了强大的理论支撑。

最后,这转化为两国保守主义对国家干涉不同的容忍程度。对于英国保守主义者而言,尤其是脱离皮尔派的托利党而言,完全的放任主义在政治选票和政治理念上都缺乏可取性。城市中上阶

---

① Edmund Burke, "*Speech on Conciliation with America*", in *The Writings and Speeches of Edmund Burke Vol. 3*, General Ed. Paul Langford, Oxford: Clarendon Press, 1996, p.125.

层所向往的放任主义最终将破坏保守主义最为重视的共同认知。不同阶层的民众需要以某种超阶层的共同情感联系在一起,才能作为有机共同体存在。因此,无论是加强商业监管还是工人社会保障,都是英国保守党的传统任务。

失败后的美国保守主义者则受到北方亲商业气氛的影响,更加偏好于自由市场的概念。国家权力的任何扩张都被视为潜在的集权化问题。为了避免这种情况的发生,美国的保守主义者会极度强调权力的制衡和分割。已经属于个人自由的事务绝不能再继续让渡给国家。这种思想是如此强烈,以至于布隆德都不得不指出,"'制衡'的遗产实际上是维护既得利益的秘方,是永久停滞的保证,甚至不能为本国公民提供医疗保健"[1]。威尔森以更挖苦的说法批评美国保守主义者的狂热性。"把上帝和美国等同起来,把美国同绝对正确的正义等同起来,这完全是北方佬的作风。正是这种类型的'宗教'被用来神化林肯,并在1861—1865年为征服南方辩护。在北方佬的历史上,这是他们在早期的超加尔文主义和现在的无神论之间所经历的阶段。"[2]

布隆德对英国红色托利主义的复兴首先从批评新自由主义以来的左右翼范式开始。在冷战后的新自由主义政治光谱中,左翼和右翼被塑造为两组高度对应的政治形象。大政府与小政府、中央集权与地方自治、市场管控和自由放任是其中最为突出的几组对立形象。在这种简单粗暴的二元划分中,一个支持大政府的自

---

[1] Phillip Blond, *Red Tory*, London: Faber & Faber, 2010, p.68.
[2] Clyde N. Wilson, *The Yankee Problem*, Columbia: Shotwell Publishing, 2016, p.28.

由放任主义者与精神病人享有同等的地位。这种人为强化的区别被戴上自由主义和保守主义的帽子相互对抗。布隆德否认这种二分法的有效性,指出这根本上是新自由主义的自导自演。冷战后,无论是共和党还是民主党政府都在不断扩充中央政府的权力;行政命令日益取代耗时费力的立法。"有一件事是肯定的:公众不能再在左派令人厌倦的国家主义和右派提出的枯燥的自由市场选择之间做太长时间的选择了,这两种自由主义的共同特点是共同导致社会本身的边缘化。"[1]

布隆德的判断是否正确是一个需要商讨的问题。这涉及如何理解新保守主义与传统保守主义两者关系的复杂把握。布隆德更为坚定的反融合论立场导致他倾向于将新保守主义视为自由主义的分支。更为值得关注的是,布隆德的分析背后所暗示的基本原则。这种分析得以成立的基础是国家与社会的二分法。将国家与社会拆分为两个部分带有典型的黑格尔特征。布隆德则在这一基础上建立起社会、国家和市场的三分法。与斯克鲁顿一致,布隆德强调社会在整体结构中的奠基作用。"社会和谐不是来自中央强制的团结,社会公正也不是凭空产生于自由主义的冷漠。如果社会的健康是共同的目标,那么社会本身的价值就必须高于国家和市场。"[2]

左派的福利国家和右派的市场国家理念都是对于社会概念的严重损害。官僚主义是左派福利国家的第一个问题。"福利国家本身就是一个庞大的就业群体,从管理福利的一线员工,到管理整

---

[1] Phillip Blond, *Red Tory*, London: Faber & Faber, 2010, p.81.
[2] Ibid., p.289.

个计划的高层专业人士。"①这一阶层本身就在制造国家的财政负担。另一个问题来自福利对自治能力的损害。一切问题转化为国家的行政问题,民众不需要对自己负责,也不需要对共同体负责。工人阶级成为被圈养的存在,丧失自己的独立性。右派的市场国家问题同样严重。英国的现实已经直接说明问题的严重性。越来越多的人被迫集中到伦敦这样的大都市中,并且反过来导致其他地区的进一步萎缩。传统的本地社区网络几乎消失殆尽。"这些撒切尔主义者似乎庸俗不堪;除了金钱和权力,他们对任何东西都不感兴趣。他们蔑视除了他们自己之外的任何人的自治和权力,并尽其所能摧毁一切反对派。"②或者最具讽刺意义的是,撒切尔主义主导的20多年来,英国的贫困率非但没有下降,反而上升了一倍。

　　新自由主义的政治恶果已经显现,激进的社群保守主义方案成为布隆德的解决思路。这主要体现在他以地区为核心的实践政策上。布隆德反对福利国家和市场垄断,而是尊重传统价值观和制度、地方主义,中央政府向地方社区、小企业和志愿服务的权力下放。他还赞成赋予社会企业、慈善机构和民间社会的其他元素以解决贫困等问题的能力。这也是布隆德比斯克鲁顿更为激进的地方。布隆德似乎认为,本地社区的民众有能力摆脱自己对于便利性的偏好,重新恢复经济在社区中的作用。对本地中小企业的大力扶持也有助于缓解过分向伦敦集中所产生的地区发展失衡问

---

① IPhillip Blond, *Red Tory*, London: Faber & Faber, 2010, p.284.
② Ibid., p.25.

题。他兴奋地写道:"人们将不再需要离开北方,前往南方的就业市场。人口可以更平均地分布,因为机会和真正获得财富和市场、事业及美好生活的途径可以在 M25 边界之外找到。"①

布隆德的实践理论可以进一步归纳为以下三个方面。第一,国家权力需要进行限制,恢复地区的自治能力。"国家权力的这种急剧增强,并非英国法律体系和宪法某些固有缺陷的必然结果,而是经济和政治自由主义对个人权利的严重高估所致。"②对平均主义的强烈呼唤导致国家不得不强行扩张自己的权力边界。第二,对国家权力进行限制不等同于其不作为,国家应当以保障社会作为目标。国家权力应该恢复到极端个人主义泛滥之前的结果。它需要对市场进行监管和控制;也需要保障公民的基本生活需要。对跨国企业兼并本国中小企业的控制更是当代国家反而需要强化的职能。第三,在国家充分保障社会的情况下,经济生活重新成为社会的一部分,从而成为真正与民众需求相贴合的可持续经济发展模式。

布隆德的模型从根本上与迪斯累利在 19 世纪所推崇的良好雇佣关系具有一致性。在他的假设中,一个根植于本地社区的企业必然与社区的民众具有密切的生活联系。正如为了开发煤炭所建立的工业城市一样,经济活动就是本地社会生活的组成部分。民众与企业也不是纯粹的雇佣关系;两者更是共同情感的孕育场所。企业在经营时会更多考虑所在地区的社会责任和潜在影响;社区民众也会在企业苦难时施以援手。用布隆德自己更精炼的话

---

① Phillip Blond, *Red Tory*, London: Faber & Faber, 2010, p.287.
② Ibid., p.155.

总结,"国家少了,社会就多了;社会多了,经济就多了"①。

新自由主义绝非唯一的问题,传统左翼对于今日的局面也负有不可推卸的责任。在 20 世纪 60 年代之前,工人阶级尊重权威与家庭,享有正常的爱国主义精神,是传统价值观的坚定支持者。"正是那些自认为是左翼的人——20 世纪 60 年代那些追求享乐、改变思想的吸毒者和性先锋,煽动了工人阶级家庭的分裂,并向穷人兜售通过化学和性实验获得解放的有毒观念。"②工人阶级的亲子关系陷入普遍的对立之中。嬉皮士文化的崛起更是在相当程度上破坏了年轻一代的家庭观念。大量的非婚生子女反过来促使了异常情况的正常化。与之相比,传统右翼所造成的狭隘民族主义只能算是皮痒之疾。

斯克鲁顿在相似的意义上承认作为传统工党成员的父亲对他的影响。传统工党对社区共同体的重视,对家庭的理解,是工人阶级曾经宝贵的精神财富。"在我父亲的社会主义思想的核心是一种根深蒂固的保守本能。随着时间的推移,我逐渐明白,对他来说,阶级斗争定义了他的政治方式,但对他来说,隐藏在阶级斗争之下的爱更重要。我的父亲深爱着他的祖国——不是官方文件上的'英国',而是他行走和思考中的英国。像他那一代的其他人一样,他目睹了英格兰处于危险之中,并被召唤去保卫她。"③

布隆德的红色托利主义是否能够拯救传统保守主义同样需要

---

① Phillip Blond, *Red Tory*, London: Faber & Faber, 2010, p.59.
② Ibid., p.18.
③ Roger Scruton, *How to Be a Conservative*, London & Oxfod & New Delhi & New York & Sydney: Bloomsbury, 2019, p.3.

时间的观察。不过与斯克鲁顿范式相比,布隆德对卡梅伦政府的影响显然更为直接。2008年全球金融危机在英国政治的直接影响就是布朗政府的下台。作为布莱尔政府的继承者,布朗在很大程度上继承了新工党的新自由主义政策。卡梅伦领导的新政府显然意识到改弦易辙的重要性。他的大社会政策背后就有着布隆德红色托利主义的影响。布隆德也高度赞赏卡梅伦这一旗舰型政策。他写道:"卡梅伦呼吁恢复社会,重塑国家,以促进人与人之间的关系和建立真正的社区,并建立一个为社会服务而不是反对社会的新资本主义。"[1]

只不过从今日的政治实践看,大社会政策无疑是失败的。它既没有降低英国的集权化程度,也没有推进英国的地区均衡发展。最关键的是,公共财政投入的整体减少没有培养起红色托利主义所期待的地区自治倾向。卡梅伦在2013年之后几乎也不在公开场合使用"大社会"这一概念。这场失败的实践也暗示红色托利主义可能存在根本性的缺陷。在一个国家事务日益复杂和分化的时代中,地区自治是一件高度脆弱的事情。尤其是在自治精神和传统已经受到严重削弱的情况下,它本身需要国家提供强有力且长期的财政支撑才能抵抗市场国家的影响。

红色托利主义因此也陷入实践上的两难。一方面,虽然不愿承认,红色托利主义意识到地区自治必须依赖强力的中央政府才能得以恢复。另一方面,强力的中央政府本身就是地区自治的威胁性因素;特别是当地区已经习惯强力中央政府存在的情况下,培

---

[1] Phillip Blond, *Red Tory*, London: Faber & Faber, 2010, p.290.

育独立精神的难度反而会进一步提高。红色托利主义的困境非常类似于人工饲养大熊猫的野外化适应训练。只有高度精细化的管理和控制才能尽可能提高熊猫的野外生存能力;但这种管理能力本身需要大量的成本投入才能完成。皮尔宾深刻地指出:"我们可以再次看到的是,在保守主义者对更广泛社会的实际特性失去信心的情况下,对公民社会领域的关注,似乎暗示了一种固有的反中央集权的观点,可能会导致对国家的更多依赖。"[1]

第三节　英国脱欧与特朗普现象

严格而言,反对中央集权并不是英美传统保守主义的当然特征。如果我们仔细分析伯克的解释,他反对的是采用单一化的方式对英国及其殖民地进行管理。"英国的稳定依赖于在议会主权下联合起来的混合政府体系的各个组成部分保持统一的权威。"[2] 换言之,伯克反对的不是集权制而是单一制。伯克始终强调英国本土议会的至高无上的地位。"大不列颠议会以两种身份领导着这个庞大的帝国:一种是作为这个岛上的地方立法机构,立即为国内的一切事务提供服务,除了行政权力之外没有其他工具。另一种,我认为她更高贵的能力,就是我所说的帝王气质;在那里,她

---

[1] Bruce Pilbeam, *Conservatism in Crisis*, Hampshire: Palgrave Macmillan, 2003, p.78.
[2] Richard Bourke, *Empire and Revolution: The Political Life of Edmund Burke*, Princeton & Oxford: Princeton University Press, 2015, p.294.

就像在天堂的宝座上一样,监督所有的几个下级立法机构,引导和控制它们,而不消灭任何一个。"①

哪些权力需要集中是根据具体情况随时变化的结果。比如,在伯克时代,一方面,由于本土和殖民地距离遥远,通讯时间长;很多时效性的问题只能交由本地自治组织进行决定。另一方面,当时的国家结构没有发展到如此复杂的程度,甚至议会是否需要常设化开会和是否建设常备军都是需要讨论的问题。国家职能完全可以凭借小型的精简机构完成。在现代社会中,这些外部条件已经发生重大变化。如果依旧拘泥于伯克时代对于小政府的认知,反而是一种教条主义的表现。

英国托利党从皮尔时代的放任主义再到迪斯累利时代的加强监管是一种佐证。迪斯累利的做法没有被视为集权主义的冒险。红色托利主义可能过分受到20世纪集权主义争论的影响,以至于它没有以更加公正的眼光看待集权的积极作用。在一个国家事务日益复杂且自治传统严重受损的情况下,至少在短期内,英美传统保守主义只能通过加强集权的方式才能够对抗新自由主义和传统左派的侵蚀。

红色托利主义不成功的尝试再次激发起民众对于新自由主义问题的焦虑。这一方面意味着必须采用更大胆的方案才能改变现有局面,另一方面则暗示传统的知识精英已经无力处理这一问题。这为传统保守主义,乃至左右翼的民粹化提供了先决条件。学术共同体一遍又一遍地从各个角度在21世纪前后为新自由主义背

---

① Edmund Burke, "*American Taxation*", in *The Writings and Speeches of Edmund Burke Vol.2*, General Ed. Paul Langford, Oxford: Clarendon Press, 1981, p.459.

书,激发民众对学术界的普遍失望;在新自由主义困境出现之后,主流学术共同体又无力提供有效的改善方案。民众被迫在日常生活的痛苦中寻求更边缘的解决方案。

布隆德注意到问题并指出:"精英阶层的政治和大众的不满情绪之间的差距反映了英国文化、美德和信仰的全面崩溃。"[1]问题是,布隆德的红色托利主义没有办法提供有效的解决方案。他对新自由主义的批判依旧是对现代性的批判。他精辟分析极端个人主义对人类社会的灾难性影响。"这种个人主义在摧毁所谓的关于人类真正繁荣本质的习俗和传统的专制主义时,产生了一个空洞、空虚的自我,它不相信共同的价值观或继承的信条。但在创造这种纯粹的主观存在的同时,自由主义也创造了一种全新的、完全可怕的暴政。"[2]但社群保守主义方案根本无法对抗强大的跨国企业,也无法控制中央政府不断膨胀的官僚主义。英格兰东北部的民众依旧处于被抛弃的状态中,生活条件没有根本性改善。正是在这种情况下,特朗普现象和英国脱欧登上了历史的舞台。

2008年的全球金融危机开启了新自由主义不断衰弱的道路。为了应对挑战,主流舆论将反对意见标识为极左翼或者极右翼的言论。通过取消反对意见的正常性,他们得以维系自己日益缩小的正常范围。但这种掩耳盗铃的做法显然无法掩盖政治势力的变化。比如,在法国,由于勒庞领导的国民阵线一直作为政治力量存在于政治光谱中。在新自由主义衰弱的同时,它迅速汲取力量,扩大了自己的支持基础。欧盟一体化进程的停滞,甚至倒退是最为

---

[1] Phillip Blond, *Red Tory*, London: faber & faber, 2010, p.2.
[2] Ibid., p.145.

明显的表现。希腊问题直接引爆了欧盟内部各方面的矛盾。虽然新自由主义的支持者将问题归咎于欧盟一体化的程度不够高,无法建立起统一的财政政策;但越来越多的民众开始怀疑欧盟是否能够代表自己的利益。

2016年是一个充满戏剧性的年份。西方国家对叙利亚内战的干涉最终将叙利亚变成大国利益的博弈场。长期化的战争在摧毁叙利亚经济基础的同时产生了数量庞大的难民。这些难民背井离乡寻求生存的机会。虽然相当多数的难民选择停留在周边国家,但近在咫尺的欧盟显然是有诱惑力的选择。欧盟国家的福利水平和它所宣称的价值观最终转化为民众对欧洲,或者说对西方世界的神话性想象。在集体无意识的裹挟中,数以百万的难民开启了向欧洲的朝圣。

在难民危机之初,大部分欧洲国家以典型的新自由主义价值观对待难民。它们尽可能地为难民提供有效的帮助,以此作为欧盟价值观优越性的表现。不过令人讽刺的是,随着事态的发展,难民危机很快演变为对新自由主义价值观最残酷的拷问。

第一,由于欧盟的表演效应,它进一步激起难民对欧洲的向往之情,越来越多的难民试图向欧洲流动。

第二,随着人数的爆发式增加,为难民提供紧急救援的财政支出迅速陷入枯竭,欧洲各国政府无力为如此庞大的难民群体提供人道主义保障。

第三,人道主义保障的缺失导致国内矛盾的激化,尤其是治安问题的激化。难民被迫选择以非正当的方式满足自己的物质需要,进而导致与本地居民关系的恶化。

第四,中东难民与欧洲本土居民的文化隔阂增加两者的沟通成本,源源不断的难民也激发本地居民的直接恐惧。

新自由主义的价值观被转化为一个严峻且迫切的日常生活问题,即我是否需要为了所谓的价值观承受城市治安水平下降和生活不便的增加。最具有反讽意义的是,这场危机本身就来自新自由主义价值观随意对外干涉的结果。

新自由主义几乎在一夜之间声名狼藉。比起虚无缥缈的价值观,大部分民众显然更在意自己身边问题的恶化。无论是巴尔干国家的铁丝网,还是东欧国家坚定的反移民分配态度,欧盟的共同价值观迅速在政治现实面前败退为主权的各行其是。作为附带效应,曾经作为欧盟一体化重要标志的《申根协定》也几乎烟消云散。每个国家都通过以邻为壑的方式试图将尽可能多的难民驱赶到其他国家。

对于传统保守主义而言,强烈的恐惧再一次为欧洲身份危机这一古老话题提供新的动力。关于西方文明的身份焦虑一直是传统保守主义乃至所有保守主义者关注的对象。20世纪60年代的性解放运动是所有社会保守主义者批判的目标。"自由、困惑和迷失,都被'平等'的外表所点缀。正如我们的进步主义者一直告诉我们的年轻人的那样,性的确是自然的。但这个等式,自然等于无辜,是现代的幻想。在现实中,性是最不无辜的人类交易。这就是为什么它需要以文明的方式限制这种关系的规则来指导。"[1]性解放表面上是为了促进平等,实际上是为了破坏一切约定俗成的社会机构。20世纪90年代性解放运动激进性的消退为保守派提供

---

[1] Irving Kristol, *Neo Conservatism*, Chicago: Elephant Paperbacks, 1995, p.60.

暂时的安心。

暂时的安心很快在政治正确的面前迅速消散。面对多元文化主义的全面进攻,传统保守主义者开始哀叹西方文明的衰弱。家庭的瓦解是典型的标志。"在一个世俗社会中,家庭却没有道德和意识形态支持这一至关重要的资源。它开始越来越不像是神圣的责任,而越来越像是人类的失败选择。"[1]西方国家非婚生子女数量的大量上升是典型表现。大量的非婚生子女反过来增加社会运行的成本。大量的单亲家庭无力承担起充分的抚养义务。这进一步导致下一世代家庭观念的淡泊。在法国,新出生的非婚生子女的数量甚至超过了婚生子女,异常已然成为新的常态。

新自由主义所催生的多元文化主义恶果开始在社会层面广泛显现。2016年的难民危机是新自由主义价值观的最新恶果。如果没有试图将西方制度强制推行到叙利亚地区,也不会产生今日如此众多的难民群。更何况,从"9·11"事件之后,伊斯兰世界被视为西方世界的邪恶"他者"。"伊斯兰教背弃了现代性,它无法通过法律和教义来涵盖现代性。"[2]这种流行的误解将穆斯林与野蛮、落后这样的意象联系在一起。

斯克鲁顿指出,这种妖魔化的做法忽视了伊斯兰教的真正诉求。"伊斯兰主义不是来自'地球上的不幸'的痛苦的呐喊。这是一种不可调和的战争召唤,由遍布全球的中产阶级穆斯林发出。"[3]他

---

[1] Roger Scruton, *The West and The Rest*, London & New York: Continuum, 2002, p.69.
[2] Ibid., p.102.
[3] Ibid., p.132.

们拥有足够的知识和眼界了解西方文明的成果。他们所反抗的是西方强加于他们头上的现代性模式。问题是，当大量的穆斯林瞬间涌入欧洲时，穆斯林已经不再是具体的个人，而是抽象的象征符号。这一事件被视为对欧洲文明的一次入侵。在这种情况下，民众是不可能以完全理性的态度对待时间本身。难民管控的关键议题则是对边界权力的控制。这进一步激发对于国家主权的危机意识。正是在这一条件下，英国脱欧和特朗普当选正式登上历史的舞台。

2016年的政治气候确实影响了民众的情绪。相当多的新自由主义分子和传统左翼都将2016年的难民事件视为一时的运气或者偶然。这种解释在今日看来，似乎不足以说明所谓的极右翼在全球不断壮大的表现。在英国脱欧和特朗普当选事件中，有两个非常值得重视的特征。

一是高度的民粹化。民众表现出高度的反建制和反传统精英的倾向。无论专家如何强调英国脱欧对英国经济的可能影响，民众已经对现有的状况表示厌烦。再加上难民危机所引发的对英国主权的担忧，激发民众空前的危机意识。在美国，特朗普作为非主流政治素人形象为他口无遮拦地突破政治正确提供强大的支撑，他可以肆无忌惮地将被传统精英压制的话语搬到选举的舞台之上。

二是两者广泛受到新自由主义受害者，特别是传统产业工人群体的支持。2016年特朗普当选的关键就在于反转了所谓铁锈带居民投票。铁锈带曾经是美国传统制造业的重心。底特律这样的工业城市也曾经是美国制造能力的自豪表现。工会系统则进一步强化了产业工人在政治上的影响力。由于工会普遍的亲民主党倾向,传统工人一直被视为民主党的票仓。但随着新自由主义全球化政策的推行,传统制造业开始不断向低成本发展中国家转移;辉煌的工业中心沦为今日的铁锈带。这种强烈的被剥夺感成为这些摇摆州倒向特朗普的关键原因。英国脱欧也具有高度的相似性。英格兰中北部的传统产业工人陷入普遍的被抛弃状态,以至于他们成为脱欧最坚定的支持者团体。"我们变成了多元文化和世界主义者,但代价是开放边境政策,这种政策有时看起来是为了破坏白人工人阶级的前景和结果。"[1]2019年的"红墙倒塌"是更为显著的标准。由于工党在脱欧问题上的摇摆不定,大量英格兰中北部的传统工党选区倒向了保守党。

上述两个特征说明,传统保守主义已经掌握一种在新时代继续生存下去的方式,即以民粹化的方式激发新自由主义秩序受害者情绪作为有效的政治力量。这也是为何在2020年特朗普大选失败之后,依旧能够在保守派保有广泛影响力的原因。正如上文指出的,民众已经失去了对传统精英的信任,认为建制派无力解决新自由主义的困境。但建制派也反过来指责传统保守主义的民粹化做法甚至可能让问题变得更为糟糕。一方面,民粹化的主要问题就是缺乏政策的长期稳定性,民众情绪的反复和民粹化可能带来的反智化倾向无助于树立解决问题的长期计划。另一方面,传统保守主义所代表的也只是固定利益集团的诉求,它无法承担国民整体的需要。"唐纳德·特朗普不会带领我们进入一个更阳光、

---

[1] Phillip Blond, *Red Tory*, London: Faber & Faber, 2010, p.128.

更人道、更美好的未来，他也不会像本杰明·迪斯雷利为英国所做的那样，为了国家的伟大和统一而重振保守主义和健康的民族主义。特朗普只能分而治之。在制度失调和文化分裂的时代，这是美国最不需要的东西。"①

严格而言，批评者所聚焦的两个问题不是什么新鲜的指责。针对第一个问题，伯克已经指出民粹化的积极作用。政治家有义务安抚民众的情绪，并且对民众的情绪进行引导。当民众情绪走向盲目或者反智时，自然贵族不应寻求对抗；而是尽可能地凭借自己的品行和能力构建与选民的信赖关系，解释问题的复杂性；在民众拒绝接受的情况下接受民众的选择。用伯克的话说，一旦精英割裂自己与民众的联系，"他们认为自己是一个独立于人民的、与人民的意见和感情无关的自生自灭的行政机构。在提升尊严的幌子下，他们破坏了下议院的根基"②。换言之，伯克认为民粹化恰恰是政治中的正常现象，是精英和民众脱节后的自然结果。政治不可能在完美的真空状态中运行。更何况政治家对未来的判断不一定准确。否则建制派就应该提前制止新自由主义的缺陷。"任何政治信条的实际后果都会在很大程度上决定其价值。政治问题主要不涉及真理或谬误。它们与善或恶有关。在结果上有可能产生邪恶的东西，在政治上是错误的；在政治上能产生善的东西是正确的。"③

---

① Luke Phillips, "Donald Trump is Not Benjamin Disraeli", in https://www.the-american-interest.com/2016/10/08/donald-trump-is-not-benjamin-disraeli.
② Edmund Burke, "*Middlesex Election*", in *The Writings and Speeches of Edmund Burke Vol.2*, General Ed. Paul Langford, Oxford: Clarendon Press, 1981, p.229.
③ Edmund Burke, "Appeal from the New to the Old Whigs", in *The Writings and Speeches of Edmund Burke Vol.4*, General Ed. Paul Langford, Oxford: Clarendon Press, 2015, p.445.

对第二个问题的诘问主要集中在特朗普是不是迪斯累利主义者的问题上。在英国,无论是卡梅伦还是约翰逊都宣称自己是迪斯累利的继承人,试图将保守党打造为新的国民政党。在美国,由于缺乏这一传统,特朗普所引发的争议则更为严重。从表面看,特朗普联合传统工人和农民的做法与迪斯累利非常相似。"他似乎也直觉地感觉到,我们的工人阶级和我们的统治阶级之间的利益差距越来越大,而大多数人,无论是右派还是左派,都把新自由主义和全球化视为命运。……他直率的民族主义激励了许多人,希望他们能够成为'再次伟大'的一部分。"①但许多学者认为,特朗普与迪斯累利的区别在于特朗普没有办法塑造统一的国家。在迪斯累利时代,城市中产阶层的数量远小于普通工人和农民;在人口结构上也具有显著的单一化特征。"本杰明·迪斯雷利生活的英国不像我们的美国那样多元化,但他的'一国保守主义'计划本质上是和解和统一的,而不是分裂的。"②

这种说法可能没有注意到传统保守主义内部重组的特征。虽然特朗普的支持者依旧以男性白人为主要群体,但越来越多的拉丁族裔正在加入这一联盟。特朗普本人的言论不是关键,他民粹化的语言更多指向政治情绪的公民。作为符号化的特朗普,他代表的是传统保守主义对多元文化主义的强烈反击。但反对多元文化主义并不等同于排外主义。弗吉尼亚州长扬金和佛罗里达州长

---

① R. R. Reno, "DIsraeli's Romanticism, Trump's Nationalism" in https://www.firstthings.com/web-exclusives/2016/09/disraelis-romanticism-trumps-nationalism.
② Luke Phillips, "Donald Trump is Not Benjamin Disraeli", in https://www.the-american-interest.com/2016/10/08/donald-trump-is-not-benjamin-disraeli.

德桑蒂斯这样人物正在以更为柔和的方式将各种族的社会保守派联合在一起。两者从家长运动为切入口展开对多元文化主义的反制是传统保守主义的最新表现。特朗普本人可能陷入失败,但特朗普主义所开创的政治道路正在促进英美传统保守主义在政治上的重新活跃。

第四节　传统保守主义与互联网时代

英美传统保守主义在政治上恢复活性依赖于新自由主义的失败。这也再次激起对于传统保守主义生存性危机的讨论。从伯克时代开始,学术界始终怀疑传统保守主义作为一种独立意识形态存在的价值。它在关键议题上的非意识形态化特征导致对它的投机主义指责。对今日传统保守主义的生存危机分析则指向更为现实的问题,即人口结构的变化。正如上文所指出的那样,无论是在英美还是更广泛的欧洲地区,传统白人所占据的人口比重正在不断下降。英美传统保守主义依赖于自身历史传统的同时意味着它实际上是以过去较为单一化的种族作为基础模板。至少伯克时代的保守主义者不会认为英国是一个多元化的种族融合国家。

伯克可以承认历史的变动性。问题是,今日西方世界的面貌已经发生根本性扭转。比如在美国,传统白人的比例已经跌破50%;与之相反的则是拉丁族裔人口的迅速上升。人口学家甚至预计,在21世纪中叶拉丁族裔将成为美国最大的人口群体。这种根本性的颠覆局面指向了传统保守主义的现实困境:如果连人口结构都发生根本性逆转,传统保守主义究竟应该保存的是英美的传统历史还是拉丁美洲的历史?

对于这一问题的狡猾回答是,传统保守主义在人口转化的过程中也将新的族裔融合在一起,从而形成一种更适应新结构的传统保守主义特征。但这没有损害英美传统保守主义的核心内涵。无论大政府还是小政府,自由放任还是市场监管,都只是特定时期的政策选择。拉丁族裔的壮大不等同于拉丁式思想取代英美传统保守主义。历史的惯性同样发挥作用,最终帮助两者融合。这种狡猾的回答回避了一个关键性问题,即不同族裔主体性问题。在可能的融合之前,更有可能的是不同主体之间的强烈冲突。

传统保守主义的国别性问题可以被视为典型表现。由于不同的历史塑造,各国的传统保守主义完全可能在许多问题上拥有截然相反的看法。"我们的后代必须从我们这里继承的最重要的东西是文化。文化是一种体验的储存库,这种体验既是本地的,又是无所不在的;既是现在的,又是永恒的,是一个被时间神圣化的社区的体验。只有当我们也继承了它,我们才能传承下去。"[1]在具体政策上的选择偏好意味着不同主体究竟谁占据主导性的问题。这才是人口结构根本转变的问题所在。在难民问题上,英美传统保守主义者可以以社区大多数人的名义要求外来者尊重本地社区的特殊性;但如果外来者的数量已经完全超过本地居民,是否还能对外来者施加如此强烈的要求呢?

潜在的解释策略是重新引入伯克对于殖民帝国的构建。按照

---

[1] Roger Scruton, *A Political Philosophy*, London & New Delhi & New York & Sydney: Bloomsbury, 2006, p.207.

伯克的基本理解,印度地区已经拥有自己的文明系统,人数也远胜于英国本土。英国人所要做的是尊重印度的文化传统,在保存地区多样性的情况下建立有效的联邦制管理结构。不同文化主体之间的紧张关系确实不可消灭。"如果你粗暴地、不明智地、致命地,通过敦促从最高主权的无限性和不可限量的性质中进行微妙的推理,并产生令你统治的人所厌恶的后果,你将通过这些手段教导他们对主权本身提出质疑。"[1]拉丁族裔和昂撒族裔在社会保守的问题上也没有抽象理论上如此大的差异。两者都坚定支持传统的家庭观念,拒绝性解放;也都认可宗教在传统社会结构中的作用和必要性。堕胎问题是最为有力的例子。在美国最反对堕胎的群体不是昂撒白人,而是拉丁族裔。

人口结构的根本逆转可能会改变英美传统保守主义的样貌;但这并不等于传统保守主义无法构建一种跨种族的社会保守主义的观念。"多元文化主义显然已经失败了,但是比白人民粹主义更好的对策是一个国家的多种族融合。"[2]特朗普可能因为明显的白人民粹主义政策而失败,但更敏锐的新一代美国保守主义政客正在抓住这一机会,推出能够跨越种族的保守主义实践。家长运动的基础就建立在跨种族家长对于学校所教授的价值观的忧虑之上。他们反对诸如批判性种族理论和性多元化的理论对世界观不稳固的子女产生影响。这也再次为传统保守主义一直强调的文化

---

[1] Edmund Burke, "American Taxation", in *The Writings and Speeches of Edmund Burke Vol.2*, General Ed. Paul Langford, Oxford: Clarendon Press, 1981, p.458.
[2] Luke Phillips, "Donald Trump is Not Benjamin Disraeli", in https://www.theamerican-interest.com/2016/10/08/donald-trump-is-not-benjamin-disraeli.

战争注入新的推动力。扬金和德桑蒂斯的选举结果也表明，比起虚无缥缈的价值观问题，只有这种真正的日常生活焦虑才能激发普遍的共鸣。只要大多数家长依旧重视自身子女的安全，他们就并不希望一个随意宣传自己为跨性别恋的男生进入女厕所。

传统保守主义的真正危机来自未来。今日的传统保守主义突破了传统的"嘴笨"印象，进入互联网的公共辩论之中。但这种转化从根本上是消极性的。它温和的本性没有改变，改变的是日益激进化的多元文化主义。传统保守主义者被迫卷入对于日常生活的捍卫中。换言之，如果不是多元文化主义已经严重威胁日常生活方式，传统保守主义也不可能迸发出如此强大的力量。问题是，一旦危机得到缓解，传统保守主义非常容易再次陷入迟钝之中。"在考虑权力和权威之间的关系时，必须承认保守派有一种独特的劣势，而这种劣势使得他们必须比通常的对手更强大、更狡猾，甚至更马基雅维利主义。因为在政治上缺乏任何明显的目标，他们缺乏任何可以激起群众热情的东西。"[1]

互联网时代的普及进一步加剧了传统保守主义的困境。这一时代的第一个也是最重要的特征就是信息的主动高速传播。时效性一直是衡量新闻价值的重要指标之一。如果说纸质媒体时代新闻的时效性取决于报纸的印刷速度；电视媒体时代则将传播的时效性提高到前所未有的高度。即便是距离万里之外的新闻也可以由民众同步获得。电视媒体所创造的即时性极大改变了传统保守主义的生存状态。这也是新保守主义得以弯道超车的原因。新保

---

[1] Roger Scruton, *The Meaning of Conservatism*, Hampshire: Palgrave Macmillan, 2001, p.15.

守主义者充分利用电视这一媒介,将自己转化为新闻直播间的常客,进而得以主动向大众输出新保守主义的价值观。

互联网时代除了进一步增强新闻的即时性之外,还额外导致去中心化和大众化。几乎所有民众在掌握社交媒体之后都可以成为旧时代意义上的媒体。他们与传统媒体的区别更多体现在专业度上。换言之,只要能够获取足够的网络声量,甚至由于单纯的偶然,一条社交媒体上的消息就可能通过病毒式传播成为爆炸性新闻。

在这种情况下,缺乏煽动力将成为一个致命的问题。"保守政治最终需要一种超越党派忠诚的共识。"[1]保守主义在理想状态下应该代表民众的普遍共识。在大多数情况下,共识与中庸具有相似的含义。它往往扮演宽容的捍卫者这一角色。或者用更微妙的说法,它始终相信自己是文明意义上的"执政党"。它是历史的传承者和捍卫者。"通过向死者致敬,活着的受托人捍卫了他们继任者的利益。对死者的尊重是托管态度的基础,后代依靠这种托管态度来继承他们的遗产。"[2]这种谦卑的心态不适宜在互联网的论战中生存下去。在有可能的情况下,它更倾向于调和分歧而不是积极对抗。

互联网时代的第二个特征是强烈的回声室效应或者同温层现象。由于信息源数量已经超过一般民众的筛选能力,民众自然倾向于浏览支持自己观点的新闻。推荐算法为同质化人群的聚集提

---

[1] Roger Scruton, *The Meaning of Conservatism*, Hampshire: Palgrave Macmillan, 2001, p.52.
[2] Ibid., p.48.

供了充分的条件。这种同温层现象甚至演变成为典型的信息孤岛。比如在美国,左右翼不仅拥有不同的社交媒体倾向,也拥有高度意识形态化的媒体偏好。这些媒体为了巩固自己的基本盘面,反过来进一步投其所好。

回声室效应至少在两个方面恶化了传统保守主义的态势。一方面,虽然回声室效应对所有群体有效,但由于传统媒体介质的被动性,边缘群体往往更难以找到自己的同质化圈层。回声室效应对边缘群体意见的增强远强于主流群体。对于高度依赖主流群体的传统保守主义而言,这等于直接削弱了自己的相对优势。另一方面,互联网时代高度受惠于全球化进程。这导致早期的互联网相关人员具有高度的世界主义倾向。作为美国互联网大本营的硅谷长期是民主党的支持者。年轻人对互联网更熟练的掌握能力进一步凸显传统保守主义的弱势地位。特朗普被推特封禁是难以质疑的表现。

客观而言,互联网时代的两个特征对传统保守主义也并非纯粹消极的存在。随着青年保守主义者的增加和传统保守主义者对自身媒体的构建,传统保守主义可以在之后的互联网时代缩小差距。媒体的大众化和去中心化也有助于传统保守主义打破左派和新自由主义对媒体的垄断。斯克鲁顿就指出,在左翼媒体的宰制下,传统保守主义者极容易被打上"极右翼"的标签,从而被鉴定为种族主义者和排外主义者。"当然,这样的人会有不好的报道。但这是因为媒体被激进分子和积极分子所控制。"[1]

---

[1] Roger Scruton, *The Uses of Pessimism*, Oxford: Oxford University Press, 2010, p.41.

人人可以成为媒体的时代为传统保守主义提供更多正面的声音。

互联网时代的第三个特征对传统保守主义具有真正致命的打击，即互联网的无根性。在传统社会中，无论好坏，人往往难以摆脱原生环境对自己的影响，他们必须与自己所处的社区共同体相妥协。但20世纪后半叶的发展提供了另一种可能性。"在我们这个时代，大众体育和娱乐的发展，以及以电视、足球和机械化音乐为基础的大众文化的创造，在一定程度上使人们能够在没有这些本土机构的情况下生活。他们还有效地将工人阶级作为一种道德观念予以废除，为每个人提供了一幅人类社会的无阶级图景，并由此产生了一种新的社会分层。"[1]这最终导致越来越多的人被诱惑摆脱自己与乡土性的联系，成为大城市的孤独灵魂。甚至这种孤独被重新定义为个人追寻自由的表现。这也是大城市的居民大面积倒向民主党的重要诱因之一。

大城市所代表的生活方式具有高度的全球性倾向。或者更明确地说，特大城市本身就是全球化的造物。它与乡土性生活之间具有强烈的互斥表现。互联网进一步为全球化大城市的无根性提供支撑。在社交媒体流行之前，民众的社交关系往往与现实关系重叠。但社交媒体却直接告知，在遥远的异乡有人和他奉行同样的观点。这为孤独灵魂一直所缺乏的情感提供强力的支撑。"错综复杂的关系网、亲朋好友的亲密关系将个人置于超越价值和意

---

[1] Roger Scruton, *The Meaning of Conservatism*, Hampshire: Palgrave Macmillan, 2001, p.169.

义、文化和传统的框架之中,这些都被拒绝了,取而代之的是无尽的自我决定的虚无。"①传统保守主义的生存危机第一次彻底暴露在所有人面前。

最具有讽刺意味的是,性别战争是全球性和乡土性的冲突最为极端的表现之一。比起族裔偏爱,性别偏爱是今日意识形态偏好的重要表现。韩国年轻男女在投票上的偏好是最有力的证明。在2022年的韩国总统选举中,在18—29岁的年龄组中,58.7%的男性选择支持保守派,只有36.3%的男性支持自由派;年轻女性的情况完全颠倒过来,58%的女性支持自由派,支持保守派的女性仅为33.8%。适婚男女高度对立的政治观点成为导致生育率下滑和离婚率上涨的诱因。这进一步在实然意义上挑战家庭的合理性。在结婚都难以稳定的情况下,追求传统家庭成为荒谬的事情。在离婚和非婚生子女日益普遍的情况下,非常态的正常化反过来加剧对家庭的质疑。对今日已经退守家庭的传统保守主义而言,这无疑是又一次生死存亡之机。

面对互联网时代愈演愈烈的威胁,传统保守主义者似乎没有找到有效的反制方案。在下个世代是否还有观念如此坚定的家长捍卫对子女的教育权利是非常令人置疑的问题。家庭极有可能步宗教的后尘,成为专属于保守派的重要符号。暂时性的解决方案可能只能寄希望于主权机构提供有力的外部支撑。但这同样可能激起对福利国家的忧虑。这才是传统保守主义在可以预见的未来所面临的重大问题。这正如它在20世纪90年代所面临的困惑一

---

① Phillip Blond, *Red Tory*, London: Faber & Faber, 2010, p.153.

样,"核心问题已经不是如何保护传统价值观,而是保守派在不再相信传统价值观的文化中扮演什么角色"①。

第五节 传统保守主义与人工智能

互联网时代极大改变了人类的生存样貌,并且可能在未来严重动摇传统保守主义对家庭的构建。但这不足以宣判传统保守主义的死刑。它完全可以在放弃国民政党理念的情况下,构建专属于自身的信息孤岛。这虽然与它最初的理想相距甚远,却能够保持这一主张继续生存下去。相比之下,即将到来的人工智能时代可能才是真正的死刑宣判者。

毋庸置疑的是,在人工智能日益焦点化的今天,传统保守主义的反应无疑是滞后的和微弱的。事实上几乎没有任何真正有重量的传统保守主义者对人工智能的问题进行统一论述。问题是,人工智能不会因为传统保守主义的缺席而停止发展,它在为人类社会带来可能的美好未来同时,也带来许多新的困惑。人工智能下的伦理困境是时下讨论的重要内容。随着包括自动驾驶等一系列应用场景的推进,曾经对于人工智能的科幻想象已经成为具有现实性的前瞻问题。

自动驾驶的伦理问题就是典型的表现。自动驾驶所产生的第一个直接问题就是何者需要对交通事故负责。在传统场景下,驾

---

① Bruce Pilbeam, *Conservatism in Crisis*, Hampshire: Palgrave Macmillan, 2003, p.83.

驶人是无可置疑的责任主体；问题是，一旦推进到 L3 级别的无人驾驶，责任的分配将陷入某种困境中。驾驶人实际上处于乘坐的状态，责任的主体被指向为操作自动驾驶的车载人工智能。这一逻辑背后隐藏的问题是，我们是否需要将人工智能作为主体进行对待。更进一步说，人与人工智能的本质性区别究竟是什么？

讨巧的答案是将人工智能视为彻底工具化的存在，将制造车载人工智能的企业界定为负责任的对象。但这种回避策略并不适用于其他问题。比如，对于时下流行火爆的 CHATGPT 而言，聊天机器人是作为交谈对象出现的。这种交互是以在一定程度上承认对方的主体性完成的。甚至部分人在交互的过程中会产生明确的移情效应。如同主人总是倾向于将自己的认知投射到宠物身上，认为宠物具有某种人性一样；聊天机器人也让部分人产生类似的感觉。那么我们是否需要赋予聊天机器人类似于宠物的地位。更重要的是，如果随着技术水平的发展，聊天机器人可以达到与真人无异的聊天效果，那么我们又如何界定主体的范围。

本质主义者可以坚守人类与人工智能在本质上的差异，否认这一问题的形而上学困境。但对绝大多数人而言，本质是否存在是一个值得质疑的问题。从结果主义的角度看，如果聊天机器人真的能够达到真人聊天的效果，移情是不可避免的现象。无论如何强调本质区别，社会一定会出现越来越多要求将人工智能作为与人一致的主体进行对待。甚至这一问题不需要上升为通用人工智能的程度就可能发生。

传统保守主义在这一关键问题上即便不是沉默不语，也是默默无闻。一种可能的解释是与传统保守主义的风险偏好有关。比起自由主义者,传统保守主义者更加信赖已经获得验证的方法。斯克鲁顿写道:"就我个人而言,我一直相信旧的普通法和公平法的精神,能够找到真正的解决办法,以解决不可预见和迅速的社会变革所带来的问题。"[1]进化心理学提供的一种解释认为,这可能是人类进化的遗留表现。"保守派有消极偏见,而自由派没有积极偏见,可能有也可能没有消极偏见。保守派有时会对这种情况感到不满,认为这是自由派学者将保守主义视为需要解释的反常现象的结果。事实上,它作为一种更严格、讨论更多的表达类型的地位可能是这样一个事实的结果,即与原始自由主义相反,原始保守主义曾经被选中。"[2]这种原始的偏好性转化为传统保守主义者对人工智能更强烈的厌恶感。"例如,与自由派相比,保守派个人和保守派州政府采用 AI 技术的速度似乎都比较慢,这可能会剥夺保守派在 AI 优于人类时所能提供的好处。"[3]

对陌生事物的警惕和厌恶可能在一定程度上阻碍传统保守主义者对人工智能的研究。但考虑到人工智能对未来的潜在影响,传统保守主义的态度可以被视为存在过分谨慎的嫌疑。与之相反,左派和自由主义者已经将问题直接推入人工智能是否具有意识形态的问题上。激进的左翼分子已经认为,由于数据学习输入

---

[1] Roger Scruton, *A Political Philosophy*, London & New Delhi & New York & Sydney: Bloomsbury, 2006, p.78.
[2] John R. Hibbing, Kevin B. Smith, John R. Alford, "Differences in negativity bias underlie variations in political ideology", *Behavioral and Brain Science*, vol.37, 2014, p.302.
[3] N Castelo, AF. Ward, "Conservatism predicts aversion to consequential Artificial Intelligence", PLoS One, https://journals.plos.org/plosone/article?id=10.1371/journal.pone.0261467.

的材料具有历史性,保守主义内嵌于人工智能的学习结构中。这导致人工智能天然倾向于维持现状而不是打破困境。"这个话题通常隐藏在数学中立的面纱之下,而它需要从政治的角度来理解,因为它的后果与特定的政治目标是一致的,即冻结法律和社会经济动态,即使以保持现存的歧视为代价。所谓的人工智能中立似乎几乎是不言自明的,不公平人工智能的话题往往被简化为数据政策。"① 为了更好促进社会正义,"这将需要参与关键 AI 学者的基础工作,认识到新技术固有的政治品质,并利用传统上超出 AI 范围的各种专业知识(包括政治专业知识)"②。

左翼和自由派对数据学习的关注已经引发了实际结果。虽然工程师对算法结果进行了人工干预,但 ChatGPT 确实显示出一定程度的自由主义倾向。通过以人名为基础随机生产打油诗的方式,"人工智能程序通常倾向于对保守派写负面的打油诗,对自由派写正面的打油诗。然而,到目前为止,一些自由意志主义者和保守派已经逃脱或部分逃脱了人工智能的愤怒。这种偏见在未来是会消失还是会恶化,还有待观察"③。激进左翼分子可能没有考虑到,比起过去资料的学习输入,今日互联网产生的信息量占据压倒性的多数。ChatGPT 的打油诗政治倾向正是互联网普遍左倾的

---

① Maciej Marcinowski, "Artificial Intelligence or the Ultimate Tool for Conservatism", *DANUBE*, https://sciendo.com/article/10.2478/danb-2022-0001.
② Mike Zajko, "Conservative AI and social inequality: conceptualizing alternatives to bias through social theory", *AI & SOCIETY*, https://link.springer.com/article/10.1007/s00146-021-01153-9.
③ Robert McGee, "Is Chat Gpt Biased Against Conservatives? An Empirical Study", *SSRN Electronic Journal*, https://papers.ssrn.com/sol3/papers.cfm?abstract_id=4359405.

标志之一。如果传统保守主义者不能遏制这一局面,那么未来的人工智能很有可能具有天然的激进自由主义倾向。

更为严重的是,人工智能可能会导致人类原有伦理社会的彻底重构。人工智能从一开始就缺乏乡土性的束缚。它是广泛信息输入学习后的结果。即便人工智能出现新形式的乡土性,也是以地球为规模作为基础。这与全球主义在表现上将缺乏足够的区分度。一旦人工智能大范围渗入人类社会之中,传统的社会结构是否存在科幻小说反复讨论过的问题。家庭可能是最为关键的问题。从跨物种恋爱,到人造子宫,再到社会化抚养,作为今日传统保守主义核心的家庭可能会丧失自己的实然意义。

事实上,学术界已经开始讨论诸如道德人工智能之类的问题。部分学者认为,比起单纯的人类增强伦理,道德人工智能是更容易被接受的外部方案。由于人类自身的生理缺陷,比如软弱和情绪的不稳定,这导致人类往往难以做出良好的道德选择。"我们是次优的道德判断者,因为我们常常无法坚持自己有意识地持有的道德原则。例如,即使致力于平等主义原则的人的判断也常常被种族主义直觉所扭曲。通常这种机制根植于我们的神经生物学。"[1]道德人工智能的意义在于帮助人类做出更好的道德判断。甚至为了降低传统保守主义的反感程度,研究者认为可以设计具有不同政治倾向的道德人工智能辅助判断。

道德人工智能的想法对传统保守主义具有极强的威胁性。从

---

[1] A. Giubilini, J Savulescu, "The Artificial Moral Advisor. The 'Ideal Observer' Meets Artificial Intelligence", *Philos. Technol*, https://link.springer.com/article/10.1007/s13347-017-0285-z.

表面上看,道德人工智能只是作为辅助工具存在。问题是,一旦民众长期习惯于依赖道德人工智能的判断,他们是否还会有做出独立选择的能力。用一个非常简单的例子就可以说明这种困惑。如果道德人工智能突然有一天不符合道德直觉时,特别是人类作为次优道德判断者的原初判断已经深入人心之时,使用者应该听从道德人工智能的判断还是自己的直觉。

道德人工智能仅仅是非常微小的一个方面。它也尚没有解决如何处理情绪和道德之间紧张关系的办法。但我们依旧可以从中窥视到人工智能对传统保守主义的致命影响。这最终将转化为对家庭这一核心概念的威胁。传统保守主义者对于家庭的重视主要体现在两个方面。一方面是家庭广泛的功能意义。"因为家庭提供了分享和养育的场所,在这里,人们学会了限制自己的欲望,为更大的利益付出。它是性格形成和人生取向的场所。"[1]"正常成人的关系和爱的能力都严重依赖于家庭的核心经验。"[2]另一方面是家庭的形而上学意义。家庭不只是纯粹的契约结构,它是神圣的规范性,是能够让作为个体的意识主体形成共同体意识的最小单位,是能够让人在世俗时代体会到超越性的最自然方式。或者用最简单的说法,家庭通过生生不息的方式超越了死亡的消极性,实现了生与死的转化。

严格而言,传统保守主义虽然强调家庭的重要性,但家庭概念的内容却具有相当的延展性。在 LGBT 日益壮大的今日,一部分

---

[1] Phillip Blond, *Red Tory*, London: Faber & Faber, 2010, p.91.
[2] Roger Scruton, *Where we are*, London & Oxfod & New Delhi & New York & Sydney: Bloomsbury, 2017, p.85.

在同性恋问题上持有社会保守观点的同性恋家庭已经被逐渐纳入保守派的阵营中。在 LGBT 保守派的解释中,性取向是与种族、民族这样的概念一样无法进行改变。同性恋也可能是坚定的民族主义者和传统文化的支持者。家庭概念的变化究竟应该被视为传统保守主义又一次灵活的表现,还是家庭概念的日益虚无化,是传统保守主义内部没有解决的问题。但传统保守主义必须解释,未来的人工智能时代是否会完全解构家庭的实存价值。如果解构家庭的实存价值,传统保守主义是否能够继续将家庭作为自己的核心,还是试图寻找到新的支柱。特别是考虑到从 19 世纪开始传统保守主义核心不断撤退的过程,它是否已经进入退无可退的地步。

今日文化战争的态度在一定程度上暗示传统保守主义者对未来的灰暗认知。"许多保守主义者在文化战争辩论中所作的非常尖锐的贡献,与其说表明了一个可怕的敌人,不如说是保守主义者的不安全感。即使是那些不认为自己已经输掉了文化战争的人,也明显对传统信仰和制度抵御挑战的能力缺乏信心。"[1]传统保守主义可能获得短暂的复兴,但毁灭性的命运正在未来向其招手。"保守派或许应该认识到,他们不仅需要为传统价值和身份谱写挽歌,也需要为自己的意识形态谱写挽歌。"[2]

---

[1] Bruce Pilbeam, *Conservatism in Crisis*, Hampshire: Palgrave Macmillan, 2003, p.204.
[2] Ibid.

第七章 结　　论

　　对于英美传统保守主义的全面评估是一个复杂的问题。本书更多的是从思想史的角度切入，对其生成的历史进行梳理，描述其如何从历史中自我产生的过程。换言之，比起传统保守主义是什么，传统保守主义是如何演变成今日的样态才是描述的重点。需要承认的是，传统保守主义者确实存在一定程度的马基雅维利主义倾向。他们承认权谋在政治中的必要性。为了维持政治优势和执政地位，战术性的转换立场是必要的行为。这也成为其他意识形态指责传统保守主义缺乏原则或者投机主义的现实原因。

　　传统保守主义的投机倾向不能直接等同于其缺乏内在一致性。它的马基雅维利主义倾向恰恰与其内在一致性密切相关。正如本书一开始所指出的那样，传统保守主义始终将传统作为保守的根基。这必然涉及什么是传统这一问题。传统在历史中的具体形式本身是多样化的。它可以表现为不同的习俗偏好、法律制度和政治框架。这也是为何传统保守主义会具有强烈国别特征的原因。这种具体内容上的历史性和偶然性是传统保守主义始终无法将自己固定在具体政策目标上的原因。它的主张只能适配于自己的历史特殊性。甚至这种主张将随着传统的重大迁移发生根本性颠倒。法国保守派从君主制向共和制的转化是非常有趣的例子。与 19 世纪的法国传统保守主义者不同,今日被称为极右派的国民联盟也高呼要捍卫共和国的世俗价值观。共和国已经取代法兰西王国成为新的共识坐标。

具体政策转换背后是对于传统的一致性理解。"真正的传统不是发明;它是发明的意外副产品,也使发明成为可能。"[1]传统是作为一种前置的社会结构内嵌于人类社会之中。从实践过程看,它是族群集体智慧的结果;从实践作用看,它为人类社会提供理解自己历史的锚点,保证了文明的延续性。在这一基础上,传统保守主义者进一步赋予传统形而上学的价值。传统从根本上是人类体验神圣性和超越性的方式。对作为意识主体的人类而言,神圣性和超越性是不可或缺的概念。人类一定会从概念上寻找自己认识能力的边界。

传统的优势在于使得人类能够天然地从属于共同体之中,认识到个体的局限性。在共同体的伦理规范约束下,其成员可以较为自然地意识到他不只是作为一个生物学意义上的个体而存在。从狭隘的原子化个体中超脱出来,人类才可能真正意识到超越性或者神圣性的价值。它本身暗示人类,特别是个人人类认识能力的局限性。宗教、家庭、政治结构都是人类局限性的自我需要。这些结构不是为了解决具体的问题而存在,而是为了填补人类对神圣性和超越性的结构性需要而存在。正如柯克所说,"没有任何宗教信仰能令人满意地提供政治和经济计划……但宗教教条确实为

---

[1] Roger Scruton, *The Meaning of Conservatism*, Hampshire: Palgrave Macmillan, 2001, p.31.

终极问题提供了答案"[1]。

超越性和神圣性反过来强化传统的规范性作用。这种规范性不只是对大多数成员的约束,而是所有成员进行社会交流和活动的基础。即便是试图打破规范性的成员,也必须在承认现有规范性的基础上进行活动。这也是为何传统保守主义者天然地对社群主义抱有好感的原因。但不得不承认的是,传统保守主义者比起他们的社群主义同行,往往持有更为坚固的观念。社群主义者可能为了维系共同体做出过多的让步。"他们过于相对主义:虽然现代社群主义者可能愿意反对一些反社会的做法,但他们仍然容忍许多'恶习'。"[2]这成为传统保守主义者在文化领域缺乏"宽容"精神的可能诱因。

传统保守主义者缺乏"宽容"的表现被激进分子解释为种族主义和排外主义的证据。在一种中性的表述下,传统保守主义者对共同体伦理规范提出更高的一致性要求。在缺乏外力刺激的情况下,传统倾向于维持既定的目标,并且以循环的方式不断加强自身。创新在传统之中只是作为偶然的边缘事件出现。边缘群体处于实质性的失声状态,并且不可避免地成为新事物的阻碍性要素。在社会正义之类的理论指导下,激进分子将传统视为阻碍公平的重要因素。解决的办法不言而喻,就是彻底消灭传统。

激进分子的冲动行为可能至少触犯以下三个错误。

第一,传统倾向于维护自身,但它是变动性的。一成不变本身

---

[1] Russell Kirk, *The Politics of Prudence*, Wilmington: ISI Books, 2004, p.210.
[2] Bruce Pilbeam, *Conservatism in Crisis*, Hampshire: Palgrave Macmillan, 2003, p.80.

意味社会已经失去自我演化的能力,也不符合英美历史的自我展开过程。斯克鲁顿就表示:"我们的历史是一个推陈出新的过程,一个缓慢、稳定地从古老的君主制度、基督教和习惯法馈赠中提取制度和自由的过程。"[1]如同上一章指出的那样,家庭这一核心概念内容的变化是典型的表现。LGBT家庭也正在被纳入正常家庭的范围。伯克也早就指出,今日英国的制度是撒克逊传统、罗马法和教会法多重影响之后的结果。对大多数英国人而言,他们显然也无意恢复11世纪的诺曼法律。

第二,传统在带来封闭性的同时,也是有效的风险规避策略。"它们是随着时间的推移而出现的协调问题的解决方案。它们的存在是因为它们提供了必要的信息,没有这些信息,一个社会可能无法自我再生产。"[2]或者用布隆德的话说,"传统是一种隐性知识,它允许不确定性不崩溃为完全的未知"[3]。正如原始人类对新狩猎区域的未知探索一样,小心谨慎可能才是保障文明延续下去的实际策略。废除传统让人类丧失历史传承所积累下来的经验优势,或者至少否定了传统内在的积极价值。

第三,以"宽容"之名剥夺传统,实际上是剥夺民众的风险偏好自由。传统保守主义在心理上表现出更强的消极倾向,也更倾向于将外界的消极信号视为威胁。这本身是人类性格的一种正常倾向。激进分子在实践宽容的同时,也剥夺传统保守主义者对低风

---

[1] Roger Scruton, *Where we are*, London & Oxfod & New Delhi & New York & Sydney: Bloomsbury, 2017, p.14.
[2] Roger Scruton, *How to be a Conservative*, London & Oxford & New Delhi & New York & Sydney: Bloomsbury Continuum, 2019, p.21.
[3] Phillip Blond, *Red Tory*, London: Faber & Faber, 2010, p.124.

险的偏好。激进分子的宽容实际上要求所有人接受同样的风险偏好。"在所有的紧急情况下,在所有废除旧惯例的变化中,乐观主义者都希望事情能变得对他们有利。"[1]他们不允许有人认为变化可能带来灾难。这才是比传统保守主义封闭性更可怕的均一化表现。以保护多样性为名,他们反而剥夺了人类多元化的生存样貌。

不过与传统保守主义的解释相反,它的核心理念从19世纪开始呈现出不断收缩的结果。在伯克和迪斯累利的时代,传统几乎是毋庸置疑的东西。高度单一化的民族构成和强大的乡土社会为传统提供了强大的现实支撑。在那个时代,原子化的个体几乎无处立足。或者用福柯的说法,异常者被打上精神病人的标签。他们要么选择强制接受矫正,让自己"正常化";要么就隐藏自己的真实观点,让自己显得"正常化"。否则社会性死亡是他唯一的命运。这也是今日反传统的激进分子对传统原始的意象构造。传统被描述为一种压抑性的存在,遏制人类的天性。

但激进分子可能没有注意到,对大多数人而言,传统不是作为压迫者而是守护者出现的。主流群体的感受同样十分重要。共同的认知在带来偏见的同时,也成为共同体凝聚力的重要来源。共同体本质上不会对所有人敞开。它必须通过趋同的规范性认同维持自己的凝聚力。一个能够承认所有人诉求的共同体与空集没有任何区别。这种共同体只能通过不断的还原和抽象,掏空一切实质性的规定。

建制教会是首先受到冲击的对象。从伯克时代,对其他宗教

---

[1] Roger Scruton, *The Uses of Pessimism*, Oxford: Oxford University Press, 2010, p.18.

进行宽容已经获得政治上越来越多的支持。伯克在爱尔兰天主教问题上就强烈支持天主教徒获得更平等的公民权利。但实质上权利的平衡确实影响了建制教会的扩张。教义的传播不只有柔性的影响,有时也必须以强力推行下去。圣公会本身就是由上而下推动的结果。只不过在漫长的过程中,圣公会被驯化为英国历史延续性的一部分。更为关键的是,宗教宽容的限度是一个模糊的问题。如果天主教徒可以被宽容,无神论者最终也会被纳入宽容的对象。在这种情况下,统一的宗教信仰将成为非常困难的事情。日益世俗化的进程进一步将建制教会从政治结构中排挤出去。建制教会对政治实践的影响程度也不断降低。虽然传统保守主义者一直试图强调教会应当集中在属灵的方面,实存意义的弱化迫使共同的宗教信仰趋于瓦解。

朴素的科学实证主义则给予宗教信仰最后一击。以至于曾经无可置疑的宗教信仰沦为必须加以解释的东西。斯克鲁顿就被迫解释为什么作为一个接受过高等人文教育的学者依旧相信《圣经》中奇迹的问题。他以非常理性化的阐释,"通过'恐惧',我理解了敬畏、谦卑和对自己无能为力的感觉。我接受康德关于人类理性局限性的证明,并承认我们不能把我们的概念扩展到为自己提供对世界的解释或对造物主的具体认识的程度"[1]。

建制教会的衰弱是一个漫长的过程。它真正意义上的快速衰退是二战之后的结果。所谓的宗教复兴并没有建立起新的共同宗教意识。它更接近于个人对宗教信仰的不断分化。在这种情况

---

[1] Roger Scruton, *Our Church*, London: Atlantic Books, 2013, p.176.

下,教会对共同体的规范性意义被严重削弱。柯克试图进行最后的尝试,以基督教文明的名义维持统一的信仰。一方面,从更长的历史进程看,理性时代建制教会的衰弱可能只是暂时的现象;在漫长的人类历史中教会也不是第一次陷入衰弱。另一方面,更重要的是,"关于人和社会性质的宗教假设在正式的崇拜衰落后的很长一段时间里,继续滋养着一个民族,为他们的行动提供动机"[1]。基督教的具体形式可以消失,基督教精神依旧是西方文明的基石。在适合的时机下,基督教将重新焕发自己的生命力。

柯克的范式依旧没有解决一个关键问题。教会可能是属灵的,但教会是存在于现实世界由人员所构成的宗教机构。它存在本身就是一种政治行为。它对信徒的任何影响都可以转化为政治动员能力。在现实世界中建制教会不可能作为纯粹属灵的机构存在下去。教会政治影响力的衰弱也反过来削弱信仰的传播。从现在的效果看,可能保守的教会学校是传统保守主义者在20世纪唯一比较成功的尝试。虽然教会学校没有改变高等教育日益左倾的问题,它们至少保证传统保守主义者的组织度,避免淹没在多元文化主义的浪潮中。

家庭是今日传统保守主义更大的危机。一战后的性浪潮和女性工作参与程度的提高是危机最初的表现。传统的家庭分工方式不再被认为理所当然;配偶之间的忠诚和责任被让位于自由恋爱的随意性。在充分尊重个体意志的潮流下,男人和女人逐渐转化为抽象意义上的平等个体。传统保守主义者因而对家庭观念做出

---

[1] Russell Kirk, *Enemies of the Permanent Things*, Washington DC: Cluny Media, 2016, p.278.

修正；家庭分工从传统家庭观念的核心中隐去，取而代之的是对婚姻神圣性的强调。这突出表现为对爱和性欲的区分。家庭被否认是纯粹契约化的产物，而是具备神圣性的永恒契约。

20世纪60年代，家庭观念再次遭受到严重挑战。这一次无关乎经济分工，它直接指向对家庭概念本身的意识形态挑战。"'传统'的家庭和性道德在20世纪60年代下半叶开始改变，与此同时谨慎的婚姻体系最终崩溃。"[1]性解放运动的关键在于解构了传统保守主义者在性欲和家庭之爱中所构建的区别。一切都被还原为原始的性冲动。或者用更时髦的说法，基督教文明压制了人类原本正常的性冲动。性解放运动是为了回归人类的正常状态。

在极端个人主义的思考模式下，人不仅能够支配自己的思想，也能够支配自己的身体。换言之，原子化的个体可以容易使用自己的身体。他完全可以选择将自己的身体交给感官享受。身体理论进一步为此提供支撑。传统保守主义"陈旧"的哲学观念导致它忽视身体的重要性。"对于萨特来说，所有与他人的关系都被身体——禁锢我们自由的内在时空——所毒害。所有的爱，最终所有的人际关系，都建立在矛盾的基础上，因为我们既努力成为现在的自己，也努力不成为现在的自己。萨特并不是根据他自己的经验进行论证。他认为这是先验的，欲望必须是，在自我意识主体的经验中。"[2]

女权主义和平权主义运动为瓦解传统保守主义的家庭观念提

---

[1] Phillip Blond, *Red Tory*, London: Faber & Faber, 2010, p.86.
[2] Roger Scruton, *Fools Frauds and Firebrands*, London & Oxfod & New Delhi & New York & Sydney: Bloomsbury, 2015, p.81.

供了强大的政治动能。单纯的思想理论不足以导致家庭概念的迅速瓦解,政治上的推动力则将思想变为现实。对蠢蠢欲动的边缘群体而言,他们终于有机会为自己反主流和反传统的做法找到正当性解释。他们的"异常"行为不再是异常,反常的是人类社会的现有结构。在天赋自由概念的推动下,他们寻求对自己行为在表面上的绝对控制权。大学则为离经叛道的学生提供了虚假的共同感。"因此,在人文学科的新课程的核心,你会发现生而自由的谬论,永远新鲜,永远有创造力,鼓励破坏任何等级制度、纪律和秩序的做法,不断承诺'解放'内心的'真实自我'。"[1]这最终演变为对西方一切制度的普遍破坏和背离。传统家庭的责任所带来的负罪感即便没有烟消云散,也变得无足轻重。

避孕技术和医疗水平的提高最终降低了性解放的负外部性。性解放代价的不断减小,最终为思想上的普遍放纵打开大门。反传统群体不再用担心各种性病的困扰,也不用担心意外怀孕的问题。"节育方面的巨大改进的结果是,男女之间的性接触不再必然带有怀孕所带来的无法控制和无法估量的风险及重大经济后果。"[2]生育率也呈现出滑坡下降的趋势。科学技术已经为人类对身体的自由支配打开方便之门。这开启了家庭概念在冷战后崩溃的狂潮。现在的科学技术可以帮助节育;那么随着技术的发展,越发成熟的试管婴儿技术将进一步将家庭与个人割裂开来。甚至随着人造子宫的出现,家庭本身是否在实然意义上存在都将成为

---

[1] Roger Scruton, *The Uses of Pessimism*, Oxford: Oxford University Press, 2010, p.58.
[2] Phillip Blond, *Red Tory*, London: Faber & Faber, 2010, p.87.

问题。

传统保守主义完全意识到了问题,也反复强调要制止多元文化主义在大学中的泛滥。传统的调门也越发高涨,甚至已经盖过了过去数十年对自由市场的争论。可以毫不客气地说,社会文化冲突已经成为传统保守主义新的战场焦点。问题是,虽然重视程度不断提高,在过去几十年,传统保守主义非但没有成功阻止,反而让多元文化主义进一步泛滥到社会之中,成为一股越发强大的政治力量。"它没有设法让时钟倒退一分钟:尽管文化保守主义者们明显在咆哮,但他们也没有做到。"[1]

更为关键的是,曾经被传统保守主义者抱有强烈期待的地区自治方案似乎并不能解决问题。无论是斯克鲁顿还是布隆德,他们的政治实践都难以用成功加以形容。传统保守主义的弱势局面依旧没有得到根本性改善。

现阶段传统保守主义的复兴是以吸收新自由主义的受害者扩大自己的基础。其中最主要的群体就是传统产业工人。通过将这一在过去数十年甚至上百年纳入左翼的群体转入自己的麾下,传统保守主义得以在选票结构上维持自己的相对人数。传统产业工人的数量总体呈现萎缩的趋势。强制性的产业迁回即便能够扭转这一人口颓势,也可能需要相当长的时间才能达成这一点。在这种扭转过程中,传统产业工人也不可能一直保持对传统保守主义的支持。

跨种族的家长阶层为新的文化战争提供推动力。但这种联盟

---

[1] Bruce Pilbeam, *Conservatism in Crisis*, Hampshire: Palgrave Macmillan, 2003, p.204.

不是出于对传统保守主义的忠诚,而是出于对多元文化主义过分激进的反感。传统保守主义如果不能找到将机会性的联盟转化为忠诚支持者的方式,家长运动的潮流很有可能会随着风向的转变再次发生变化。

从根本上看,今日传统保守主义与迪斯累利的主张具有强烈的相似性。问题是,迪斯累利时代相对单一化的民族和较少的城市人口现状也很难在当代西方国家完全复制。传统保守主义者也更难依靠统一的宗教信仰和家庭观念。这严重削弱了地区共同体自我平衡的能力。换言之,今日的传统保守主义者可能需要更强力的手段恢复地区共同体的规范性。"即使保守派在重振公民社会等共同目标上达成一致,但在如何实现这些目标的问题上仍会出现冲突。一些保守派越来越愿意利用政府来达到自己的目的,这进一步扩大了现有的差距。"[1]他们不得不在对中央集权下的官僚主义恐惧和日益衰败的地区共同体中做出选择。

比起理论家的担忧,政治实践中的传统保守主义者正在以更为迅速的方式接近强力的国家概念。布坎南指出:"胜利所需要的不仅是一种保守主义精神,以捍卫美国和西方的正确之处,而且是一种反革命精神,以收复失地,维护他们的权利,以及他们按照自己的意愿生活的权利,开国元勋们不得不成为叛徒。"[2]传统保守主义必须以像敌人一样的方式来反抗敌人。以民粹方式登上舞台

---

[1] Bruce Pilbeam, *Conservatism in Crisis*, Hampshire: Palgrave Macmillan, 2003, p.201.
[2] Patrick J. Buchanan, *The Death of The West*, New York: Thomas Dunne Books, 2002, p.230.

的特朗普,也无意扭转行政权不断扩张的态势。经常性的行政命令已经代替了两院的立法。

传统保守主义者在政治实践中的转化可被视为一条未来的可能出路,即放弃对于国民的统一想象,承认自己只能代表特定的利益团体。这种方式的好处在于传统保守主义可以将具体的政策目标具体化、清晰化。它也不必为了保持所谓的整体利益进行谦让。作为代价,传统保守主义可能需要根本性背离迪斯累利"国民政党"的理念,承认今日的西方世界已经不具有共同的理念。换言之,传统保守主义者需要意识到在一个没有共识的国家继续生存下去的方式就是压倒其他竞争者。更加封闭、排外和反智是可能需要容忍的缺点。

另一条道路更加具有理论上的吸引力,即将保守主义转化为一种元政治形态。二战后的传统保守主义者已经在一定程度上进行这种转化。他们强调无论持有何种政治主张,即便是自由主义的主张,也必须在传统保守主义所提供的社会基础上进行运行。"左派需要接受一种社群主义的保守主义,这种保守主义建立在美好生活的概念上,而美好生活是由善良的人所争夺的。"[1]左派同样趋向于这一目的,只不过在具体的策略和核心概念的选择存在不同的偏好。斯克鲁顿更露骨地指出:"自由主义和保守主义之间的关系不是绝对对立的关系,而是共生的关系。自由主义只有在保守主义所捍卫的社会背景下才有意义。"[2]

---

[1] Phillip Blond, *Red Tory*, London: Faber & Faber, 2010, p.288.
[2] Roger Scruton, *Conservatism An Invitation to the Great Tradition*, New York: All Points Books, 2017, p.55.

上述做法的优势在于维持传统保守主义作为概念存在下去，也有助于为传统的不断变迁提供形而上学的支撑。建制教会的萎缩则暗示这种理论上的新结构不一定能够真正解决实践问题。霍布斯在理性化上帝的同时，将上帝的属性搁置；进而导致我们只能以理性的方式普遍言说上帝。上帝在结构中的至高地位反而导致上帝自身的虚化。作为元政治形态的传统保守主义完全可能面临同样的问题。我们最终会询问，这样一种传统保守主义的具体内涵究竟是什么？随之而来的问题则是，究竟什么样的变化能够被视为传统变化的标准。

还有一条道路是寻找新的核心支撑点。在可以预见的未来，家庭很有可能会像建制教会一样逐渐从政治活动中收缩。这是20世纪60年代以来整体观念转化的结果。虽然可以通过改变家庭的内容延续政治生命力，但传统保守主义者更多能做的是避免家庭影响力的完全消退。在一个乡土性越发被压制的时代，传统保守主义需要提出新的核心支撑点。在民族、国家、教会、家庭等一系列概念都陷入困境的情况下，它似乎难以想象出什么样的新核心可以作为传统的载体。"在美国保守主义较为激进的分子中，有些人似乎愿意质疑他们自己政权的合法性，这种立场——尽管是边缘的——表明了保守派对当前道德状况的深度不安。"[1]

以文化论而非血统论主动的民族主义或者伯克意义上自然贵族背后的等级秩序都可能成为潜在的候选人。失去家庭身份不代表失去民族或者国家身份。传统保守主义可以再次返回到曾经被

---

[1] Bruce Pilbeam, *Conservatism in Crisis*, Hampshire: Palgrave Macmillan, 2003, p.199.

放弃的地方构建符合新时代特征的核心范式。但这些潜在的替代范式也都存在严重的缺陷。比如,在平等风尚如此流行的情况下,等级秩序显然是难以受到欢迎的概念,并且这也可能加剧传统保守主义是维护既得利益的偏见。但如果将等级秩序描述为权力越大责任越大,则可以很大程度地削弱多元文化主义所造成的话语偏见。

或许斯克鲁顿对左翼"新话"的阐释才是传统保守主义的突破口。左翼的"新话"天然没有传统保守主义的位置。"左翼新话是一种强大的工具,不仅因为它抹掉了我们社会世界的面孔,还因为它描述了一种假想的现实,这种假想是亲切的外表下的基础,也解释了外表是一种欺骗。"[1]传统保守主义必须学会重新使用自己的语言描述世界,否则它最终被自己的敌人写下自己的墓志铭。

---

[1] Roger Scruton, *Fools Frauds and Firebrands*, London & Oxfod & New Delhi & New York & Sydney: Bloomsbury, 2015, p.275.

后　　记

毋庸置疑,传统保守主义是一种被动性的表现。如果不是出现激进的变革,它本身没有必要将自己演化为意识形态。换言之,作为政治主张的传统保守主义是一种不得已而为之的结果。它的竞争对手通过自己的提纲激发出强大动员能力,改变原有的均衡态势。在这种情况下,传统保守主义必须从历史和传统中走向前台,同样将自己转化为特定的政治主张,激发潜在的动员能力。

传统保守主义的这种被动性塑造了一个非常有趣的特征,即保守主义的代表性问题。对于大部分支持者而言,支持保守主义不是支持某种狭隘的政治主张,而是对祖国和文明的支持。他们倾向于将自己定位为超越具体政党利益和团体利益的文明捍卫者。这尤其体现在 20 世纪之前的保守主义者身上。他们可以毫不犹豫地宣称自己是整体的代表。但在今日高度分裂的现状面前,传统保守主义曾经的气质已经严重受挫。或者更准确的说,传统保守主义者似乎已经承认他们的主张不可能获得所有人的支持。政治现实又导致他们高度依赖于特定政治团体的忠诚。保守主义在漫长的演化过程中,越发变成它曾经所厌恶的样子。

究竟应该如何看待这种变化是一个值得探讨的问题。传统保守主义的灵活性可能意味着它甚至可以接受自己成为一种意识形态,但它曾经的愿景似乎如同基督教普世主义一样烟消云散了。它现在必须面对一个不断原子化的碎片世界,面对一个科技日益推陈出新的时代。尤其是对于后者,科技的变化已经极大改变了人类的生存样貌,家庭的实然性已经在事实上被科技所削弱。但大多数保守主义者似乎认为只要能够重建思想,就足以解决问题;或者他们只是非常空泛地提出要与现代科技变化相适应。具体究竟应该怎么做,如何变成一种政治实践成了讨论的空白。

相比之下,传统保守主义的竞争对手们早已显示出对科技变化的敏感性。从辅助生殖技术再到基因编辑技术,它们看到塑造未来社会形态的可能性。在人工智能领域,进步自由主义者也试图利用自己在互联网体量上的优势,为未来的发展方向施加影响。虽然 ChatGPT 这样的人工智能在面对政治问题时会遵循底层代码表示形式上的政治中立。但我们不可忘记的是,无论是关于什么是政治问题的定义,还是日常语言中隐含的政治倾向,都是由人类社会生成的结果。如果传统保守主义不能积极参与到问题的讨论中去,那么它将被它的竞争对手所定义和刻画。这最终将为保守主义的未来蒙上更多阴影。

作为一部没有提供具体答案的作品,本书更多的是起到抛砖引玉之用,启发相关人士对问题进一步思考。由于笔者认识所限,在具体的写作内容和技巧上难免有不足之处,敬请师友和广大读者海涵与不吝赐教。如果你们能够从本书中获得一丝思考与行动的能力,即是本书的最大成功之处。

2023 年 3 月

图书在版编目(CIP)数据

英美传统保守主义研究 / 丁毅超著 .— 上海 : 上海社会科学院出版社,2023
 ISBN 978 - 7 - 5520 - 4241 - 2

Ⅰ.①英… Ⅱ.①丁… Ⅲ.①保守主义—研究—英国、美国 Ⅳ.①D871.2②D856.1

中国国家版本馆 CIP 数据核字(2023)第 192434 号

英美传统保守主义研究

著　　者:丁毅超
责任编辑:熊　艳
封面设计:黄婧昉
出版发行:上海社会科学院出版社
　　　　　上海顺昌路 622 号　邮编 200025
　　　　　电话总机 021 - 63315947　销售热线 021 - 53063735
　　　　　http://www.sassp.cn　E-mail:sassp@sassp.cn
排　　版:南京展望文化发展有限公司
印　　刷:上海盛通时代印刷有限公司
开　　本:890 毫米×1240 毫米　1/32
印　　张:9.75
字　　数:215 千
版　　次:2023 年 11 月第 1 版　2023 年 11 月第 1 次印刷

ISBN 978 - 7 - 5520 - 4241 - 2/D·708　　　　定价:78.00 元

版权所有　翻印必究